100억
월급쟁이
부자들

투자의 고수들이
말해주지 않는 큰 부의 법칙

100억
월급쟁이
부자들

성선화 지음

다산
북스

대체투자:
상상하는 모든 것이 돈이 되는 투자

책에서 다룰 모든 투자를 통칭하는 용어가 바로 '대체투자(AI, Altern ative Investment)'다. 대체투자의 일반적 정의는 주식, 채권 등 전통적인 투자를 제외한 그 외의 투자다. 지금까지 머릿속으로 그려 온 이런 일반적인 투자를 제외한 모든 투자가 대체투자라고 할 수 있다.

대체투자에 정답은 없다. 투자를 통해 수익을 낼 수 있는 거의 모든 상품을 통칭하는 개념이 대체투자라고 생각하면 된다. 일반적으로 말하는 대체투자의 큰 카테고리는 기업지분투자(Private Fund), 대출채권(Private Debt), 인프라(Private Intra), 부동산(Private Real Estate) 등에 대한 투자다. 대체로 일반인들의 접근이 어렵다.

다만 부동산 분야는 약간의 특수성이 있다. 부동산 투자는 전통적인 투자로 취급되지만 대체투자 영역에도 포함된다. 대체투자에서의 부동산 투자는 우리가 흔히 생각하는 주택 등의 부동산 투자가 아니라, 대규모의 상업용 부동산 투자에 해당된다.

사실 대체투자를 한마디로 정의하는 것은 무의미하다. 오히려 대체투자의 본질을 이해하는 것이 더 빠른 길이 될 수 있다.

대체투자의 가장 큰 특징을 꼽자면 '사모투자(Private Equity Investment)'라는 점이다. 전통적인 주식이나 채권은 모든 불특정 다수에게 공개된 유가증권 시장에서 거래된다. 하지만 사모투자는 외부에 공개되지 않은 특정인에게 제한된 정보에 의한 사적 거래다.

여기서 말하는 사적 거래란 딜소싱(Deal Sourcing, 투자처 발굴)이나 엑시트(Exit, 투자회수) 등에 모두 적용된다. 이 때문에 대체투자 딜과 진행 과정, 심지어 투자 결과에 대해서도 정보가 제한되며 이 과정에서 어쩔 수 없이 정보의 불균형이 발생한다. 이는 투자와 관련된 거의 모든 정보가 투명하게 공개되는 유가증권 시장과 가장 큰 차이점이다.

특히 대체투자를 정의하기 어려운 또 다른 이유는 대체투자는 시장에 따라 늘 진화하는 현재 진행형이기 때문이다. 시장 상황에 따라 얼마든지 새로운 대체투자 상품이 나올 수 있다.

2016년 국내 기관들의 대체투자 키워드는 항공기와 인프라였다. 항공기는 기존 기관투자자들이 거의 하지 않았던 새로운 영역이다. 저렴한 비행기 표를 구할 궁리만 했던 일반인들에게 항공기 투자는 생소한 분야임에 분명하다.

지금까지 대체투자 시장은 기관투자자들의 리그였다. 하지만 전통시장에서 더이상 수익을 내기 힘들어진 개인들도 대체투자 시장으로 진입하기 시작했다.

이제 더 이상 대체투자는 더 이상 기관투자자들만의 리그가 아니게 됐다. 이 같은 트렌드는 국내보다는 금융 시장이 발달된 선진국에선 이미 진행되고 있다.

2016년은 개인들의 대체투자 시장 진출의 원년으로 평가된다. 개인들도 기관투자자의 전유물과 같았던 상업용 부동산에 투자를 할 수 있는 길이 활짝 열린 것이다. 불과 100만 원으로 수천억 원대의 빌딩에 투자할 수 있는 상품들이 출시됐고, 개인 투자자들도 미국의 나사 빌딩, 호주의 정부 기관 등 해외 초대형 빌딩에 투자가 가능한 시대가 왔다.

이뿐이 아니다. 지금까지 고액 자산가들의 영역으로만 여겨졌던 사모펀드의 문턱이 낮아졌다. 2017년 말 정부는 개인들이 공모펀드를 통해 사모펀드(PEF, Private Equity Fund) 상품에 투자할 수 있는 재간접 사모펀드를 허용했다. 이는 전문운용사가 개인 투자자 대신 우수한 사모펀드를 선정해 포트폴리오를 구성하는 것이다. 이처럼 개인들도 대체상품에 투자할 수 있는 다양한 접근법들이 생기면서, 그동안 높게만 느껴졌던 장벽이 점점 낮아지고 있다.

특히 2018년은 개인 투자자의 비상장 주식 투자에 있어 큰 변혁기를 맞이할 것으로 예상된다. 정부의 막대한 자금이 국내 벤처캐피탈(VC) 등 사모펀드로 쏟아지면서 돈의 흐름이 대체투자 시장으로 쏠릴 것이라는 전망이다. 돈을 벌려면 돈이 흐르는 길목을 지켜야 한다.

2018년 재테크의 흐름은 대체투자로 집중되게 될 것이다.

월급쟁이도
수백억 원대 부자가 될 수 있을까?

상상조차 해 본 적이 없다. 월급쟁이는 부자가 될 수 없다고 생각했다. 기자란 직업은 돈보단 명예라고 생각했다. 사실 이조차도 복에 겨운 소리다. 평범한 월급쟁이들에게 직장은 밥벌이 수단일 뿐이다.

3년여의 재테크 팀장 생활을 청산하고 새롭게 투자은행(IB) 부서로 옮기게 됐다. 생소한 시장 적응에 안간힘을 쓰고 있을 무렵, 귀가 쫑긋해질 만한 뉴스가 들려왔다.

"최근 모 사모펀드가 성과 보수로 수백억 원을 받았어요."

"증권사 IB의 인센티브도 만만치 않아요. 모 증권사는 임원 한 명이 80억 원을 받기도 했죠."

전두엽에 찌릿한 충격이 전해졌다.

"헉, 개인 인센티브가 80억 원이라니!"

근로소득만으로 그러니까 더 정확히는 연봉과 성과급만으로, 수백억 원대 부자가 된 '화이트 칼라(근로소득자)'들이 존재했다.

충격 그 자체였다. 공존하기 힘든 어휘들이 뒤범벅이 돼 머릿속을 맴돌았다.

대한민국 상위 0.1%, 100억 월급쟁이 부자들

그들이 사는 세상.

나와는 다른 그들이 사는 신천지가 존재했다. 이 시장은 게임의 룰부터가 달랐다. 리스크를 기꺼이 감내하며 과감히 베팅을 했고, 그 대가로 높은 수익을 냈다. 회사의 이익은 직원들의 기여도에 따라 개인의 호주머니로 돌아갔다.

최근 10년 사이 최고의 딜로 꼽히는 OB맥주는 KKR-어피니티 컨소시엄에 무려 4조 3000억 원의 매각 차익을 돌려줬다. 이 과정에서 혁혁한 공을 세운 OB맥주 사장은 100억 원의 성과 보수를 받았다.

그야말로 '억' 소리가 났다. 돈을 버는 단위 자체가 달랐다.

그동안 재테크 전문기자로서 가져 왔던 확고한 신념이 와르르 무너져 내렸다.

"월급만으로 부자가 될 수 없습니다. 근로소득의 80% 이상 저축하고 추가 수입을 위한 파이프라인을 만들어야 합니다."

'월급쟁이 재테크'의 정석으로 통해 온 대명제가 한순간에 뒤집혔다.

"월급쟁이도 부자가 될 수 있다."

"인생은 한 방이다!"

호기심이 발동했다. 이 시장의 정체가 궁금해졌다. 한동안 녹슬었던 촉수가 먼저 반응했다.

가장 확실한 정보는 사람에게서 나온다. 이 업계의 키맨(Key Man)들을 고구마줄기 캐듯 만나기 시작했다. 사모펀드 대표부터 부동산 자산운용사 대표, 투자 기관의 최고투자책임자까지. 지난 1년 동안 100여 명을 만나면서 베일에 싸여 있던 실체를 알기 위해 노력했다.

지난 1년 6개월간 경험한 이 시장은 상상 이상으로 매력적인 곳이었다. 지금까지 부동산, 주식, 금융 등 다양한 시장을 두루 경험했지만 이곳이야말로 '투자의 꽃'이라 불릴 만했다.

이 시장에선
일이 곧 투자고, 투자가 곧 일이 됐다.

이제야 수십억 원대 인센티브의 이유를 감 잡았다. 이 시장 근로소득자들은 투자를 업으로 하는 특출한 월급쟁이들이다. 물론 일반적인 월급쟁이가 아니라고 주장할 수는 있다.

하지만 이보다 더 중요한 사실은,

박봉에 허덕이며 재테크를 하지 않아도,

대박을 노리며 사업을 하지 않아도,

무엇보다 자기 일에만 목숨을 걸어도,

재테크로는 꿈도 못 꾸는 수백억대 자산가가 될 수 있다는 사실이다.

일한 만큼 받는 성과 보수, 수십억 인센티브의 비밀

그렇다면 이 시장의 정체는 무엇일까.

그것은 바로 주식, 채권처럼 전통적인 투자가 아닌 사모펀드를 통해 프라이빗하게 투자하는 '대체투자' 시장이다.

이 시장에서 '100억 월급쟁이 부자'가 탄생할 수 있는 비결은 두 가지다.

첫째, 이 시장엔 정답이 없다.

제조업 시대의 근로소득자들은 거대한 기계의 부속품처럼 주어진 공정을 최대한 효율적으로 달성하는 것이 최고의 능력이었다. 하지만 이 시장엔 정해진 매뉴얼이 없다. 매번 새로운 매뉴얼을 만드는 것이 근로소득자의 능력이다.

이때 필요한 능력이 '개념설계'다. 《축적의 시간》 저자인 이정동 서울대 교수는 개념설계를 '존재하지 않는 그 무언가를 그려 내는 능력'이라고 표현했다.

모든 상품은 개념설계와 실행의 단계로 구분된다. 그동안 우리는 선진국들이 해 놓은 개념설계를 최대한 빨리 실행하며 성장해 왔다. 지금 대한민국이 성장의 한계에 부딪친 것도 개념설계 능력이 부족해서다.

그만큼 없던 매뉴얼을 새로 만드는 개념설계 능력은 고도의 지능이 요구되는 영역이며 인공지능 시대에도 대체 불가능한 분야로 꼽힌다. 상위 0.1%의 문제해결력을 가진 인재들이 모인 시장이기에 그들의 몸값은 치솟을 수밖에 없다.

둘째, 프로축구의 세계처럼 철저히 시장 논리에 기반을 둔 시장이다.

공장의 부속품처럼 대체 가능한 인재라면 그를 붙잡기 위해 거액의 인센티브를 줄 이유가 없다. 하지만 대체투자 시장에선 개인의 역량에 따라 일의 결과가 천차만별이다. 인재 한 명이 사라지면 프로젝트에 미치는 타격이 치명적이다.

이 과정에서 고용주와 피고용인의 갑을 관계가 바뀌게 된다. 대체 불가능한 전문성을 가진 개인은 피고용인이라도 주도권을 쥔 갑이 될 수 있다. '갑 같은 을'의 이탈을 막기 위해 고용주는 당근을 제시한다. 일한 만큼 받는 성과 보수다. 이것이 바로 수십억, 수백억 원대 인센티브가 가능한 이유다.

대체투자 맞춤형 DNA

지금부터 이 책을 통해 하려는 이야기는 '대체투자 시장에서 성공한 사람들'에 관한 것이다.

해외 명문대를 나온 집안 좋은 사람들만 이 시장에서 성공할 수 있을까? 평범한 이들은 그들만의 리그 같은 높은 진입 장벽에 부딪쳐 좌절해야 하는 걸까? 일반 월급쟁이들에겐 딴 세상 이야기처럼 허황된 꿈일 뿐일까?

지난 1년간 이 시장을 취재하며 내린 결론은 베일에 싸인 이 시장에 대한 오해가 너무 많다는 것이다.

이곳에서 성공한 사람들은 반드시 명망가의 자제도 아니었고, 금수저도 아니었고, 다이아몬드 수저도 아니었다. 물론 배경이 좋은 인재들이 유리한 고지에 서게 될 확률은 높지만, 대체적으로 그들은 '대체투자에 특화된 DNA'를 지닌 인재들이었다. 흙수저든 금수저든 이 DNA를 가진 사람들이 살아남아 새로운 역사를 썼다.

그동안 재테크 담당기자로서 안타까웠던 점은 한창 일해야 할 젊고 유능한 친구들이 재테크에 빠져 근로소득의 가치 자체를 무시할 때였다. 멀쩡한 대기업을 다니던 명문대 출신이 부동산 경매에 빠져 전업 투자자가 됐고, 변호사 의사 등 전문직들이 매 주말 재테크 학원의 문을 두드렸다.

재테크에 미친 대한민국.

과연 건전한 사회일까. 극단적 개인주의에 빠져 자기 이익만을 극대화하는 구성원들이 모인 사회가 바람직할까. 제아무리 재테크에 열을 올려본들 소용없는 흙수저의 신세를 한탄하며 사회를 탓해야 하는 것일까.

지금까지 작가로서 재테크라는 키워드로 독자들과 소통하면서 이번만큼 간절한 적은 없었다. 그동안 부동산과 금융을 넘나들며 '평범한 사람도 부자가 될 수 있다'는 메시지를 전했지만, 왠지 모르게 가슴 한구석은 공허했다. 아마도 심리적 부조화 때문이었던 것 같다. 사회적 공익을 추구하는 기자라는 본분과 개인의 사적 이익을 극단적으로 추구하는 재테크라는 영역의 간극에서 오는 불편함이다.

하지만 이 시장은 달랐다. 불로소득이 아닌 근로소득으로 당당히 돈을 벌고, 궁극적으로 그 결과가 국가 전체의 부를 창출하는 데 기여했다. 대체투자 시장은 개인과 국익이 만나는 접점에 있는 것이다.

기자로서 보람은 일반인들이 접하기 힘든 정보를 알기 쉽고 정확하게 전달하는 것이다. 대체투자라는 신시장의 존재를 알리고, 나아가 이 시장에선 근로소득으로 부자가 될 수 있으며, 그것이 궁극적으로 국부 창출에도 기여한다는 메시지를 전하는 것이, 지금 내가 할 수 있는 역할이 아닐까 한다.

끝으로 이 책은 독자들의 이해를 돕기 위해 사실(팩트)에 작가적 상상력이 더해졌음을 밝혀 둔다. 극화된 사실에 대한 오해가 없었으면 하는 바람이다. 또한 이 책에서 다루는 내용은 도서 특성상 전문 용어와 생소한 개념이 자주 언급될 수밖에 없다. 책 뒤 335쪽, 〈부록 용어 및 개념정리〉를 먼저 이해하고 읽으면 더 쉽게 책 내용을 이해할 수 있다.

2017년 뜨거운 여름이 가고,

찬바람이 불기 시작한 가을의 한가운데에서,

하얗게 지새던 밤들이 헛되지 않기를 바라며,

이 책을 마감한다.

부족한 딸을 늘 응원해 준 부모님, 여동생.

늘 힘이 돼 준 신선화 유니슨캐피탈 파트너님.

그리고 지지와 비판을 아끼지 않은 형준이.

이데일리와 선후배들에게 감사를 돌린다.

1부 | 100억 월급쟁이 부자의 DNA
흙수저의 경쟁력

3부 | 일상생활 속 대체투자
관점을 바꾸면 투자가 보인다

흙수저도
100억 월급쟁이 부자가 될 수 있을까?

진지한 그의 눈빛과 단호한 어조를 또렷이 기억한다. 푸념 섞인 자조적 말투로 그에게 물었다.

"배경 없는 흙수저들도 대체투자 시장에서 성공할 수 있을까요?"

"당연하죠. 성 기자, 우리 흙수저들도 자기만의 경쟁력이 있어요."

"아, 정말요? 그게 뭔가요?"

"바로 인내심과 배려죠."

가슴속에서 짠한 감정이 밀려왔다. 어쩌면 그의 이 한마디에 이 책이 탄생했는지도 모른다. 평소 친분이 있던 정장근 JKL파트너스 대표에게 자괴감을 토로했다.

"이 업계에 왔더니 대부분 해외 MBA 출신에 집안 좋은 금수저들이라 상대적 괴리감이 컸어요."

자타공인 업계 대표 흙수저로 꼽히는 정 대표는 단호하게 고개를 절레 절레 내저었다.

"물론 금수저라 백그라운드가 좋으면 유리하죠. 의사 결정권자들은 더이상 새로운 사람을 사귀고 싶어 하지 않으니까 부모의 인맥은 큰 자산이 될 수 있어요. 하지만 집안이 받쳐 주지 않는 자수성가형 인재들이 파고들 틈새도 충분히 있어요."

귀가 번쩍 뜨일 정도로 솔깃한 발언이다. 지난 10년간 JKL파트너스의 성공 스토리를 보면 그의 말은 충분한 설득력을 가진다.

하지만 '과연 그럴까'라는 의구심도 지울 수 없었다. 흙수저들도 누구나 이 업계로 와서 성공할 수 있다고 얘기하기엔 미심쩍은 구석이 너무 많았다.

'그래! 먼저 흙수저의 개념부터 명확히 할 필요가 있어.'

흙수저란 어느 순간 우리 사회 젊은 층들이 계층을 뛰어넘길 포기하며 등장한 신조어다. 마치 신분 사회의 계급처럼 금수저와 흙수저로 구분해 자신의 신분 상황을 자조적으로 비꼬는 것이다. 흙수저의 본질적 의미는 개인의 능력과 무관하게 그가 가진 배경 즉, 집안의 재력이나 인맥 등과 관련이 깊다.

최초의 문제의식은 '이 업계에 금수저가 많아 흙수저 출신을 찾기 힘들다'는 것이었다. 그런데 대부분 집안 백그라운드가 좋은 자제들이 일하는 외국계 사모펀드의 임원은 "본인만 똑똑하다면 집안 등은 채용에 직접적인 영향을 주지 않는다"고 말한다.

과연 믿어도 될까?

"사람을 흙수저냐, 금수저냐로 구분하는 것 자체가 참 안타까운 현실이죠. 만약 그렇다면 제가 우리 직원을 흙수저라 불쌍해서 뽑았을까요? 그 친구의 집안 배경을 가지고 흙수저라는 꼬리표가 달리는 게 안쓰러울 정도입니다. 그 친구 자체로 충분히 실력이 있으니까 당당히 입사를 했고, 저 또한 그 친구가 지금까지 해 온 성과를 볼 때 앞으로도 잘할 것으로 판단했기에 선발한 겁니다."

사내 '흙수저 직원'에 대해 언급하자 모 외국계 사모펀드 임원이 불쾌한 기색을 역력히 드러냈다. 집안 좋은 금수저들만 모인 외국계 사모펀드에 '상대적으로' 흙수저인 직원이 이직을 하자 관심이 모아졌기 때문이다. 자신이 뽑은 직원이 능력보다 배경으로 입방아에 오르는 게 못마땅한 것이다.

그는 다른 얘기를 들려줬다.

"홍콩법인 헤드가 한국인 직원을 채용하는 면접에서 지원자가 자신의 집안에 대해 언급해 황당했다는 발언을 한 적이 있습니다. 바쁜 시간을 쪼개 지원자에 대해 알아보기 위해 면접을 진행하는 것인데, 자신과는 무관한 부모와 집안에 대해 언급하는 이유를 모르겠다는 취지였습니다.

게다가 미국 본사에서도 전형적인 직원들의 스펙에 대해 심각한 문제의식을 가지고 있습니다. 투자에는 다양한 관점이 필요한데 천편일률적인 스펙에선 새로운 시선을 기대하기 힘드니까요.

실제로 대학생 인턴을 채용할 때 스펙을 전혀 보지 않습니다. 직접 채용 박람회에 참석해 블라인드 면접을 봅니다."

어렵사리 섭외했던 그와의 티타임을 마치고 돌아오는 길. 머릿속에 많은 상념들이 오갔다.

그렇다면 내로라하는 쟁쟁한 스펙들이 모인 국내 1위 사모펀드 MBKP는 어떨까. 김광일 MBKP(MBK 파트너스) 대표에게도 같은 질문을 했다.

"대표님, 이 업계에 유독 금수저들이 많은데 흙수저도 이 시장에서 성공할 수 있을까요?"

"글쎄요. 이른바 금수저인 명망가의 자제라고 이 시장에서 성공할 수 있는 것도 아니고, 흙수저라고 해서 성공할 수 없는 것도 아닌 것 같습니다. 사실 후배 직원들의 대학이나 전공은 잘 기억하지 못합니다. 오히려 후배들이 섭섭해할 정도죠. 심지어 입사 면접을 볼 때도 스펙은 중요한 고려 사항이 아닙니다.

일단 이 리그 안에 들어온 이상 금수저냐, 흙수저냐는 중요하지 않은 것 같습니다. 다만 이 업계에서 성공할 수 있는 인재의 유형은 있죠."

금수저만이 성공하는 시장은 아니다

국내 1위 MBKP도 외국계 사모펀드도 "이 업계에서 흙수저는 성공할 수 없다"는 전제에 동의할 수 없다고 했다.

오히려 금수저라 불리한 경우도 있다고 했다.

"누구나 다 아는 집안의 자재라면 호불호가 분명히 있을 겁니다. 겉으로 보이는 이미지 때문에 선입견을 갖기도 하고, 실제로 비호감을 가지고 있어 펀딩이 안 된 경우도 있습니다."

그랬다. '좋은 집안'이 이곳으로 진입할 수 있는 보증 수표가 아닌 것만은 분명했다.

다만 학벌은 전제 조건이 될 수 있다고 했다. 연세대를 나와 국내 빅3 중 하나인 H사모펀드로 스카우트 된 K상무는 "서울대, 연고대까지의 명문대를 나오는 것은 성공의 조건이 될 수 있다"고 솔직하게 말했다.

"이 시장에 진입 장벽이 없다면 아예 거짓말이겠죠. 개인적으로 집안보다 학벌이 중요 변수로 작용할 수 있을 것 같습니다."

'학벌이 좋다'는 의미가 반드시 해외 명문대 출신이어야 한다는 것은 아니다. 최근에는 오히려 국내 명문대를 나와 영어를 잘하는 인재를 더 선호한다. 외국계 IB들도 국내 명문대 출신 영어 능통자를 선호하는 경향이 뚜렷이 나타나고 있다.

이 시장 진입에 있어 명문대 출신이 많은 것은 고도의 지적 노동을 요하는 업의 특성과 밀접한 관련이 있기 때문이다. 특정 명문대가 아니더라도 똑똑할 수 있지만 일반적으로 명문대 출신이 이 업계가 요구하는 지적 수준을 충족시킬 확률이 높다.

이제야 복잡했던 머릿속이 깔끔하게 정리되는 느낌이었다.

이 시장 진입의 조건은 금수저가 아니었다.

누군가 "대체투자 시장, 특히 사모펀드 업계 진입을 위해 좋은 집안과 백그라운드가 필요하냐?"고 묻는다면, 대답은 "노(No)"다.

대신 "이 업계가 원하는 지적 수준을 갖춰야 하느냐?"라고 묻는다면, 그건 "예스(Yes)"다.

여기서 말하는 지적 수준이란 기업의 가치를 측정하는 회계 능력과 법률 지식 정도가 되겠다. 변호사나 회계사 출신이 유독 많은 것도 이 때문이다.

평범한 증권사 직원에서 사모펀드 대표로 변신

그랬다. 금수저가 아니어도, 명문대 출신이 아니어도, 이 시장에서 성공한 사람들은 분명히 존재했다. 인하대 출신의 이지영 LX인베스트먼트 대표는 증권사 지원 부서인 전산과로 입사를 해 사모펀드 대표직까지 오른 대표적 흙수저다.

IMF 직후에 대학을 졸업한 그의 전공은 전산학이었고 원했던 금융계 취업의 문은 굳게 닫혀 있었다.

"성적에 맞춰 대학에 입학하고 난 후에야 진정으로 하고 싶은 일이 무엇인지 깨닫게 됐습니다. 일단 증권사의 보조적 업무를 하는 전산과로 입사를 했습니다."

하지만 그는 쉽게 포기하지 않았다. 우는 아이에게 떡이 하나 더 떨어진다. 가만히 나무 아래에서 입만 벌리고 있어 봤자 먼저 손을 잡아 주는 이는 아무도 없다.

"진짜 하고 싶은 일을 투자였기에 업무 전환의 기회를 노렸습니다. 늘 직장 동료들에게 '투자 업무를 해 보고 싶다'고 얘기를 하고 다녔죠."

간절히 바라면 길이 열리는 법. 실제로 투자 부서에 빈자리가 생겼을 때 동료들은 그를 추천했다.

"전산부의 이지영 대리가 투자 쪽에 관심이 많습니다."

꿈에도 그리던 투자 부서에서 일하게 됐다. 하지만 금융 백그라운드가 없는 공돌이라는 한계는 분명했다. 그는 새로운 도전에 나섰다. 다니던 직장을 과감히 그만두고, 미국 MBA 코스를 밟기로 한 것이다. 물론 남들한테 내세울 만한 명문 MBA는 아니었다. 그럼에도 그동안의 지적 갈망을 해소하기에는 충분했다. 2년간 금융 지식으로 무장한 그는 한국으로 돌아와 증권이 아닌 은행권의 취업문을 두드렸다.

2006년 당시 국내 금융계에서는 이제 막 사모펀드 바람이 불기 시작했다. 2004년 간접투자자자산운용법이 개정됐고, 2005년부터 국내 기관들도 본격적인 기업 인수 금융 시장에 뛰어들었다. 마침 당시 기업은행이 PE부를 신설해 운 좋게 기회를 잡을 수 있었다.

2015년 여름, 실력과 인성을 모두 갖춘 그를 눈여겨보던 태진인터내셔널에서 명품 유통업과 시너지 효과를 낼 수 있는 기업에 투자하는 운용사 대표를 제안했다.

"매스티지 명품 브랜드만으로는 더 이상 성장에 한계가 있습니다. 기존 명품 유통업과 합쳐서 시너지 효과를 낼 수 있는 기업에 투자를 해 볼까 하는데, 같이 일해 보는 게 어떤가요?"

꿈에도 그리던 일이 현실이 돼 눈앞에 나타났다. 무일푼 맨손으로 시작해, 모아 놓은 자본금은 턱없이 부족한 그가 번듯한 사모펀드의 대표가 될 기회가 드디어 온 것이다.

쟁쟁한 금수저들이 주름잡고 있는 사모펀드 업계에 전산학과 공돌이, 비스카이(서울대 연고대 이외 대학) 출신, 흙수저 집안이란 묵직한 삼중고를 짊어진 그가 이 모든 핸디캡을 극복하고 정상에 우뚝 선 것이다.

흙수저 인재들의 5가지 '꼴'

그렇다면 이 시장이 금수저들만의 리그라는 편견은 왜 생긴 것일까.

1차적 원인은 국내에서 하나의 시장으로 정착된 지 10년이 채 되지 않은 신생 업계이기 때문이다. 시장 규모와 인력 자체가 극소수다. 대형 업체들의 경우에도 채용 인원이 한두 명에 불과하다. 새로운 시장이다 보니 알려진 정보도 많지 않다. 이미 이 시장에 진출한 극소수의 인맥들만이 알음알음으로 정보를 공유한다. 금수저들은 상대적으로 어릴 적부터 이 업계에 대한 정보를 얻을 기회가 많다.

결국 이 시장의 진입 장벽은 '정보의 비대칭성' 때문에 발생했다. 그동안 이 시장에 대한 정보 자체가 베일에 싸여 있다 보니 겉으로 보이는 스펙 탓으로만 돌린 것이다.

정장근 대표는 흙수저냐, 금수저냐보다 중요한 것은 따로 있다고 했다. 이 시장에서 살아남기 위해 갖춰야 할 5가지 꼴을 꼽았다.

가장 먼저 끼가 필요하다. 모든 직업군이 그렇듯 그에 걸맞는 타고난 기질이 필요하다. 연예인들도 끼가 있어야 한다는 것과 같다. 이 시장에서 통하기 위한 끼는 '이 딜이 될 것 같다'라는 감각이다. 우리가 문제를 해결할 때는 논리적 분석도 필요하지만 '왠지 될 것 같은' 촉도 무시할 수 없다. 여기에 한 가지를 덧붙인다면 잘될 것 같은 촉이 발동한 딜은 절대 놓치지 않는 하이에나 근성이다.

다음으로 필요한 꼴은 깡이다. 사모펀드 투자의 진행 과정은 절대 계획대로 순탄하게 가지 않는다. 천당과 지옥을 오가는 갈림길이 수차례 반복되고 나서야 최종 계약서에 도장을 찍을 수 있다. 게다가 그 과정에서 부딪쳐야 하는 이해관계자들이 한둘이 아니다. 이들의 십자포화를 다 받아 낼 맷집, 즉 깡이 있어야 하는 것이다.

세 번째 자질은 꼴이다. 외모에서 풍기는 이미지를 말한다. 사람을 만나는 일이 많기 때문에 인상과 말투 등이 상당히 중요하다. 첫 만남에서 좋은 인상을 남겨야 하며, 어색한 상황에서도 상대방의 호감을 끌어내 분위기를 좋게 만들 수 있어야 한다. 대화를 이끌어 내기 어려운 상황이라도 상대가 호감이 있다면 만남은 훨씬 유쾌하게 마무리될 수 있다.

네 번째는 끈이다. 이 부분은 금수저가 확실히 유리한 부분이다. 하지

만 부모나 집안의 인맥이 없는 흙수저들도 본인의 노력으로 극복하지 못할 부분은 아니다. 설사 군대가 됐든 학원이 됐든 학교가 됐든 두루두루 좋게 지내는 지인들이 많아야 한다. 원래 도움을 받기 위해 작정을 하고 만든 인맥보다는 평소 좋은 인상으로 알고 지내던 인맥이 더 큰 도움을 줄 확률이 높다.

마지막은 꾼이다. 프로 정신이란 '아니면 말자'는 식의 아마추어적 태도가 아니라 자신이 맡은 업무에 대해선 처음부터 끝까지 뭐든 철저히 다 파헤친다는 정신 상태. 일반적으로 프로들은 공과 사를 명확히 구분하며 직업적으로 고도의 전문성을 갖춘 인재들이다. 그 어떤 상황에서도 프로답게 자신의 상황에 능동적으로 대처해 나간다.

대체적으로 전문 직종에서 프로 정신이 요구되는 경우가 많지만 이 시장에서도 프로 정신이 요구되는 이유는 한 번의 실수가 큰 실패를 불러올 수 있기 때문이다. 최소 투자금이 몇십억 원, 몇백억 원인 이 시장에서 아마추어적 태도로 인한 손실은 수많은 이해관계자들에게 큰 손실을 끼친다.

정리하면 금수저든 흙수저든 이 5가지 꼴을 갖춘 인재가 대체투자 시장에서 경쟁력이 있는 능력자라는 설명이다. 이는 겉으로 보이는 스펙과는 무관하다.

1부

100억 월급쟁이 부자의 DNA

흙수저의 경쟁력

01

이너서클에
목숨 걸어라

"관계는
딜소싱의 원천이다"

관계형 인간이 돼야 성공한다

한국으로 돌아오는 귀국길. 사표를 결심했다. 다음 날 출근길. 망설임 없이 가슴속에 품었던 사직서를 꺼내 들었다.

"아무리 생각해도 한국에는 제대로 된 투자 시스템이 없는 것 같습니다. 일단 쉬면서 다른 진로를 찾아보겠습니다."

미국 실리콘밸리 출장길에 오를 때만 해도 기대감에 한껏 들떴던 박 과장이었다.

"뭐야? 해외 출장 잘 다녀와 놓고 갑자기 아닌 밤중에 홍두깨 같은 소리야? 박 과장, 지금 나랑 장난해? 회사가 무슨 동네 구멍가게인 줄 알아?"

그의 급작스러운 사표에 어안이 벙벙해진 상사의 얼굴이 붉으락푸르락

해졌다.

"죄송합니다, 팀장님. 하지만 지금까지 살면서 이런 경험은 처음입니다. 그동안 많이 배려해 주신 것은 알지만 이번만큼은 제 뜻을 헤아려 주셨으면 합니다."

그제야 상황의 심각성을 깨달은 상사는 깊은 한숨을 쉬었다.

"휴우~ 너 도대체 왜 이래? 진짜 이유가 뭐야?"

실리콘밸리, 갑을이 바뀐 그들만의 리그

지금도 실리콘밸리에서 들은 송곳 같은 질문이 환청처럼 맴돌았다.

"우리가 왜 당신 돈을 받아야 하죠?"

"당신을 언제 봤다고 대신 투자를 해 줘야 하나요?"

꿈에도 그리던 그곳을 찾았지만 돌아온 건 냉대뿐이었다.

고장 난 TV 정지 화면처럼 순간 머릿속이 하얘졌다.

'아…… 지금까지 나…… 뭐 하고 산 거니……?'

자괴감이 밀려왔다. 도착 전까지만 해도 하늘을 찔렀던 자존감은 온데 간데없이 사라졌다. 마치 거인들의 나라에 온 난쟁이처럼 스스로가 작게만 느껴졌다.

뭔가 잘못돼도 한참 잘못됐다. 대한민국에서 제일 잘나가는 벤처캐피탈에서 "투자를 하겠다"고 돈을 싸들고 찾아간 그였다. 그의 상식으로는 돈을 주는 쪽인 갑이었고, 돈을 받는 쪽인 을이었다. 적어도 한국적 사고방식으로는 그랬다.

하지만 이곳 미국 실리콘밸리에선 을의 태도가 완전 갑이었다.

따지고 보면 더 아쉬운 쪽이 을이 되는 것이다. 개인 자산가부터 글로벌 기관투자자들까지 실리콘밸리의 벤처캐피탈에 투자를 하고 싶어 줄을 서 있다면, 돈을 받는 쪽이 아쉬울 리는 없다. 실리콘밸리의 벤처캐피탈의 수익률은 지난 10년간 연평균 30%에 달한다. 3년만 투자하면 원금만큼 수익이 났고, 장기로 묻어 두면 복리로 수익이 배로 불어나는 것이다. 오랜 기간 검증된 수익률이 매년 두 자릿수 이상이라면 콧대가 하늘을 찌를 만도 했다.

모든 것이 관계에 의해 결정된다

"박 과장, 이제 고작 2년이야. 적어도 한 사이클은 경험하고 판단해야 하지 않겠어? 그때 가서도 생각이 변하지 않는다면 사표를 써도 늦지 않아."

팀장의 끈질긴 만류가 이어졌다. 일주일의 고민 끝에 결국 박 과장은 꺼냈던 사표를 서랍 속에 다시 넣었다. 그 뒤로 7년. 투자 업계 밑바닥을 뒹굴며 실리콘밸리의 악몽은 잊고 지냈다.

이후 실리콘밸리를 다시 찾은 건 7년 뒤 KT투자팀으로 자리를 옮기면서였다. 해외 투자에 관심이 많아진 KT가 투자팀을 신설했고 스카우트할 인재를 찾아 나섰다. 기업, 벤처캐피탈 등 다양한 경험을 두루 한 그가 전격 발탁된 것이다.

7년만에 다시 찾은 실리콘밸리는 여전히 '그들만의 리그'였다. 하지만 분명히 달라진 것이 있었다. 그를 대하는 실리콘밸리 투자자들의 태도였다. 이번에는 그쪽에서 먼저 관심을 보였다.

"한국 KT에서 왔으니까 삼성전자 같은 대기업 네트워크가 많겠어요? 실리콘밸리에서 생산된 제품이 한국 대기업에 통할지 좀 알아봐 줄 수 있나요?"

그랬다. 그들에게 중요한 것은 '돈이 얼마나 많은가'가 아니었다.

'그들과 함께 무엇을 함께 할 수 있느냐'였다. 과거 그들의 냉담한 태도에 상처를 받았던 상황이 이제야 이해가 됐다.

"물론이죠. 얼마든지 알아봐 줄 수 있고말고요."

실리콘밸리에서는 기술력 자체보단 그 기술이 실제 소비자들의 행동 패턴을 바꿀지가 더 중요했다. 한국의 대기업은 실리콘밸리의 기술을 테스트하기에 안성맞춤인 시장이었다. 까탈스러운 한국 소비자들에게 통한다면 전 세계 어디서든 성공할 가능성이 높기 때문이다.

그는 최선을 다해 실리콘밸리 친구들을 도왔고, 이를 통해 신뢰를 쌓았다. 하지만 이들에게 중요한 것은 단순한 결과가 아니었다. 그 과정에서 싹튼 '신뢰 관계'였다.

이렇게 쌓은 신뢰 관계는 훗날 그가 자기 이름을 건 투자회사를 세우게 되는 밑거름이 됐다. 박 대표는 국내 최초로 미국 실리콘밸리의 투자금을 받아 자신의 브랜드를 건 벤처캐피탈인 '세마트랜스링크'를 설립했다. 미국 실리콘밸리의 중견 벤처캐피탈인 트랜스링크캐피탈과 국내 과학기술인공제회(과기공)의 합작으로 세마트랜스링크를 만든 것이다. 국내에 실리콘밸리 자본이 들어와서 합작 벤처캐피탈이 설립된 건 세마트랜스링크가 처음이다.

그와 협력하는 트랜스링크캐피탈의 투자 자산 규모는 약 4000억 원에 달한다. 연평균 수익률로 25% 이상인 검증된 벤처캐피탈이다.

과기공과의 합자회사 설립은 중간에 다리 역할을 한 박 대표의 노력 덕분이다. 집안 좋은 금수저도 아닌, 그렇다고 스카이 출신도 아닌, 그가 국내에서 처음으로 실리콘밸리의 네트워크와 자금을 유치하자 업계는 비로소 그를 주목하기 시작했다.

하지만 그는 어느 날 갑자기 혜성처럼 급부상한 것이 아니다. 10년 전처음 실리콘밸리를 방문한 이후 오랜 기간 쌓은 신뢰 관계가 '황금 동아줄' 역할을 했다. 이 작은 씨앗이 뿌리를 내리고 싹을 틔우고 수확을 하기까지 무려 10년이란 시간이 걸린 셈이다.

신뢰 관계의 행운은 여기서 그치지 않았다. 세마트랜스링크는 설립 후 1년도 채 되지 않아 뜻밖의 제안을 받았다. 이번에는 미국 실리콘밸리의 또 다른 투자자가 블라인드 펀드(Blind Fund)에 투자를 하겠다고 한 것이다. 블라인드 펀드란 투자 대상을 정하지 않은 상태에서 자금을 먼저 모으고 이후 투자처를 찾는 방식의 펀드를 말한다.

미국의 탑티어캐피탈파트너스(TTCP, Top Tier Capital Partners)는 전 세계 우량 벤처캐피탈에만 골라 투자하는 재간접 펀드(Fund of Fund)다.

박 대표는 맨 처음 TTCP로부터 200만 달러 출자 제안을 받았을 때 자신도 모르게 혼잣말을 되뇌었다.

'아니, 뭘 믿고 나한테 돈을 맡기는 거지? 우리 회사는 생긴 지 2년밖에 안 된 신생 회사인데, 아직 제대로 된 투자 성과나 결과물 하나 없다고!'

10년 전 데자뷔가 펼쳐졌다. 딱 10년 전 그가 미국 실리콘밸리에서 들었던 그 질문이다. 데자뷔처럼 돌아오는 귀국길 사표를 결심하며 무거운 발걸음을 내딛었던 인천공항이 떠올랐다.

인생은 참 아이러니다.

내가 10년 전에 들은 그 질문을 내가 그들에게 다시 하고 있는 것이다.

그랬다.

철옹성 같은 미국 실리콘밸리 진입에 낙하산은 없었다.

오래 숙성시킨 진한 신뢰만이 실리콘밸리행 티켓이 될 수 있는 것이다.

대체투자에서 딜소싱은 투자처를 발굴한다는 의미다. 이는 대체투자에 있어 투자 수익률을 결정하는 핵심 요인이 된다. 하지만 좋은 딜은 제 발로 굴러 들어오지 않는다. 굿딜을 찾는 방법은 뭘까.

딜소싱 방법은 크게 두 가지다.

먼저 시장 흐름을 파악하고 투자 수익이 날 것 같은 분야를 정한 다음, 해당 산업의 우량 기업을 찾아 들어가는 방식이다. 이른바 '탑다운(top-down) 방식'이다.

또 다른 방법은 분야에 상관없이 시장 밑바닥에서부터 우량 기업을 찾는 '바텀업(bottom-up)' 방식이다. 시장 트렌드가 아닌 개별 기업의 실적이 투자를 판단하는 핵심 근거가 된다.

이 두 방법은 주식 펀드 매니저들의 우량 주식 발굴법과 크게 다르지 않다. 대부분 사모펀드들은 탑다운과 바텀업 두 가지 방식을 병행한다. 실제 현장의 얘기를 들어 보면 탑다운보다는 바텀업 방식의 성공 확률이 더 높은 편이다. 국내처럼 좁은 시장에서는 특정 분야를 정하는 탑다운이 쉽진 않다. 게다가 원하는 분야에 대해 우량 기업 목록을 짜고 일일이 조사하고 공략 대상을 설정하는 일이 만만치 않다.

특정 분야를 정하고 원하는 투자처를 찾아도 오너와의 접촉이 쉽지 않다. 집안 좋은 금수저들이 유리한 점이 바로 이 부분이다. 하지만 백그라운드가 없는 흙수저라도 방법이 없는 건 아니다. 그들이 가진 모든 인맥을 동원해 접점을 찾다 보면 못 할 것도 아니다.

마지막 최후의 수단은 '콜드콜(Cold call)'이다. 콜드콜은 중간에 지인 등의 소개 없이 일면식도 없는 상대에게 연락을 취하는 방식이다. 일반적으로 콜드콜은 성공 확률이 낮다. 하지만 가끔 굿딜이 성사되기도 않다. 인수 2년 만에 몸값이 5배로 치솟은 VIG파트너스의 바디프랜드 투자가 대표적 콜드콜이다.

이에 반해 품이 덜 들면서 확실한 방법은 '클럽딜(Club Deal)'이다. 투자자들끼리 연합을 형성해 공동 투자를 하는 것이다. 평소 믿고 지내던 투자자가 "굿딜이 있는데 같이 가자"라고 제안을 해 주면 그때만큼 고마운 일도 없다. 좋은 투자처가 있을 때 평소 관계가 좋은 상대에 제안하는 건 인지상정이다.

문제는 이미 그들만의 이너서클이 형성된 경우 신규 진입이 쉽지 않다는 것이다. 특히 선진국은 이미 대체투자의 역사가 길기 때문에 국내 투자자들이 이너서클의 진입 장벽을 뚫기가 쉽지 않다.

대체투자의 딜 정보는 기본적으로 비공개다. 사모펀드의 투자 정보는 외부로 공개되지 않는 게 원칙이다. 상장 주식의 기업 정보와는 성격이 전혀 달라 대체투자 딜의 원천은 결국 '사람'이 된다.

심지어 투자를 결정할 때도 상품이 아닌 사람을 보고 한다. 아무리 수익률이 높은 딜이라도 상대방에 대한 평판이 좋지 않고 관계가 껄끄러우면 진행하지 않을 수 있다. 예를 들어 특정 운용사와 딜을 진행할 때마다 소송이 생긴다면 피하는 게 당연하다. 눈앞의 수익률보다는 장기적인 관계에서 오는 스트레스가 더 큰 탓이다.

특히 부동산 투자의 경우 기관투자자와 운용사의 궁합이 중요하다. 5년 만기 펀드를 운용해야 하는데 상호 간의 신뢰가 없다면 투자는 불가능하다. 이 때문에 늘 같이 투자를 진행하는 기관투자자와 운용사가 생기게 된다. 그렇다고 해서 그들의 관계에 대해 색안경을 끼고 볼 일은 아니다.

인간관계에서 마음 맞는 사람을 찾기 힘든 것처럼, 믿을 만한 투자자를 찾는 것도 쉽지 않다.

아낌없이 주는 '기버(giver)'가 성공한다

한여름 휴가철 서울 강남이 텅 빈 8월. 삼성동 세마트랜스링크 본사에서 박희덕 대표를 처음 만났다. 푸근한 인상의 그가 반갑게 맞았다.

"자수성가한 흙수저 대표를 찾아오셨다고요? 하하. 제대로 찾아오긴 하셨네요. 심사역 출신으로 대표직까지 온 사람은 아마 드물 겁니다."

그의 설명대로 투자 업계 대표 중에 '비스카이(서울대 연고대 이외의 학부)' 출신을 찾기란 쉽지 않았다. 여러 지인들에게 소개를 부탁했지만 고개만 갸우뚱할 뿐 "딱히 생각나는 사람이 없다"고 했었다. 여러 차례 수소문 끝에 간신히 그를 만났다.

박 대표는 평범한 투자 심사역으로 출발해 벤처캐피탈 대표직에 오른 거의 유일한 인물이다. 게다가 실리콘밸리의 자금을 유치해 회사를 설립했다. 미국 명문대를 졸업한 한국인들이 넘쳐나지만 정작 실리콘밸리의 투자를 받은 이는 비스카이 출신 순수 국내파다. 내로라하는 집안도, 재벌 2세도 아닌 박 대표가 성공한 비결이 궁금했다.

"이 업계의 금수저들을 취재하며 주눅이 들 때가 많았어요. 과연 흙수저도 이 시장에서 성공할 수 있을까라는 의문이 생겼죠. 대표님만의 비결이 궁금합니다."

그의 거침없는 답변이 이어졌다.

"간단히 말하면 '관계 중심형 인간'이 돼야 합니다. 혹시 기버형 인간 유형에 대해 아시나요?"

"아니요. 처음 들었어요."

"사람은 크게 두 분류로 나눌 수 있죠. 기버와 테이커."

"네? 기버와 테이커요?"

"네, 맞아요. 기버는 영어로 '주는 사람(giver)'이란 의미로, 남에게 베풀 때 행복을 느끼는 사람들입니다. 반면 테이커는 '가지는 사람(taker)'으로, 남보다는 자신이 성취를 할 때 더 큰 기쁨을 느낍니다."

사실 이 기버와 테이커는 미국의 심리학자 애덤 그랜트가 〈기브앤테이크(GIVE and TAKE)〉라는 책에서 인용됐다.

이 책은 인관 관계를 맺는 사람들을 목적에 따라 두 유형으로 분류했다. 기버는 타인의 이익이 더 클 때 남을 돕고, 테이커는 노력 이상의 이익이 돌아올 경우에만 전략적으로 호혜를 베푼다. 이 두 유형의 중간이 매처(Matcher)다. 매처는 손해와 이익이 균형을 이루도록 애쓰며 타인을 도울 때 상부상조의 원리로 자신의 이익을 보호한다.

"그동안 한국 사회에선 테이커들이 주로 성공했죠. 그래서 부모들이 착하면 손해 본다는 식의 인성 교육을 시켰고요. 하지만 존경받는 성공한 사람 중엔 기버가 훨씬 더 많습니다. 가까운 예로 미국의 전 대통령 버락 오바마와 현 대통령 도널드 트럼프만 봐도 알 수 있죠. 기버인 오바마 전 대통령은 존경을 받지만 전형적인 테이커인 트럼프는 존경받진 않습니다."

인간 유형을 기버와 테이커로 나누는 건 신선한 접근법이다. 게다가 오히려 남의 이익을 위해 자신의 이익을 표기하는 기버가 성공한다는 논리는 언뜻 이해가 되질 않았다.

"손해를 보는 기버가 성공하는 건 잘 이해가 되질 않아요. 대표님께선 스스로 기버라고 생각하시나요?"

"네, 그렇습니다. 저는 지금도 젊은 창업자들이 열의에 차 도전하는 모습을 보면 하루 종일 밤을 새 이야기를 해도 모자랄 정도로 힘이 납니다. 오히려 그들을 통해서 제가 에너지를 얻죠. 하지만 어느 순간 성공을 하면서 그들의 눈빛이 탐욕스럽게 변하면 도와주고 싶은 마음이 싹 사라집니다. 언제 그랬냐는 듯 의욕이 생기지 않습니다."

실제로 박 대표는 초기 벤처들의 대표가 가진 됨됨이와 열정을 보고 투자를 했다. 그가 투자한 신선식품 온라인 그로서(Grocer)인 '마켓컬리'는 투자 1년 만에 3배 이상의 매출 성장률을 보였다. 그가 마켓컬리에 투자를 한 이유는 김슬아 대표의 순수한 열정을 높게 평가했기 때문이다.

딜만을 위해 만난 사람은 딜을 주지 않는다

부동산 금융 업계 대표적 기버로 꼽히는 사람은 김기형 메리츠투자증권 부사장이다. 그는 2006년부터 메리츠종금증권 이사에서 시작해 지난 17년을 '메리츠맨'으로 지내 왔다. 국내 부동산 금융 업계의 1세대로, 한국투자증권의 김성환 부사장과 함께 투톱으로 꼽힌다.

김 부사장을 만나 대체투자에 적합한 인재 유형은 무엇인지, 부동산 금융 업계 '기버'라는 평가에 대해 물었다.

"솔직히 투자 업계에서 상대방을 위해 손해를 본다는 건 조금 맞지 않는 것 같습니다. 특히 개인 사업이 아니라 회사를 위해 일하는 월급쟁이니까요. 더 정확히 표현하면 내 이익만 생각하지 않고 상대방의 '먹을 것'도 남겨 둔다는 게 맞을 것 같습니다. 어차피 내 파이가 큰데 상대방 파이까지 다 뺏지는 않는 겁니다. 그래야 서로 윈윈할 수 있죠."

그는 기버라는 평가에 대해 조금은 부담스러워했다. 인간관계에 있어서는 기버일지 몰라도, 투자를 할 때는 매처에 더 가깝다는 것이다.

"요즘은 생각지도 못한 경로로 딜이 들어올 때가 종종 있습니다. 딜소싱만을 위해서가 아니라 평소에 두루두루 알고 지내던 사람들을 통해서죠. 목적 없이 만난 인맥으로부터 큰 도움을 받을 때가 많습니다."

목적을 가진 관계가 실제 유용하진 않다는 것이다. 목적형 관계는 목적이 사라지면 이내 없어지지만, 사람 자체를 목적으로 만나면 오래도록 관계를 유지할 수 있다.

실제로 대체투자 업계에서 목적형 관계가 유용했다고 얘기하는 사람은 거의 없었다. 국내 최대 사모펀드인 MBKP의 박태현 부사장도 같은 취지의 조언을 했다.

"글쎄요. 딜소싱을 위해 네트워킹을 많이 하는 게 과연 얼마나 효과적일까요? 업계에서 20년 이상 일하며 존경받는 선배가 이런 조언을 했습니다. '딜소싱을 위해 만난 사람 중에 실제로 딜을 준 사람은 한명도 없었다. 오히려 평소 친하지 않은 관계에게 도움을 받은 적이 더 많다.' 개인적으로도 대선배님의 말씀에 크게 공감합니다."

대체투자의 딜이 사람에게서 나오는 것은 분명하지만 그것만을 목적으로 만났을 땐 결코 얻을 수 없다는 설명이다.

게다가 조직의 관점에선 또 다르게 접근할 수 있다. 테이커적인 조직 문화 속에서 개인 혼자 기버가 될 수는 없다는 논리다.

조직의 입장에서 기버적 가치는 조직원에게 단기 성과만을 닦달하지 않고, 장기 성과를 위한 투자를 용인하며 일시적 손해를 감내하는 것이다. 부동산 자산운용 업계 대표적 기버로 꼽히는 이학구 KTB자산운용 부사장은 기버적 조직 문화를 강조했다.

"책임자가 기버가 되기 위해선 회사의 정책도 중요합니다. 단기 성과에 급급해 조금만 성과가 나지 않아도 곧바로 내친다는 임원은 결코 기버가 될 수 없습니다. 성과가 나기 위해선 투자를 하는 기간이 필요합니다. 이 기간에는 성과가 날 수가 없죠. 회사가 이 기간을 참고 이해해 줘야 임원들도 부하 직원들과 오래 함께 갈 수 있습니다."

테이커가 단기적으로 높은 성과를 낼 수 있지만 장기적으로 보면 기버의 성과가 더 클 수 있다는 것이다.

이 부사장은 기버형 인재의 장점으로 장기전에 강하다는 점을 꼽았다.

"기버들은 단기 성과보다 장기 성과에 장점이 많습니다. 기버적 조직 문화 속에서만 기버들이 능력을 발휘할 수 있는 거죠."

실제로 이 부사장이 책임을 지고 있는 KTB자산운용 부동산 부문은 긴 안목에서 인재를 영입하고 키우려고 노력한다.

02

내 돈처럼
투자하라

"파트너의 손실은
내 눈물이다"

진심으로 공감하는 것도 능력이다

생각보다 상황이 꽤 심각한 듯했다. 그동안 수많은 부도 기업의 오너들을 면담했지만 그는 정도가 좀 심했다. 늘 혈색이 돌던 얼굴은 한 달 새 거무튀튀하게 변해 버렸고, 10년은 더 늙어 버린 듯 피부가 거칠어졌다. 평소 카리스마 넘치던 모습은 온데간데없이 이빨 빠진 호랑이처럼 풀죽은 모습이었다. 누가 봐도 그의 상태가 정상이 아님을 직감할 수 있었다.

K이사는 그의 얼굴을 보는 순간, 지금의 외상이 아물기까지 생각보다 오랜 시간이 걸릴 것을 알았다. 지금은 그 어떤 위로와 조언도 아무런 의미가 없을 게 분명했다.

"A대표님, 괜찮으신 거죠?"

"그럴 리가 있나요? 이게 도대체 무슨 일인지, 꿈인지 생시인지 구분이

안 될 정도입니다. 기술력 하나로 지금까지 버텨 왔는데 손쓸 겨를도 없이 멀쩡한 회사가 하루아침에 무너지다니……. 정말이지 하늘이 원망스럽습니다. 전생에 무슨 죄를 지었는지 원……."

그날따라 깊게 팬 미간 주름이 더욱 도드라져 보였다. 아마도 그는 지금 자신의 모습이 시궁창에서 뒹구는 생쥐처럼 느낄 것이다. 고가의 강남 아파트에서 거주 식모에 외제차 기사까지 부리며 남부러울 것 없이 살던 그가, 지금은 단칸방에 식구 셋이 모여 한 달 생활비조차 걱정해야 하는 극빈층으로 추락했다. 한 달에 600만 원씩 예체능 과외까지 시켰는데 이제는 한 달 몇 만 원짜리 학습지도 시키기 어렵게 됐다.

하지만 K이사는 잘 알고 있었다. 지금 이 상황이 오직 A대표에게만 덮친 불행이 아니라는 사실을. 한 달에도 수십 명씩 부도 기업의 오너를 만나고 상담해 온 K이사에겐 일상처럼 자연스러운 일이다.

기업이란 마치 살아 움직이는 유기체와 같아서 겉으론 멀쩡해도 속으론 곪아 어느 순간 터져 버릴 수 있다. 그의 회사도 겉으로 드러나지 않은 암 덩어리가 이미 꿈틀거리고 있었다. 비록 그는 인지하지 못했지만 그 암 덩어리는 언제든 한순간에 목숨을 앗아갈 수 있었다. 하지만 A대표 역시 영원히 끝나지 않을 악몽처럼 긴 이 시간이 언제 그랬냐는 듯 사라지는 기적을 경험하게 될 것이라 확신했다.

오늘은 그냥 아무 말 없이 돌아가는 게 낫겠다고 생각했다. 사실 논의할 사항들이 산더미처럼 밀려 있지만, 공허한 메아리처럼 들릴 게 분명했다.

A대표에게 지금 필요한 건 이성적이고 논리적인 해결책이 아니었다. 인생의 진흙탕으로 추락한 이 상황에서도 그의 옆을 지켜 주는 든든한 누군가이다.

"대표님, 힘내세요. 무슨 말씀을 드린들 와 닿지 않으시겠지만…… 저는 대표님을 믿습니다. 곧 다시 일어서실 겁니다. 정부에서 한계기업에 지원하는 펀드는 제가 책임지고 성사시키겠습니다."

과다 출혈 환자에게 응급 수술은 금물이다

K이사는 이날도 늘 보던 중병 환자를 만났다고 생각했다. 과다 출혈로 숨이 깔딱거리는 응급 환자였다. 황급히 청진기를 대고 환자의 상태를 진단한 결과, 완쾌를 확신했다. 신체적 외상보다 오히려 정신적 상처가 더 컸다.

W기업은 국내 1위의 선박 도어 제조사로 기술력 하나만큼은 세계 최고였다. 국내에서 기술력으로는 W기업을 따라올 만한 곳이 없었으며 글로벌 시장에서도 충분한 경쟁력을 가진 기업이었다.

하지만 순간의 판단 오류가 화근이었다. 본업과는 무관한 해외 신사업을 무리하게 강행한 것이다. 누군가 말려야 했지만 이미 그동안의 성공에 자신감이 넘쳤던 A대표는 남의 말이 귀에 들어오지 않았다.

결국 잘못된 해외 투자는 화마가 돼 돌아왔다. 부메랑을 맞고서야 뼛속까지 사무치는 후회를 했다.

"대표님, 이제 와 후회한들 아무 소용 없습니다. 그냥 훌훌 털어 버리세요. 일단 긴급 자금 집행은 조만간 정부 승인이 떨어질 듯합니다. 그동안 눈덩이처럼 불어난 대출만 갚아도 숨통이 트이실 겁니다."

"암요. 그렇고 말구요. 매일매일 불어나는 이자만 생각하면 억울하고 분통이 터져서 밤잠을 설칠 지경입니다."

실제로 부도기업은 빚 탕감을 통한 재무 구조 개선만으로도 활력을 되찾을 수 있다. 일단 정상 컨디션이 회복돼야 기업 가치 재고도 가능해진다. 면역력이 약해져 미세한 바이러스에도 합병증이 오는 환자에게 메스를 들이대는 건 죽으라는 소리나 마찬가지다.

W기업도 자금 지원을 통한 빚 탕감부터 시작했다. 턱밑까지 차오르던 대출 이자가 해소되고 6개월이 지나서야 A 대표는 정신이 돌아온 듯했다.

"그동안 미뤄 뒀던 신기술 개발을 좀 해 볼까 해요. 예전부터 생각해 오던 게 있었는데 해외 투자에 정신이 팔려 잠시 미뤄 두고 있었어요."

"대찬성입니다. 지금까지 쌓아 온 기술 노하우면 전 세계 최고 신제품 개발도 못 할 게 없습니다."

실제로 W기업은 정부의 재기지원 펀드 투자를 받은 지 1년 만에 신제품 개발에 성공해 재기의 날개를 달았다. 이후 기업은 정상화됐고, 이전보다도 더 확고한 기술력으로 글로벌 시장에 자리매김 했다. 기업은 정상화를 넘어 성장 가도를 달리기 시작했다.

"K이사님, 정말이지 이런 꿈만 같은 날이 오리라곤 상상도 못 했습니

다. 우리 회사가 보란 듯이 재기에 성공하다니요. 정말이지 꿈인지 생시인
지 믿기지가 않습니다. 이제 다시는 본업이 아닌 다른 쪽에 한눈을 파는
바보 같은 짓은 하지 않을 겁니다."

A대표는 인생에서 가장 기뻤던 일들 중 하나로 정부의 재기지원 펀드
를 받던 날을 꼽았다.

"그럼요. 지금까지 해 온 것처럼만 한 우물만 파시면 앞날이 더 창창하
실 겁니다. 사실 저는 대표님을 처음 뵀을 때부터 이런 날이 올 줄 알고
있었습니다."

한계기업에 투자하는 사모펀드는 일반적인 투자와는 접근법이 사뭇
다르다. 이른바 구조조정 전문 사모펀드들은 '돈맥'을 꽂아 주는 것만큼이
나 오너의 고충을 이해하는 것이 필수다. 진심으로 오너의 관점에서 그의
고충을 이해해야 한다. 경영권을 인수해 '나를 따르라'는 식의 처방은 통
하지 않는다. 넋이 나가 제정신이 아닌 아픈 환자(오너)들을 마음 속 깊이
이해해야 치료(가치 재고)가 가능한 것이다.

탁월한 투자자의 전제 조건, 선량한 관리자

대체투자는 투자의 속성상 선량한 관리자의 의무, 즉 선관(善管)의무가
기본 전제인 시장이다. 선량한 관리자의 주의의무란 금융 회사의 수탁자
로서의 책임을 뜻한다. 투자를 함에 있어 운용사와 투자자 그리고 실제

투자자는 각각 다르다. 운용사에 돈을 출자하는 전주(錢主)는 기관투자자이지만, 실제로 기관들의 자금은 개인들의 쌈짓돈에서 나온 것이다. 엄밀히 말해 기관의 자금은 우리 개인들의 돈이다.

쉬운 예로 국민연금 기금운용본부가 600조 원에 달하는 거대 자금을 운용하지만 결국 그 돈은 우리 국민들의 쌈짓돈이다. 따라서 이를 운용하는 자금운용본부는 이 쌈짓돈을 마치 자기 돈처럼 굴려야 할 도덕적 의무를 가지게 된다.

운용사도 마찬가지다. 수천억 원대 자금을 굴리며 투자를 하지만, 궁극적으로 이 돈의 주인은 기관투자자다. 기관들이 믿고 맡긴 돈을 마치 자기 돈처럼 양심적으로 투자를 해야 할 책임이 있는 것이다.

기본적으로 남의 돈을 굴리는 금융기관 종사자들에게는 그 어떤 직업보다도 더 높은 도덕적 기준이 요구된다.

기업의 주주지분에 투자하는 사모펀드의 경우 이 같은 '이해관계의 불일치'를 해소하기 위해 '운용사 출자금(GP commitment)'이라는 시스템을 도입했다. 남의 돈을 내 돈처럼 굴리도록 하기 위해 담당 매니저가 자기 돈도 함께 투자토록 한 것이다. 일반적인 수준은 2~3% 정도지만 상황에 따라서 더 높은 수준을 요구하기도 한다.

게다가 최근 글로벌 사모펀드들은 펀드 매니저의 GP의 출자 비율을 높이고 있는 추세다.

이 출자금의 출처는 일반적으로 파트너급 매니저와, 펀드를 직접 책임지고 운용하는 매니저다. 1000억 원 이상의 펀드의 경우, 출자금의 규모도 상당하기 때문에 당장 현금이 필요한 매니저들에겐 큰 부담일 수밖에 없다. 이 때문에 일부 사모펀드는 실무 담당 매니저들에게 저리로 출자금 대출을 해 주기도 한다. 대출까지 받아 자기 돈이 들어간 상황에서 대리인의 도덕적 해이는 있을 수 없다.

탁월한 사모펀드 매니저가 되려면 출자금을 통한 인위적인 이해관계의 일치만으로는 부족하다. 진심으로 파트너나 상대방의 입장을 이해하고 공감하는 능력이 필요하다.

이 능력이 있을 때만 비로소 상대방의 신뢰를 얻을 수 있고, 더 나아가 진정한 기업 개선 작업에 성공할 수 있다. 한 기업의 경영권을 인수해 구조를 바꾸는 일은 결코 간단한 작업이 아니다. 단순히 파격적인 인센티브로 임원들을 갈아 치운다고 될 일도 아니고, 강제적으로 공정한 성과 관리 시스템을 도입해서 될 일도 아니다.

사모펀드 업계에서 보기 드문 여성 임원으로 중소형 바이아웃 딜로 탁월한 능력을 보인 신선화 유니슨캐피탈 파트너는 공감 능력을 매니저의 첫 번째 조건으로 평가했다.

"성공적인 바이아웃의 기본 전제는 진심으로 그 회사를 이해하는 겁니다. 가뜩이나 인식이 좋지 않은 사모펀드에 인수된 회사의 근로자들이 움직이게 하려면 겸손한 자세로 먼저 다가가야 합니다."

국내 대표적 흙수저 사모펀드들의 태생이 구조조정 펀드였다는 사실은 결코 우연의 일치가 아니다. 그들은 흙수저의 경쟁력인 인내심과 배려를 십분 발휘했고 그 덕분에 인수 기업과 종업원들의 마음을 살 수 있었던 것이다.

지는 사람이 마음을 얻는다

사람의 마음을 얻는 일은 결코 쉽지 않다. 정장근 JKL파트너스 대표가 김홍림 하림 회장의 신뢰를 얻은 계기는 NS홈쇼핑 '매각 불발' 덕분이었다.

당시 하림의 자회사인 NS홈쇼핑 매각 딜은 전적으로 하림에 불리했다. NS홈쇼핑은 물론 닭고기 전문 기업인 하림의 본업과 연계성은 떨어졌지만 기업 내 충분한 현금을 창출하는 '캐시카우(Cash Cow, 계속적으로 현금 흐름을 발생시키는 사업 부문)' 역할을 하고 있었다.

"회장님, 이번 딜은 안 하시는 게 좋을 것 같습니다. 아무리 주판알을 튕겨 봐도 하림에 불리한 딜입니다."

정 대표의 발언에 김 회장은 적잖이 놀란 표정을 지었다. 그는 국내 일부 대기업과 글로벌 PEF들과 손잡고 하림 측에 NS홈쇼핑 매각 의사를 타진한 장본인이었다. 나중에 결과야 어떻든 매각 자문은 딜이 성사돼야 성공 보수를 받을 수 있다. 그런데도 그는 하림 측의 입장에서 "딜을 깨라"고 조언하고 있는 것이다.

"의외네요. 정 대표가 딜을 깨라는 이유가 단지 하림을 위해서인가요?"

"사심은 전혀 없습니다. 군이 팔 필요도 없는 회사를 파는데, 계약 조건이 하림 측에 너무 불리합니다. 이렇게까지 손해를 보면서 팔 이유는 없는 것 같습니다. 물론 딜을 자문하는 입장에서 드릴 말씀은 아니지만 솔직한 제 의견입니다."

"오케이! 무슨 뜻인지 알겠습니다. 딜을 원점에서 재검토해 보도록 하죠."

결국 NS홈쇼핑 인수 시도는 불발에 그쳤고, 김 회장은 그때 그 결정이 진심으로 옳았다고 생각했다. 진심으로 하림의 입장에서 조언을 해 준 정 대표에게 무한 신뢰가 싹텄음은 물론이다.

정 대표는 그날의 직언에 대해 이보 전진을 위한 일보 후퇴라고 말했다.

"이 시장은 좁습니다. 한두 번 보고 말 것도 아니고. 진심으로 상대방의 입장에서 생각하면 때론 손해를 볼 줄 알아야 합니다."

진심으로 상대의 입장에서 생각한다는 것은 그를 위해 자신의 손해까지도 감수하는 것을 의미한다.

상대방의 이익이 곧 나의 이익과도 같다면, 상대방의 눈물이 곧 내 눈물과도 같다면, 그를 위해 희생을 할 수 있어야 한다.

자기 오류를 인정할 때 신뢰를 얻는다

진심으로 상대방의 입장에서 배려한다면 자기 판단의 오류도 인정해야 한다.

2016년 빅딜을 성사시킨 A사모펀드는 B업체에 주목했다. 매각 의사를 타진해 온 기업 오너와의 미팅도 괜찮았다. 본격적인 심사 작업에 들어갔고 해 볼 만한 가치가 있는 딜이라는 결론을 내렸다.

투자자를 찾아 여러 기관에 매수 의사를 타진했다. 국내 대형 기관 한 곳이 큰 관심을 보였다.

"이 딜은 괜찮아 보이네요. 우리가 검토해 볼게요. 안 그래도 유심히 보던 시장이었어요."

이번 딜에 관심을 가진 기관투자자는 업계에서 키맨으로 통하는 베테랑이었다.

"대표님, 보내 주신 자료 충분히 검토해 봤습니다. 우리는 투심위(투자심의위원회) 기간이 좀 길긴 한데, 통과되면 연락드릴게요."

한 달 뒤 그는 사모펀드 대표에게 다시 연락을 했다.

"우리 쪽 중간 투심위까지 통과됐습니다. 이제 최종 투심위만 통과하면 됩니다."

"아…… 팀장님, 제가 찾아뵙고 긴히 드릴 말씀이 있는데요. 내일 시간 되시는지요?"

"네. 급하신 일인가요? 내일 오후에 사무실로 오시면 티타임 가능합니다."

다음 날 아침 일찍 기관을 찾은 그는 조심스럽게 말을 꺼냈다.

"저…… 이런 말씀 드리기 죄송하지만, 이번 딜은 접으시는 게 나을 것 같습니다."

"네? 아니, 왜요? 우리 쪽은 투심위까지 거의 다 마무리됐는데요."

"최종 검토 과정에서 저희가 미처 생각하지 못했던 리스크를 알게 됐습니다. 생각보다 치명적일 것 같아서요. 직접 딜을 발굴했던 저희도 많이 아쉽지만, 장기적으로 이번 딜은 안 하시는 게 나을 것 같습니다."

그의 진정성 있는 표정과 눈빛을 읽은 기관투자자는 그의 의견을 따르기로 했다.

"저희도 이런 경우는 참 황당하지만, 일단 보류하는 쪽으로 가닥을 잡아 보겠습니다. 대표님께서 이렇게까지 말씀하시는 데는 분명 이유가 있겠죠."

아마 그때 해당 기관이 그의 말을 듣지 않았다면 땅을 치고 후회를 했을 것이다. 진심 어린 그의 조언을 들었기에 가슴을 쓸어내리며 안도할 수 있었다.

대표 입장에선 중간에 오류가 발견돼도 충분히 못 본 척할 수 있었다. 하지만 진심으로 상대를 배려했기에 자신의 판단 오류를 시인했던 것이다. *그 결과 딜을 진행했을 때보다 훨씬 더 두터운 신뢰를 얻었다.*

여기에 상대방과 진심으로 공감한다는 것은 '끝까지 책임진다'는 의미도 포함된다. 많은 이해관계자가 얽히고설킨 대체투자에서 어느 한쪽이나 몰라라 손을 놓아 버리면 남겨진 자들이 모든 뒷감당을 해야 한다. 무책임하게 상대의 손을 놓아 버리는 것이 아니라 끝까지 잡고 고통을 함께할 때 '뜨거운 관계'가 형성된다.

하늘이 노래졌다. 이미 기관 투자자의 최종 승인이 끝난 딜을 갑자기 취소한다는 통보를 받았다.

'기관투자자의 최종 투심위까지 통과된 딜을 원점에서 재검토하라 나……'

온몸에 힘이 빠지며 다리가 풀렸다. 그 자리에 주저앉아 엉엉 소리를 내며 울고 싶을 정도였다.

어디서부터 어떻게 수습해야 할지 도저히 감이 잡히지 않았다. 이미 다된 밥에 재를 뿌려도 유분수지, 해도 해도 너무한다는 생각이 들었다. 그는 주말 내내 머리를 쥐어짜며 해결책을 고민했다.

솔직히 그냥 나 몰라라 하며 빠져 버릴 수도 있었다. 그룹 차원에서 지시한 일이니 어쩔 수 없다는 식으로 발뺌을 하는 것이다. 그가 그렇게 한들 비난할 사람은 없다. 특별한 이유 없이 그룹의 오너가 마음을 바꿀 때 딜이 어그러지는 이유를 합리적으로 설명할 길이 없다.

'아, 그냥 어쩔 수 없이 미안하게 됐다고 손을 떼 버릴까?'

이렇게 되면 지난 6개월간 공들인 딜이 날아가 버린다. 운용사가 없이 펀드 설정은 불가능하다.

다 포기해 버리고 싶은 달콤한 유혹이 들었지만, 상대방 A팀장의 얼굴이 떠올랐다. A팀장은 오랜만에 흡족스러운 딜을 했다며 그에게 수차례 "고맙다"는 말을 했었다. 그런 그를 깡그리 무시하고 딜에서 빠져 버리기엔 그의 양심이 허락하질 않았다.

그렇다고 지금 상황에서 그의 자산운용사가 딜을 계속 맡는 것은 아무리 머리를 굴러도 불가능했다. 마지막 남은 카드는 분명했다. 딜은 살리되 운용사를 바꾸는 수밖에 없었다. 밑져 봐야 본전이다.

'그래, 일단 정면 돌파다. 한번 부딪쳐 보자.'

그는 월요일 아침 평소보다 한 시간이나 일찍 집을 나섰다. 기관투자자를 직접 만나 자초지종을 설명하고 담판을 지어야 했다. 아침 일찍 찾아온 그를 본 기관 관계자는 깜짝 놀라 물었다.

"아니, 말씀도 없이 아침부터 찾아오시고, 무슨 일이세요?"

주말 내내 한숨도 못 잔 듯한 그의 몰골을 본 관계자는 예삿일이 아님을 직감할 수 있었다.

"아……, 이런 말씀을 드리기 정말 죄송합니다만……. 우리 쪽에서 이번 딜을 진행하지 못하게 될 것 같습니다. 그룹 전체 차원에서 갑자기 딜을 중단하라는 지시가 떨어졌습니다."

"네? 이게 무슨 황당한 얘기인가요? 우리는 최종 투심위까지 다 통과됐는데, 이제 와서 정작 운용사가 못 하겠다면 어쩌겠다는 거죠? 수천억 원짜리 해외 부동산 투자 딜이 애들 소꿉장난입니까?"

"다시 한 번 죄송하다는 말씀을 드립니다. 면목이 없습니다. 아시다시피 그룹 계열사 오너가 한번 내린 결정은 어떻게 손 쓸 방법이 없습니다.

"도대체 그래서 지금은 어쩌겠다는 거죠?"

"그래서 딜을 계속 진행할 수 있는 방법을 고민해 봤는데요."

"과연 뾰족한 해결책이 있을까요?"

"우리 대신 다른 운용사가 펀드를 설정하도록 부탁을 해볼까 합니다. 제 부탁이면 들어줄 운용사도 몇 군데 있고요. 기관에서만 괜찮다고 하면 오늘부터 알아보겠습니다."

잠시 생각에 잠겼던 기관 관계자는 어쩔 수 없다는 표정을 지었다.

"뭐 하는 수 없죠, 그 방법밖에. 딜 진행이 최우선이니까 다른 운용사로 교체돼도 상관은 없습니다."

"네. 저도 그게 딜을 살리는 최선인 듯합니다. 그룹을 대신해서 거듭 사과를 드립니다."

"아니에요. 조직이 잘못이지 개인이 무슨 죄인가요. 그래도 우리 입장에서 생각해 주니 고맙네요. 발뺌하면서 내팽개칠 수도 있었을 텐데."

"그동안 팀장님께서 공을 많이 들인 딜인 걸 잘 아는데요. 이런 딜을 그냥 날리긴 너무 아깝죠. 어떻게든 살려 보도록 하겠습니다."

"그렇게 알아 주시니 고맙네요. 이번 일만큼은 꼭 좋은 쪽으로 해결해 주셨으면 합니다."

'고맙다'는 기관투자자의 말 한마디에 그는 다시 힘을 냈다.

평소 친분이 있는 운용사 인맥을 총동원했다.

"형, 물에 빠진 사람 살려 준다고 생각하고 한 번만 도와줘. 이번 한 번만 신세 좀 지자."

"너희 그룹은 참 이런 게 문제야. 다 된 딜에 재를 뿌려도 그렇지. 기관투자자가 얼마나 황당하겠니?"

"내 말이……. 입이 열 개라도 할 말 없어."

"관련 정보나 보내 줘. 우리 쪽에서 검토해 볼게."

다행히도 A운용사가 선뜻 "딜을 대신하겠다"고 총대를 맸다.

결국 좌초의 위기를 겪었던 딜은 항해사(운용사)를 바꿔 다시 순항할 수 있었다. 비록 그가 원래대로 함께 5년이란 긴 여정을 떠날 수는 없었지만 출항 일정은 차질 없이 계획대로 진행됐다.

"끝까지 신의를 저버리지 않고 딜을 살려 줘서 고마워요. 비록 이번에는 함께하지 못했지만 다음에는 같이할 기회가 있겠죠."

"물론이죠!"

실제로 이 기관과 그는 이렇게 끈끈하게 맺어진 신뢰 관계를 바탕으로 여러 건의 굿딜을 함께했다.

부동산 자산운용 업계의 대표적 흙수저로 꼽히는 김형석 LB자산운용 대표 역시 자신의 성공 비결로 신뢰 관계를 꼽았다.

"장기 투자인 부동산 펀드를 운용하면 항상 예상치 못한 문제들이 터집니다. 이럴 땐 누구나 쥐구멍이라도 숨고 싶은 심정이죠. 하지만 이런 문제가 생겼을 때일수록 직원들을 대신 보내지 않고 직접 찾아가 솔직하게 설명을 했습니다. 이런 상황에 대해 진심으로 사과했죠."

문제는 숨고 회피한다고 해결되지 않는다. 더 이상 곪아 터지기 전에 양지로 끌어내 진단을 해야 한다. 이를 위해선 문제를 정면으로 돌파할 용기가 필요하고, 그 용기는 바로 상대방을 진심으로 공감하는 마음에서 출발한다.

03

잉크가 마를 때까지
방심하지 마라

"10년 장기 투자에
꽃길은 없다"

끝까지 포기하지 않는 능력 '그릿'

"방청객 중에 JKL파트너스 관계자 있습니까?"

증인 출석 요구를 거부당한 K에게 발언권이 주어졌다.

"네! 여기 있습니다."

K는 벌떡 일어나 존재감을 드러냈다.

"법원으로 보낸 편지 내용을 읽었습니다. 여기서 하실 말씀 있으신가요?"

"네, 판사님. 발언 기회 주셔서 감사합니다. 판사님께 꼭 드리고 싶은 말씀이 있습니다. 저희 JKL파트너스는 피의자가 주장하는 것처럼 악덕 사모펀드가 아닙니다. 기업 인수 이후 경영진들을 해고한 것은 그들이 배임, 횡령으로 회사에 해를 끼쳤다는 명백한 근거가 있었기 때문입니다. 여기

그 증거 자료들이 다 있습니다. 이 자리를 빌어 판사님께 낱낱이 공개할 수 있습니다."

예상치 못한 K의 등장에 법정이 술렁이기 시작했다. 그는 차분히 발언을 이어 갔다.

"사모펀드가 경영권을 인수할 때는 기업의 가치를 높여 더 좋은 회사로 만들기 위해서이지 무조건 해고를 통해 기업의 비용만 쥐어짜기 위해서가 아닙니다. 기업 M&A 자문에서 출발해 지금까지 성장해 온 JKL은 한계 기업의 비효율성을 개선하고 가치 개선을 추구합니다. 궁극적으로 연기금 공제회 등 펀드 출자자에게 수익을 돌려주는 사모펀드입니다. 이를 위해 불법 행위로 회사에 해를 끼친 피의자를 고발한 것이지 선량한 기업가의 경영권을 이유없이 뺏은 것이 아닙니다. 제발 저희의 진정성을 알아주셨으면 합니다."

마치 한편의 법정 드라마를 보는 듯했다. 10여 분 동안 K는 판사, 검사, 변호사 등 관계자들이 지켜보는 가운데 사건의 전말을 한 치의 흐트러짐도 없이 전달해 나갔다.

K의 진심 어린 발언은 끝내 이날 법정에 참석한 배심원들의 마음을 움직였다. 그는 다음 공방 때 증인으로 출석하라는 명령을 얻어 냈다. 6개월간의 외로운 싸움이 일단락되는 멋진 피날레였다. 지난 2년간 하루도 마음 편할 날이 없었던 K도 이제는 웃을 수 있을 듯했다.

무려 2년을 끈 긴 소송이었다. 그 긴 2년 동안 K는 회사로 출근을 하는 대신 거의 매일 A기업을 찾았다. 괜히 회사로 출근을 해 다른 직원들에게 한숨만 푹푹 쉬며 부정적 에너지를 전하느니 차라리 안 가는 게 더 마음이 편했다.

벼랑 끝에 선 K는 더 이상 물러설 곳이 없었다. 그가 포기하는 순간 모든 것이 수포로 돌아갈 게 뻔했다. 펀드 수익률은 마이너스로 곤두박질칠 것이고, JKL을 믿고 투자금을 맡긴 기관들은 등을 돌릴 것이다. 방법이 없었다. K는 무조건 버텨야 했다.

"참. 사람이 그렇더라고요. 평소에 그렇게 친했던 기자들도, 지인들도, 임원들도 다 소용없었습니다. 검찰도 JKL이 경영권을 지키고자 고발한 사실을 색안경을 끼고 바라봤고, 증인 출석 요구도 거부당했습니다. 누구 하나 우리 편을 들지 않았죠. 그들도 JKL이 부당한 외압에 억울한 누명을 썼다는 사실은 알았지만 외면했습니다."

그랬다. '빽' 하나 없이 맨몸으로 여기까지 온 그였지만 이토록 큰일을 당했는데 비빌 언덕이라곤 단 한 군데도 없었다.

'재벌가 자재였더라면, 그야말로 빵빵한 집안의 아들이었다면, 이렇게까지 속수무책으로 당했을까.'

그동안 단 한 번도 해 본 적이 없었던 신세 한탄을 했다. 이때만큼 기댈 곳 없는 흙수저인 것이 억울하고 서러운 적이 없었다.

모든 통로가 막혔지만 K는 마지막 지푸라기라도 잡는 심정으로 법원에 직접 편지를 쓰기로 했다.

지성이면 감천일까.

그의 진심이 상대의 마음을 움직였다. 끝내 그는 법정 발언 기회를 얻어냈고 하늘은 JKL의 손을 들어 주었다.

천덕꾸러기를 황금오리로 탈바꿈시키다

이제 남은 일은 그동안 망가진 회사를 되살리는 일이다. K가 지긋지긋한 법적 공방을 도맡아 하는 동안 JKL의 다른 파트너들은 전폭적으로 K를 지원했다. K는 정부 공사 이외의 납품처를 확대해 해외와 민간 비즈니스 영역까지 넓혀 나갔다. 다행히 세상이 떠들썩할 만큼 부정적 뉴스를 타고도 회사는 조금씩 살아날 기미를 보이기 시작했다.

한번 얽힌 실타래가 풀리기 시작하자 일은 일사천리로 진행됐다. JKL을 의심했던 A사 임직원들도 JKL의 진정성을 이해하고 받아들이기 시작했다. 드디어 K가 가장 고대하던 순간이 왔다. 회사를 원하는 매수자가 나타난 것이다. 매각은 그동안의 마음고생을 단번에 털어 버릴 절호의 찬스였다.

하지만 한 가지 고민거리가 있었다. 그들을 2년간 생지옥으로 몰아넣은 전임 CEO였다. 이미 승리는 JKL의 편이었기에 칼자루는 이쪽이 쥐고 있었다. 매각을 성사시키려면 원수와 손을 잡아야 했다. JKL의 파트너들은 고민에 빠졌다.

"인생에서 다시는 생각도 하기 싫은 생지옥 같은 2년이었어."

"알지, 알고말고. 그동안 지켜본 우리도 힘들었는데 당사자는 오죽하겠냐고. 우리는 K 너의 의견에 따를게."

A기업의 매각 문제를 고민하며 J와 L은 당사자인 K의 의견을 최대한 존중하겠다는 의중을 드러냈다.

"휴…… 정말이지 치가 떨려. 사람이 10년은 확 늙어 버린 느낌이라고. 그래도 어쩌겠어. 받는 대로 그대로 되돌려 준다면 그건 똑같은 사람이 되는 거잖아?"

결국 JKL은 적과의 동침을 선택했다. 이들은 한때 적이었던 전임 CEO와 손잡고 우리사주조합원 지분을 모두 포함해 회사를 매각하기로 사인한 것이다.

매각가는 무려 1000억 원. 600억 원을 투자해 400억 원의 시세차익을 남겼다. 결국 4년 만에 연 평균 수익률 15% 수준으로 투자회수에 성공한 것이다.

A기업을 매각하던 당일. K는 A사의 전 임직원들의 환송을 받으며 회사를 나섰다. 이날 JKL파트너스의 세 파트너는 술잔을 기울이며 다짐했다.

"언젠간 인수 기업을 투명하게 경영할 수 있는 경영권 가이드라인(스튜어드십 코드)를 도입하자고."

"오늘의 이 사건은 우리가 회사를 떠난 후에도 JKL의 정체성을 잘 드러내는 역사적 사건으로 기록될 거야."

JKL파트너스는 지난 10년간 산전수전 공중전까지 거치며 근성으로 똘똘 뭉친 국내 토종 사모펀드다.

아마 그때 K가 희망의 끈을 놓아 버렸다면, 상황을 비관하며 포기해 버렸다면, 오늘날의 JKL파트너스는 존재하지 않았을 것이다.

대체투자에 꽃길은 없다

대체투자는 최소 5년 이상 걸리는 장기 투자다. 펀드 설정 이후에 만기 청산까지 짧게는 5년 길게는 10년 이상 소요된다.

사모펀드의 투자는 크게 4단계를 거친다.

첫째, 자금 모집(Fund Rraising)이다. 기관투자자들로부터 투자자금을 받는 단계다. 먼저 펀드 규모를 설정한 다음 국내 기관들의 블라인드 펀드 위탁 운용사 공개 모집에 신청을 한다. 이 공개 모집을 업계에서는 미인대회와 비슷하다 하여 '뷰티 콘테스트'라 부르기로 한다. 자금 모집의 편의성을 위해 가장 큰 투자 비중을 차지하는 앵커 투자자(핵심 투자자)를 끼고 나머지 소수 투자자들을 모집하는 경우가 많다.

둘째, 딜소싱(Deal sourcing)이다. 딜소싱은 투자처를 물색하는 방법이다. 펀드 매니저가 딜소싱을 하는 방법은 다양하다. 하지만 일반적인 두 가지 방법은 유망 투자 분야를 정하고 구체적인 기업을 찾는 탑다운 방식과 분야나 시장보다는 기업 가치를 위주로 평가하는 바텀업 방식이 있다. 대부분 이 두 방식을 병행한다.

셋째, 투자(Investment)다. 목표로 한 금액의 자금을 받아 펀드를 설정하면 본격적인 투자에 나선다. 설정된 펀드는 투자의 목적에 따라 그로쓰캐피탈(Growth Capital), 바이아웃(Buy Out), 스페셜시츄에이션(Special Situation) 등으로 나눈다. 그로쓰캐피탈은 성장 가능성이 있어 보이는 기업의 소수 지분을 확보하는 투자다. 예상대로 기업이 성장하면 투자 수익을 낼 수 있다. 바이아웃은 경영권을 인수해 대주주가 된 후 가치 창출을 추구하는 투자다. 기존 대주주보다 기업 경영을 잘할 수 있다는 자신감이 있을 때 시도하며 난이도가 높은 투자에 속한다. 스페셜시츄에이션 펀드는 기업이 일반적이지 않은 상황에 처했을 때 긴급 자금을 투입해 가치를 높인다. 국내에는 선진국에 비해 상대적으로 활성화가 되지 않은 영역이다.

넷째, 투자회수(Exit)다. 업계에서는 영어 단어 그대로 엑시트라고 부르곤 한다. 투자의 수익률은 결국 투자회수에서 결판이 난다. 보유 기간 중의 평가 이익은 그야말로 실현되지 않은 이익으로 아무런 의미가 없다. 방법은 크게 두 가지다. 다른 기업에 팔거나, 주식 시장에 상장시킨다. 전통적인 방법은 기업 매각이 많은 편이지만 1조 원 이상의 빅딜은 국내 시장에서 소화되기가 쉽지 않다. 사모펀드가 대주주인 기업의 IPO(기업공개)는 2017년에야 시작됐고 앞으로 점차 활성화될 전망이다.

이처럼 사모펀드의 투자는 '자금 모집-딜소싱-투자-회수' 4단계로 진행되며, 한 과정을 마치는 데 최소 6개월~1년 이상 걸린다. 이처럼 투자 기간이 길다 보니 늘 예상치 못한 돌발 변수들이 발생한다. 대체투자 업계 사람들은 "만만하고 쉬운 딜은 없다"고 입을 모은다.

대체투자에서 고속도로처럼 쭉 뻗은 꽃길은 구조적으로 불가능하다.

열정의 강도가 아닌 지속성이 중요하다

이처럼 장기 투자를 할 때 필요한 능력이 바로 '지속 가능한 열정' 즉 근성이다. 미국의 성취심리학자 앤절라 더크워스는 이를 '그릿(grit)'이라고 불렀다. 더크워스는 미국 최고의 인재들이 2년 이상 준비해 입학하는 육군사관학교 웨스트포인트에서 중도에 포기하고 자퇴하는 사람들의 이유를 밝히기로 했다. 처음에 그는 끝까지 살아남은 인재들에 비해 재능이 부족한 이들이 중도에 탈락한 것이라는 가정을 세웠다. 하지만 이들의 재능과 IQ를 분석한 결과 위기 대처 능력과 재능은 무관한 것으로 밝혀졌다. 아무리 재능이 뛰어나도 현재의 역량으로는 버거운 과제들이 주어졌을 때 이 압박을 견뎌 내지 못하면 낙오자로 전락했다. 다양한 심리 분석 끝에 더크워스는 '절대 포기하지 않는 태도'가 재능보다 더 중요한 비결임을 밝혀냈다.

어찌 보면 뻔하지만, 뛰어난 재능도 노력이 없이는 발현될 수 없다는 결론이다. 상황이 좋을 때는 누구나 재능을 발휘할 수 있지만 상황이 안 좋아지면 그릿이 높은 인재만이 재능을 펼칠 수 있다는 분석이다.

물론 그릿이 높다는 것은 열정의 강도가 높다는 것을 의미하지 않는다. 그릿의 척도는 시간이 흘러도 한결같은 '열정의 지속성'이 더 중요하다. 시간이 흘러도 얼마나 꾸준히 목표를 향해 전력 투구할 수 있는지만 관건인 셈이다.

간절함을 만드는 힘 '근성'

몇 시간째 가만히 앉아 기다렸더니 엉덩이가 배길 지경이었다.

'에이 참, 대기실 의자라도 좀 좋은 걸로 사다 놓지.'

속절없이 기다리던 송인준 IMM프라이빗에쿼티(PEF) 대표는 애꿎은 의자에 대고 화풀이를 했다.

미팅이 예정된 기관투자자 관계자는 "잠시만 기다려 달라"며 자리를 비운 지 3시간 째 묵묵부답이다. 더 이상은 갑갑증이 나 참을 수가 없었다.

하지만 그렇다고 자리를 박차고 나가 "누구 누구 팀장, 어디 갔어?"라고 소리칠 수도 없었다. 속으로는 울화통이 터졌다. "아니, 지금 이름 없는 사모펀드에서 왔다고 무시하는 거냐"고 욕을 하며 삿대질이라도 하고 싶었다.

하지만 진실로 그는 국내 소규모 사모펀드에 불과했다.

마음을 다잡은 그는 문을 열고 나가 작은 목소리로 물었다.

"저기, 혹시 팀장님 어디 계신가요?"

무심한 듯 한 남성이 사무실 건너편 먼 자리를 가리켰다.

"저기요, 저쪽에 있네요."

"네에, 감사합니다."

조심스럽게 그의 자리로 이동했다.

"아, 저기, 팀장님……. IMM PE의 송인준입니다. 아까 금방 오신다고 하셨는데 여태 말씀이 없으셔서요."

조용한 사무실에 방해가 되지 않게 속삭였다.

"아, 맞다. 송대표 아직 거기 있었지? 내가 정신이 없어 깜빡했네. 미안 미안."

비슷한 나이 또래로 보이는 그는 일면식도 없는 송 대표에게 반말을 했다.

"근데 미안해서 어쩌지? 내가 조금 있다가 또 회의가 있어서 용건만 간단히 가능할까? 아니면 내일 다시 와도 되고."

"네네. 워낙 바쁘시니 충분히 그러실 수 있죠. 오늘은 일단 자료 먼저 드리고 내일 같은 시간에 다시 오겠습니다."

정말이지 3시간 동안 딱딱한 의자에 앉아 허송세월한 일이 아무것도 아니라는 듯 특유의 환한 웃음을 지었다.

"아, 그래? 내일 다시 올래? 그럼 일단 자료 놓고 가고 내일 다시 얘기해.

난 회의가 있어서 이만."

그 다음 날도, 또 그 다음 날도, 3번의 퇴짜를 맞은 후에야 담당 팀장과 의 미팅이 진행됐다.

"본의 아니게 약속을 계속 펑크 냈네. 여하튼 오늘 설명 잘 들었고 필요 할 때 또 연락할게."

"별말씀을요. 언제든 연락 주세요."

A공제회를 뚫기 위해 삼고초려했던 송 대표는 1년 반 만에 첫 펀딩을 받는 데 성공했다. 어렵사리 받은 자금인 만큼 투자에 사력을 다했고, 무 려 35%에 달하는 연 수익률로 투자를 마무리했다. 두 자릿수 이상의 수 익률, 그것도 연 35%에 달하는 높은 수익률은 A공제회 역사상 처음이었 다. 투자를 결정한 팀장은 공로를 인정받아 승진을 했고, 공제회의 최고책 임투자자(CIO)는 송 대표를 비롯한 IMM PE 직원들을 불러 거한 식사 를 대접했다.

"우리 공제회에서 이렇게 높은 수익률은 처음입니다. 정말 그동안 고 생 많았어요. 처음엔 신생 사모펀드라 우리도 긴가민가했는데 믿고 맡 긴 보람이 있네요. 앞으로도 좋은 딜 있을 땐 우리 공제회에게도 기회를 주세요.

자자, 마지막으로 건배사! IMM PE가 국내 최고의 사모펀드가 되는 그날을 위하여!"

"위하여! 위하여! 위하여!"

지금은 자타공인 토종 사모펀드의 자부심이라 불리는 IMM PE의 송인준 대표는 아직도 그날을 잊지 못한다.

"처음부터 1조 펀드 IMM PE의 송인준은 아니었습니다. 우리라고 어려운 시절이 왜 없었겠습니까. 이름도 없던 시절엔 기관투자자 한 번 만나려고 몇 시간씩 기다리기도 했습니다. 솔직히 펀딩 유치하려고 찾아오는 신생 사모펀드가 한둘이 아닐 테죠. 가뜩이나 바쁜 사람들이 만나 주겠습니까? 무조건 만나 줄 때까지 찾아가는 거죠. 어렵게 만나게 되면 최선을 다해 진정성 있게 대하고, 또 그렇게 믿고 맡겨 준 돈은 열심히 투자를 해야 하지 않겠습니까? 그러다 보니 1조 원 펀딩도 가능하게 된 것 같습니다."

송 대표는 업계에서 초심을 잃지 않는 대표로 잘 알려져 있다.

"사람이 조금 컸다고 태도가 돌변하고 그러면 되겠습니까? 하하."

기관들을 돌며 직접 투자를 하던 그때나, 1조 펀딩이 가능해진 지금이나 변하지 않고 한결같다는 평가다.

'사람은 어렵게 얻어야 그 소중함을 안다.'

그가 옛 사람들에게도 여전히 깍듯한 이유는 그토록 어렵사리 얻은 관계가 얼마나 소중한지 알기 때문이다.

송인준, 지성배, 장동호.

이들 IMM PE의 세 창업자는 모두 흙수저 출신이다. 그들은 오늘날

IMM PE가 이 자리에 오르기까지 얼마나 힘들었는지를 잊지 않기 위해 노력한다. 이것이 바로 IMM PE를 지속 가능하게 만드는 그릿의 힘인 것이다.

을지로 파인애비뉴 투자로 1400억 매각 차익 달성

성공과 실패는 결국 한 끗 차이다. 누군가는 눈 앞에 보이는 고지를 포기하고, 또 다른 누군가는 9부능선을 넘기고 성공의 깃발을 꽂는다.

분명히 돈이 되는 물건인데 돈이 모이질 않았다. 단 한 곳을 제외한 모든 기관 투자기관이 을지로 파인애비뉴 빌딩 출자를 부결시켰다. 그날 저녁 김형석 미래에셋자산운용 부장(현 LB자산운용대표)은 선술집에서 물처럼 술을 들이켰다. 다음 날 아침. 술에 떡이 된 채 눈을 떴다. 숙취로 머리가 지끈지끈 아파 왔지만 정신만은 또렷했다.

'그래도 한 번만 더 해 보자.'

이대로 포기할 순 없었다. 그는 유일하게 투자 승인이 난 기관투자자를 찾아갔다.

"팀장님, 다른 기관들은 전부 부결시켰습니다. 아무래도 준공이 되지 않은 부동산에 대한 선매입(미리 매입하는 것) 투자는 아직까지 시기상조인가 봅니다. 파인애비뉴 출자 건은 여기서 포기할까 생각했지만 이대로 물러설 순 없습니다. 한 달만 더 시간을 주시면 어떻게든 펀딩을 끝내겠습니다. 이미 투심위 승인이 난 안건은 계속 유지해 주셨으면 좋겠습니다."

이 기관은 파인애비뉴 빌딩 펀딩에 필요한 1500억 원 중 150억 원을 가장 먼저 승인을 냈다. 하지만 다른 기관들이 빠질 정도로 분위기가 나빠질 경우 투자 의사를 철회할 수도 있었다.

"걱정 마세요. 우리는 이번 딜에 대해 확신을 가지고 승인을 낸 겁니다. 다른 기관들 승인이 떨어질 때까지 기다릴 수 있으니 최선을 다해 주세요."

김 부장은 그의 말이 그렇게 힘이 될 수가 없었다.

'그래, 한 번만 더 해 보자. 한 번만 더.'

두 주먹을 불끈 쥐었다.

서울 중구 을지로에 위치한 파인애비뉴 빌딩은 국내 부동산 자산운용 업계 최초의 착공 전 선매입 투자였다. 임차인이 확정되지 않은 오퍼튜니스틱(opportunistic) 투자라 리스크가 컸다. 투자 기간 동안 현금 흐름 일부가 제한됐고 임차 여부를 알 수 없었다. 게다가 3.3㎡당 가격도 1500만 원으로 주변 시세보다 높았다.

하지만 그는 3년 뒤 착공 시점이 되면 현재 가격은 충분히 받을 수 있다고 판단했다. 2006년 당시는 오피스 임대료 시장이 연 5~10%씩 뛰던 때였다. 게다가 장기적으로 볼 때 주변 개발로 인한 시체차익의 기대감이 컸다. 당시만 해도 을지로 인근이 개발이 덜 되어 재개발 대상 예정지였다. 그는 자신의 감을 믿고 포기하지 않고 밀어붙이기로 했다.

한 달여의 설득 과정 끝에 보험사 3곳과 은행 1곳의 투자 승인을 끌어

내는 데 성공했다. 덕분에 2만m^2 규모의 파인애비뉴 빌딩은 착공에 들어 갔고, 지난 2014년 8년 만에 외국계 투자자에 매각됐다.

이때 매각 차익이 무려 1400억 원에 달했다. 미래에셋자산운용이 받은 성과 보수만 278억 원이나 됐다. 이는 부동산 자산운용업계에서 찾아보기 힘든 전무후무한 수익률이다. 시세차익뿐만이 아니었다. 지난 8년간 기관투자자들이 받은 배당 수익만 해도 연 8~9%에 달했다.

아마 그가 처음 펀딩 실패로 주저앉아 버렸다면, 눈앞의 고지를 두고 포기해 버렸다면, 지금의 파인애비뉴 빌딩은 없었을지도 모른다.

모든 것을 포기하고 싶은 그 순간에 희망의 끈을 놓지 않는 능력, 그것 이야말로 대체투자 인재의 필수 덕목이다.

베스트가 아닌
'위닝 프라이스'에 베팅하라

"떠난 딜은
돌아오지 않는다"

나만의 기준으로 본질을 파악하는 능력

2014년 4월 30일, 법정관리 기업인 동양매직 입찰 당일.

글랜우드 PE와 NH새농협은행 연합군은 예정된 입찰가보다 높은 3000억 초반을 써냈다. 예상을 뛰어넘은 과감한 베팅이었다. 글랜우드-NH 연합군이 '3000개'를 넘겼다는 소식에 시장이 발칵 뒤집혔다.

"뭐? 글랜우드가 3000개를 넘겼어?"

"이거, 이상호 대표한테 뒤통수 한번 세게 맞았는데? 첫 딜로 한 방 멋지게 날렸군. 축하해, 이 대표."

첫 딜을 멋지게 성공시킨 이상호 글랜우드 PE 대표에게 축하의 메시지를 전했다. 40대 초반의 젊은 이 대표가 이끄는 글랜우드 PE의 첫 신고식은 이렇듯 화려했다.

2014년 동양매직 인수는 골드만삭스에서 7년간 투자은행의 뱅커로서의 삶을 접고 사모펀드 시장으로 뛰어든 이 대표의 첫 딜이었다. 전날 입찰가격을 논의하는 워룸(War Room)에서 결정된 가격은 이보다 수백억 원이나 낮았다. 이는 가스레인지 제조업체인 동양매직의 현재 기준으로 한 기업 가치였다. 사실 기업 가치를 산정할 때 흔히 쓰이는 감가삼각전 영업이익(EBITDA)를 볼 때 업계에서 암묵적으로 통용되는 가격이기도 했다.

하지만 현재의 EBITDA만으로 입찰가를 산정하는 것은 인수 이후 추가 가치 상승분에 대한 프리미엄을 거의 고려하지 않은 가격이다. 이 대표와 글랜우드 파트너들은 골드만삭스 시절부터 동양매직을 눈여겨 봐왔기에 기업에 대해 누구보다도 잘 알고 있었고, 향후 업사이드(가치 상승)에 대해 훨씬 더 높은 점수를 줬다.

문제는 지금 글랜우드 PE와 NH농협 컨소시엄이 하고 있는 '이 생각'을 경쟁자들도 분명히 할 것이란 점이었다. 입찰 가격 결정을 놓고 이들의 고민은 깊어졌다. 미래의 가치를 반영하는 '공정 가격(Fair Price)'을 쓰면서도 입찰 경쟁에서 이겨야만 하는 쉽지 않은 결정이었다.

"좋습니다! 그럼 최종 입찰가를 3000억 원 이상으로 높이는 게 좋을 듯 합니다. 지금의 가격이 현재의 동양매직 기업 가치를 잘 반영한 합리적인 가격입니다. 하지만 지금 우리가 하는 판단을 경쟁자들도 할 것이 분명하고, 입찰 경쟁에서 이기려면 경영권 프리미엄과 렌탈업으로의 사업 확대까지 고려한 가격 베팅이 필요하다고 생각합니다."

이들은 현재의 가치보다 미래의 기업 가치 상승이 훨씬 더 클 것이란 분석에 공감대를 형성했다.

동양매직의 잠재력을 고려할 때 현재 입찰 예상가는 낮은 수준임에 분명했다. 게다가 그들의 자금력을 갖춘 쟁쟁한 경쟁자가 7군데 관심을 보인 상황이었기에 입찰에서 이기려면 입찰가 앞에 3자를 봐야 한다는데 의견을 함께했다.

동양매직, 업의 본질은 유통법

글랜우드-NH 연합군이 시장 예상을 뛰어넘는 위닝 프라이스에 베팅할 수 있었던 비결은 뭔가.

이들에겐 동양매직을 바라보는 공통된 시각이 존재했다. 그것은 바로 겉으로 볼 때, 동양매직은 가스레인지 제조업체지만 실질적인 업의 본질은 유통업이라는 인식이다. NH농협은행에서 PE부문을 주도해 온 실무 관계자는 코웨이 매각 때부터 유통업에 꾸준한 관심을 가져 왔다.

"동양매직 딜이 나오기 전 코웨이 매각 때부터 유통업에 관심이 많았습니다. 결국 MBKP가 가져간 코웨이 인수전 참여도 심각하게 고려했습니다. 동양매직은 1위 코웨이에는 훨씬 못 미치는 후발 주자였지만 렌탈업의 성장성을 고려할 때 향후 잠재력이 충분하다고 판단했죠. 결국 제조업이 아닌 유통업에 투자를 한 겁니다."

가스레인지 제조업체인 동양매직은 본업인 제조업이 한계에 부딪히자,

정수기 신사업에 뛰어들었다. 가스레인지와 정수기는 같은 가전제품으로 시너지 효과를 내기에도 충분했다.

언뜻 보기에 정수기 사업은 제조업처럼 보이지만 본질은 유통업에 더 가까웠다. 대부분의 사람들은 고가의 정수기를 목돈을 내고 사기보다는 매월 렌트료를 내고 빌리는 것을 선호한다. 사실 한 번에 목돈을 내는 것이 유리하지만, 장기 할부를 하면 매달 내는 금액이 적다 보니 착시효과를 일으킨다. 이 때문에 정수기 판매는 제품 판매보다는 렌탈 서비스 매출 비중이 더 높다. 매출도 판매보다는 유통 부문에서 더 많은 수익이 발생하는 셈이다.

그렇다면 그들은 왜 유통업, 그중에서도 렌탈 서비스에 주목했을까.

"앞으로 트렌드는 공유경제입니다. 렌탈업은 앞으로도 성장성이 큰 시장이라고 봅니다. 주변을 한번 보세요. 요즘 사람들이 물건 잘 사나요? 이제는 마음만 먹으면 뭐든 빌려 쓸 수 있습니다. 특히 정수기와 같은 방문판매 유통업은 한번 고객을 유치하면 3년 이상 장기로 꾸준한 현금 흐름이 발생합니다. 코웨이처럼 500만 이상의 계좌만 확보하면 신규 자금 투자를 하지 않아도 최소 3년 이상은 기존 계좌로 유지될 수 있습니다."

이 대표는 제조업인 동양매직의 본질을 유통업으로 규정했다.

글랜우드-NH 컨소시엄은 동양매직 인수 이후 회사의 본질 자체를 유통업과 IOT(Internet of Things) 업체로 바꾸기 위해 과감한 투자를 감행했다. IOT는 보통 '사물인터넷'이라 번역되는데, 각종 사물에 통신 기능을 내장해 인터넷에 연결하는 기술을 말한다.

이는 단순히 본업의 효율성만을 재고해 가치를 높이는 것이 아니라 근본적인 펀더멘털(회사 핵심 역량)을 바꾸는 작업이었다. 다분히 향후의 기업매각을 고려한 업종 전환 과정이었다. 매수를 원하는 기업들의 구미에 맞도록 체질을 개선한 것이다. 유통과 IOT는 국내 대기업들이 충분히 탐낼 만한 유망 업종이라고 분석했다.

가장 먼저 착수한 작업은 직수형 정수기 개발이다. 직수형 정수기란 중간에 물이 고이지 않고 바로 마실 수 있도록 한 정수기다. 중간에 고이는 물이 없기 때문에 훨씬 더 신선한 물을 마실 수 있다. 지금은 직수형 정수기가 보편화됐지만 당시만 해도 동양매직이 최초였다.

신제품 홍보를 위한 광고 모델로는 여심을 자극하는 배우 현빈을 섭외했다. 정수기 구매에서 의사결정권자인 주부들의 마음을 사로잡기 위해서다.

결과는 대성공. 인수 당시 30만 계좌에 불과했던 렌탈 정수기 계좌는 매각 시점에 100만 계좌로 3배 이상 급성장했다.

다음 투자처는 IOT 기술 분야였다. 동양매직 임직원과 글랜우드-NH

컨소시엄은 일심동체로 정수기를 비롯한 동양매직 생산제품의 IOT 활용에 대해 다각도로 고민했다. 현업에서 좋은 아이디어들이 나왔고 이를 즉각 활용했다. 예를 들어 정수기에 IOT를 탑재하면 시간별 물 사용량을 측정해 건강 상태를 알 수 있도록 했다. 심지어 필터나 부품 수리 주기까지도 인공지능으로 계산할 수 있게 한 것이다.

정수기 방문판매원들도 스마트폰을 활용해 고객들의 렌탈 주기를 확인하고 체크할 수 있도록 시스템을 개선했다.

그 결과 구조조정을 통해 효율성을 높이는 일반적인 바이아웃 딜과는 달리, 동양매직은 인수 이후 오히려 직원 수가 더 늘었다. 이 과정에서 동양매직 전 직원들이 의기투합했음은 물론이다.

체질 개선을 위한 노력은 성공적인 투자 회수로 입증됐다. 이들은 2016년 동양매직을 인수가의 2배가 넘는 가격으로 SK그룹에 매각하는 데 성공한 것이다. 실제 인수 가격이 2900억 원이었던 동양매직을 3000억 원의 매각 차익을 내고 6100억 원에 매각했다. 2년 전 그들이 장담했던 5000억 원보다도 1000억 원이나 더 많은 가격이었다. 이들의 전략은 정확히 적중했고 예상을 뛰어넘는 가격에 회수를 한 것이다.

동양매직은 인수부터 투자 회수까지 국내 바이아웃 딜의 성공 사례로 남을 만하다. 업의 본질을 파악하고 과감히 '위닝 프라이스'에 베팅한 배짱이 '승자의 축배'를 들게 한 셈이다. 하지만 이 대표는 "결코 글랜우드 PE 혼자만의 성과는 아니다"라며 "동양매직 전직원들의 협조가 있었기에 가능했다"고 강조했다.

업계의 또 다른 위닝 프라이스의 승리는 JKL파트너스의 팬오션 인수다. 철저한 조사와 과감한 베팅으로 JKL파트너스는 업계의 히어로로 급부상했다.

팬오션 인수에서 JKL파트너스의 경쟁 상대는 쟁쟁한 외국계 사모펀드인 KKR이었다. 하지만 입찰 당일, 그들은 모습을 드러내지 않았다. 이는 법원이 제시한 최소법정가인 8500억 원이 KKR이 판단한 가격보다 높았기 때문이다.

토종 사모펀드 JKL파트너스가 KKR도 포기하는 딜에 베팅한 이유가 뭘까. 그것은 경쟁자보다 더 많이 조사하고 파헤쳐 숨은 가치를 찾아냈기 때문이다.

"팬오션 인수를 위해 6개월 이상 준비를 했습니다. 예비 실사 단계에서 외부 컨설팅 업체를 활용하지 않고 모든 조사를 직접 다 했죠. 일반적으로 예비 실사는 외주로 맡기는데, 회사의 가치를 판단하는 데 있어 직접 하는 것과는 차이가 큽니다."

팬오션 인수를 위한 실사는 회계사 출신 파트너 3명으로 구성된 JKL파트너스의 경쟁력이 십분 발휘된 순간이었다. JKL파트너스의 태생은 2004년 자본시장법 개정 이전 구조조정 전문 회사였던 시절로 거슬러 올라간다. 사모펀드의 처음 시작이 기업의 뼛속까지 발라내야 하는 구조조정 업무이다 보니 한계기업의 A부터 Z까지 파악할 능력을 체득한 것이다.

JKL파트너스는 팬오션을 낱낱이 파헤친 결과, 병든 소가 아닌 '마른 소'라는 결론을 내렸다.

"마른 소는 물만 줘도 금방 살아나지만, 병든 소는 근본적인 치료가 필요합니다."

이는 팬오션을 인수한 하림의 김홍국 회장이 가진 기업 M&A에 대한 기본 철학이기도 하다.

"못 먹어서 삐쩍 마른 소는 물만 주면 금방 살이 찝니다. 하지만 병든 소는 아무리 좋은 먹이를 먹여도 개선되지 않습니다."

팬오션이 먹이만 잘 주면 금방 살이 찔 수 있는 마른 소라는 JKL의 판단은 정확했다. 1조 원 이상의 과감한 베팅이었지만, 불과 1년 만에 고가 논란을 불식시켰다. 1조 원이란 가격이 절대 높지 않은 시장의 '공정가격'임을 증명한 것이다.

대체투자에 있어 공정가격은 시장에서 수요와 공급에 의해 결정되는 가격이 아니다. 이는 기업의 인수를 원하는 매수자가 현재의 기업 가치에 더해 본인들의 가치 재고 과정을 통해 높아질 수 있는 업사이드, 즉 가치 상승의 가격을 더한 것이다.

기업의 현재 가치는 시장에 공개된 정보만으로 충분히 산출 가능하다. 문제는 여기에 더해 향후 더 높아질 수 있는 가격이 얼마인지, 앞으로 성장할 수 있는 여지가 얼마인지를 예측하는 것이다.

향후 업사이드 가격에는 정답이 없다. 이는 아직 키가 다 크지 않은 어린이를 보고 부모의 유전자, 식습관 등 생활습관, 성장판의 크기 등을 보고 성년의 키를 예상하는 것과 같기 때문이다. 성장판이 아직 다 열리지 않은 청소년의 키는 더 크겠지만 얼마나 클지는 알 수 없다. 미래에는 다양한 변수들이 존재하기 때문이다.

그럼에도 대체투자를 하는 사람들은 업의 진짜 본질을 파악하고 추가 업사이드를 고민해야 한다. *화장발을 걷어 내고 민낯 같은 원판을 평가하는 능력이야말로 대체투자 인재들에게 필요한 자질이다.*

아이의 미래를 상상할 수 있는 능력

대체투자 인재를 채용할 때 업사이드를 볼 수 있는 탁월한 인재를 선발하는 일은 결코 쉬운 일이 아니다.

지난 22년간 벤처투자 업계에 몸담아 온 박기호 LB인베스트먼트 대표는 정경인 펄어비스 대표를 심사역으로 채용했던 때를 회상했다. 펄어비스는 온라인게임 '검은 사막'의 제조사로, 2017년 9월 상장해 1조 원의 잭팟을 터뜨렸다.

"지금은 자신이 투자한 펄어비스의 대표로 있지만, 처음엔 심사역으로 저희 회사에 입사를 했습니다. 제가 직접 정경인 대표를 뽑았지만, 확실히 남다른 면이 있었습니다."

투자를 잘할 수 있는 DNA는 따로 존재한다는 것이 박 대표의 주장이다. 금수저라고 스펙이 좋다고, 벤처 투자를 잘하는 것은 아니다.

"남들과 다른 자신만의 관점이 중요합니다. 이미 잘 알려진 정보를 얼마나 많이 아느냐, 시장에 대해 얼마나 해박한 지식을 가지고 있느냐가 아니라, 투자 대상을 자신만의 관점으로 볼 수 있느냐가 핵심이죠."

수시로 심사역을 선발하는 LB인베스트먼트의 채용 과정은 특별히 정해진 형식이 없이 조금 독특하다. 채용 면접 과정에서 그 당시 LB인베스트먼트가 투자를 검토하고 있는 기업에 대한 지원자들의 의견을 묻는다.

정경인 대표가 입사 지원을 했을 때도 그랬다. 2010년 정 대표가 LB의 채용문을 두드릴 무렵, 마침 의료 기기 관련 업체를 검토 중이었다. 박 대표는 기업에 대한 기본 정보만 주고 지원자들의 의견을 물었다.

당시 정 대표가 제출했던 문서는 A4 용지 딱 한 장. 그것도 제대로 다듬어지지 않은 '날것'이었다. 현란한 경영 기법과 화려한 문서 작업으로 점철된 문서를 제출했던 다른 지원자들과 비교하면 형편없는 수준이었다. 하지만 박 대표는 그의 짧지만 강렬한 문서에 꽂혔다.

"현재 의료 시장의 규모를 분석해 볼 때 이 업체를 지금 상황에서 인수하는 것은 적절치 않은 것 같습니다. 앞으로도 시장 확대 가능성은 적어 보입니다."

군더더기 없는 간략한 설명이었지만 그의 견해는 분명했다. 다른 지원자들과 달리 자신만의 시각으로 업체를 볼 줄 아는 눈이 있었다. 의료 분야에 관한 지식이 있었다기보단 그만의 투자 관점으로 회사를 판단한 것이다.

박 대표는 두 번 생각할 것도 없이 당시 '정경인'을 낙점했다. 실제로 LB 인베스트먼트는 해당 업체에 대한 투자를 집행하지 않았다. 입사 후 게임 업체에 관심을 갖고 주력으로 투자를 진행했던 정경인은 그가 투자했던 펄어비스로 스카우트돼 '대박 스톡옵션'의 주인공이 됐다.

지금까지 박 대표가 함께 일할 직원을 채용해 실패한 적은 거의 없다. 그의 능력은 지원자의 스펙이 아닌 본질을 볼 줄 아는 혜안이다. 결코 화려한 스펙에 현혹되지 않는다. 자산운용 업계 내로라하는 경력의 소유자라고 해서, 국내 대기업이나 금수저 출신이라고 해서 인재를 선발하지 않는다.

"자신만의 관점으로 세상을 볼 줄 알아야 합니다. 벤처캐피탈 심사역은 20대 능력 있는 청년에게 투자하는 게 아닙니다. 우리는 갓난아이를 보고 이 아이의 미래를 상상해야 하기 때문입니다."

그는 업의 본질을 파악하고 자신만의 관점을 정립할 수 있는 인재야말로 대체투자에 적합한 인재라고 강조했다.

05

시장을 만들면
돈은 따라온다

"남들과
경쟁하지 마라"

틈새를 찾고 길목을 지키는 능력

'이번 딜은 냄새가 좀 나겠는걸? 하긴 뭐, 냄새가 나면 좀 어때? 그 냄새가 돈 냄새라면 악취도 향기롭게 맡아 줄 수 있지.'

쓰레기 폐기물이든 뭐든, 돈만 된다면 투자 대상은 중요하지 않다고 생각했다. 후배가 무심코 알려 준 이 딜은 처음부터 느낌이 좋았다. 드디어 첫 딜을 성사시킬 수 있으리라는 흥분감에 하마터면 수서 IC 진입로를 놓칠 뻔했다. 이 느낌은 뭐랄까. 대어와 마주쳤을 때, 그 느낌이 분명했다.

"그래. 이번 딜은 기필코 반드시 따내야 해! 첫 단추를 잘 끼워야지."

불굴의 의지를 불태우며 운전대를 꽉 쥐었다.

"안녕하세요 대표님. 초면에 이렇게 불쑥 전화드려 죄송합니다. 지인한테 대표님 회사 관련 얘기를 듣고 콜드콜을 드렸습니다. 괜히 아는 사람

통해서 소개받고, 뭐 하고 하면 오히려 시간 낭비 같아서요. 뜬금없는 전화에 불쾌하셨을 수도 있지만 저희는 경영권이나 인수해 쥐어짜고 말 바꾸고 하는 그런 악덕 사모펀드가 아닙니다. 나중에 조사해 보시면 아시겠지만요."

'밑져 봐야 본전이지, 안 돼도 할 수 없고.'

그런데 의외의 반응이 돌아왔다.

"아, 그러신가요? 저는 원래 사람에 대한 선입견은 없습니다. 그만큼 다급하시니까 이렇게 전화를 주셨을 테고, 급한 상황이야 저도 마찬가지입니다. 언제 시간 되실 때 회사에 한번 방문해 주시지요."

"언짢을 수도 있는데 그렇게 말씀해 주셔서 감사합니다. 지금 상황이 좋지 않다고 들어서요. 저희가 대표님 시간에 맞추겠습니다. 언제가 편하신가요?"

"네, 괜찮습니다. 말이 나온 김에 오늘은 어떠신지요?"

불과 5분 정도 통화를 했을 뿐인데 일면식도 없는 그가 '지금 당장 회사로 올 수 있느냐'고 묻는 것이다. 일이 잘 풀리려고 하니 모든 것이 술술 진행됐다.

"물론이죠! 되고말고요. 지금 당장 가겠습니다. 이제 서울에서 출발하니까 2시간이면 충분할 것 같네요."

생각을 바꾸면 쓰레기도 현금이다

이 업체는 하루 최대 650톤의 음식물 쓰레기 처리가 가능한 폐기물 업체다. 무엇보다 2032년까지 지자체와 독점 계약을 맺고 있었다. 지금 상태라면 앞으로 30년 가까이 꾸준한 현금 흐름이 보장되는 셈이다. 폐기물 매립장 투자는 남은 매립 기간이 가장 중요한 핵심 사항이다.

'그런데 이런 알짜 회사가 왜 시장에 매물로 나왔을까?'

후배에게 받은 재무제표만 놓고 보면 급하게 회사를 팔 이유가 전혀 없어 보였다. 과거에 투자해 놓은 시설들이 이제 막 궤도에 오르기 시작하면서 흑자전환을 눈앞에 둔 상태였다.

이렇게 알짜 매물이 시장에 나올 때는 대충 한 가지 이유로 귀결된다. 보나마나 현금이 급해서다. 결과는 예상한 대로였다.

"저…… 솔직히 말씀드리면 대표님 회사 사정은 미리 알고 왔습니다. 초면에 회사에 대한 기본 내용도 모르고 오면 실례 같아서요. 게다가 제가 M&A 자문 일을 오래 해서 이쪽 업계는 빠삭한 편입니다. 단도직입적으로 말씀드리면 굳이 팔 이유가 없어 보이네요. 이제 조금만 참으면 흑자전환이 되고 지금까지의 부채도 갚을 여력이 되실 텐데, 굳이 팔려고 하시는 이유가……."

너무 솔직한 게 아닐까 싶었지만 상대방의 표정이 의외로 담담했다.

"맞습니다. 굉장히 솔직하시네요. 어느 정도 감을 잡으신 것 같아서 저도 솔직하게 말씀드리겠습니다."

이 업체는 3년 전 시설 투자비를 위해 30억 원의 상당 부분을 사채로 썼다. 하지만 중간에 경제 위기가 닥치면서 사채 빚이 눈덩이처럼 불어나 버린 것이다. 지난 3년을 근근이 버텨 오면서 여기까지 왔지만 빚이 턱밑까지 차올라 더 이상 감당할 수 없는 지경이 됐다. 눈물을 머금고 회사를 팔아야 하는 것이다.

"대충 짐작했습니다만 예상이 맞네요. 저희 회사를 한번 믿어 주십시오. 최대한 빨리 자금을 쏠 수 있게 힘써 보겠습니다."

현금이 급해 숨이 깔딱깔딱 넘어가는 기업에게 긴급 수혈 소식은 단비와도 같았다. 게다가 사채 빚에 허덕이는 부도 위기의 폐기물 업체의 진가를 알아봐 주는 투자자는 많지 않았다.

"사실 여러 명의 사모펀드 대표들이 다녀갔습니다만, 진심으로 우리 회사 사정을 이해해 주는 투자자는 지금까지 없었습니다. 속사정까지 다 알고 이해해 주시니 더욱 믿음이 가네요."

음식물 쓰레기 업체의 수익 구조를 모르는 투자자를 설득하기란 쉽지 않았다. 게다가 쓰레기라는 선입견 때문에 첫 인상부터 외면당했다.

하지만 그는 달랐다. 굳이 폐기물 업체의 수익 구조를 설명하지 않아도 모든 흐름을 꿰고 있었던 것이다.

처음 만나 불과 두 시간 미팅을 했을 뿐이지만 마치 2년은 알고 지낸 듯 깊은 신뢰가 싹텄다. 미팅을 마친 후 대표는 굳이 회사 정문까지 따라 나와 두 손을 잡고 악수를 했다.

"언젠간 우리 회사의 진가를 알아주는 사람을 만날 거라 확신했습니다. 진심으로 다시 일어설 자신이 있습니다."

"이 업계에서 잔뼈가 굵은 지 벌써 20년입니다. 눈빛만 봐도 대충 어떤 사람인지 알 때가 됐죠. 저 또한 진심으로 응원합니다."

2년 만에 매각 차익 223억 원 대박

회사로 돌아온 그는 곧바로 기업 실사 작업 준비에 들어갔다.

"고 이사! 드디어 우리 첫 딜이야! 내일부터 당장 실사에 들어가자고."

대표이사의 첫 미팅 이후 불과 일주일 만에 225억 원을 투자하는 MOU(양해각서)가 체결됐다. 아마 반 발짝만 늦었어도 이 업체는 또 다른 대기업의 손에 넘어갔을지 모른다. MOU 체결 직후 수처리 회사를 자회사를 둔 대기업이 찾아와 백지수표를 내밀었다. 눈이 휘둥그레지는 달콤한 유혹이었지만, 업체 대표는 그와의 의리를 저버리지 않았다. 만약 대표가 눈앞의 돈을 택했더라면 그의 첫 딜은 수포로 돌아갔을 것이다. 서로의 진정성이 통했기에 가능한 일이었다.

사실 그가 업체의 사정을 손바닥 들여다보듯 알 수 있었던 이유는 쓰레기 폐기물 시장을 아주 오래전부터 봐 왔기 때문이다. 그 많은 투자처 중에 왜 하필 폐기물 매립장이냐 반문할 수 있겠지만, 이 시장만큼 알짜도 없다. 과거와 달리 폐기물 매립장 인허가가 거의 나지 않아 공급이 전무한 상태고, 자동화 시설만 갖추면 인건비가 거의 들지 않는다.

특히 음식물 쓰레기 매립장의 경우 수처리 기술이 가장 중요한데, 이미 이 회사는 이 준비를 다 끝낸 상태였다. 매립장의 용량이 가득 차 더 이상 매립을 할 수 없게 되더라도 10년 동안은 폐수에 대한 꾸준한 관리가 필요하다. 이 회사의 경우 남아 있는 매립량은 물론 수처리 시설까지 모든 조건이 완벽했다. 살리기만 하면 원금 대비 두 배 이상의 매각 차익을 남길 수 있다고 확신했다.

문제는 폐기물 매립장 투자에 대한 선입견이었다. 당시만 해도 폐기물 매립장이란 틈새 투자처를 발견한 사모펀드는 많지 않았다. 색안경을 벗어 던지고 본질을 보자 대박이 눈앞에 보였다.

결국 그는 폐기물 업체를 인수한 지 2년 만에 두 배 이상의 매각 차익을 올렸다. 인수가가 225억 원이었던 이 업체를 448억 원에 매각한 것이다.

"잘 찾아보면 틈새는 분명 있습니다. 그 시장을 노리고 길목을 지켜야 합니다. 타고난 금수저도 아니고 대형 사모펀드도 아닌 우리 같은 회사들의 생존 전략입니다."

고래 싸움에 새우등 터질 필요 없다

이처럼 업력이 짧은 신생 사모펀드들은 주로 틈새를 찾고 길목을 노린다. 10년 이상 업력이 검증돼 기관들의 뷰티 콘테스트에 떼어 높은 당상처럼 선정되는 탑티어(Top tier) 급들과의 경쟁이 무모하기 때문이다.

이미 성숙기에 접어든 국내 사모펀드 업계는 '공부 잘하는' 우등생들이 정해진 상황이다. 지난 2014~2107년 3년 동안 1조 원 이상 자산을 굴리는 기관투자자들의 뷰티 콘테스트 결과를 분석한 결과, 주요 10개 사들이 빠지지 않고 이름을 올리는 것으로 나타났다. 이들은 10년 이상 업력을 가졌고 이미 두세 차례 블라인드 펀드 운용 경험이 있으며 투자의 투자 성과도 쌓여 투자자들의 신뢰를 받고 있는 상황이다. 이 투자 성과 목록을 업계에서는 '트랙레코드'라고 부르곤 한다.

이 와중에 2016년 한 해 동안 100여 곳의 신생 사모펀드가 설립됐다. 이들은 대부분 운용 규모 1000억 원 미만의 소형 사모펀드들이다.

이제 막 설립된 신생 사모펀드들이 아무런 트랙레코드도 없이 펀딩을 한다면 누가 뭘 믿고 돈을 주겠는가. 국내 기관투자자들도 이제 더 이상 예전처럼 사모펀드의 간판만 보고 출자를 하지 않는다. 펀드 매니저의 과거 트랙레코드까지 전부 검증해 진위 여부를 따진다.

초등학교 1학년이 대학 선행학습까지 다 마친 고등학생과 경쟁하는 것은 불가능하다. 신생 사모펀드들이 그들만의 필살기가 필요한 이유다. 아무리 공부 머리가 좋은 학생도 그간의 진도를 따라가는 데는 시간이 필요하기 때문이다.

기관투자자들도 신생 운용사를 위한 배려를 한다. 위탁 운용사를 선정할 때 펀드 규모에 따라 별도의 심사를 진행하는 것이다. 처음 지원을 할 때부터 자신의 체급에 맞는 리그에 도전하도록 유도한다.

펀드의 규모는 주로 5000억 원을 기준으로 대형과 중소형으로 구분된다. 처음부터 5000억 원 이상의 대형에 도전할 수 있는 사모펀드는 거의 없다. 중소형 리그에서 실력을 쌓은 뒤 다음 단계인 대형 리그로 진입한다.

국내 사모펀드 중에서 5000억 원 이상의 대형 블라인드 펀드를 조성할 수 있는 하우스는 IMM PE, 스틱인베스트먼트, VIG 파트너스, 스카이레이크, JKL 파트너스 등 열 손가락 내에 꼽을 정도다.

덩치가 큰 대형 사모펀드들은 공개 입찰에 참여해도 경쟁력이 있다. 이미 시장에 다 알려진 공개 매각 딜은 진행할 때 먼저 딜을 담당하는 매각 주간사를 정한다. 매각 주간사는 M&A를 진행하는 데 있어서 이에 따르는 절차를 진행하게 될 주된 증권사를 말한다. 그런 다음 매각 주간사를 통해 입찰 의향서를 받은 뒤 이 중에서 1차 합격자(숏리스트)를 정한다. 그리고 주로 부르는 가격에 따라 최종 입찰자를 선정한다.

트랙레코드가 없는 신생사들의 경우 첫 관문인 1차 합격자에도 이름을 올리기 어렵다. 서류전형 격인 1차 합격자 선정 과정에서 판단할 근거 자료가 부족하기 때문이다.

투자 기관의 위탁 운용사로 선정되지 않는다고 해서 투자를 하지 않는 것은 아니다. 오히려 1000억 원 미만의 중소형 투자들이 훨씬 더 활발히 진행되기도 한다. 국내 시장에서 1조 원 이상의 메가 딜은 1년에 기껏해 봤자 한두 건 정도에 불과하다.

공개 입찰 딜은 경쟁이 붙기 때문에 가격이 올라갈 확률이 높다. 대형 사모펀드들이 높은 가격에 베팅을 해서라도 경영권을 인수하려는 이유는 인수 기업의 가치를 높일 역량이 충분하기 때문이다. 자체 인력도 많고 자금력도 확보돼 있다. 이들은 막강한 자금력으로 관련 업종의 유사 기업을 추가로 인수하는 볼트온(몸집 키우기) 전략을 쓰기도 하고, R&D(연구 개발)에 자금을 투입하기도 한다.

자체 인력도 부족한 소규모 사모펀드들은 주도권을 쥐고 바이아웃을 하기가 쉽지 않다. 틈새시장 공략만이 그들의 살 길인 것이다.

외면받던 동신제약 투자로 6개월 만에 2배 수익

"요즘 같은 시장에 누가 제약회사에 투자를 하겠어? 남들이 다 하는 IT 업종도 얼마나 많은데 왜 하필 제약사냐고. 최 팀장, 투자를 꽤 잘한다고 들었는데 실망스럽네, 정말."

무려 1년 이상 시장 조사를 한 끝에 확신을 가지고 제의한 동신제약 투자 건이었다. 하지만 외환위기의 먹구름이 채 가시기도 전인 2000년. 그 누구도 제약회사에 주목하지 않았다. 게다가 그가 투심위에 올리겠다고 보고한 동신제약은 97년 IMF 때 자금난으로 98년 끝내 부도를 낸 회사였다.

"그리고 말이야, 경기가 아무리 어려워도 멀쩡하게 정상적으로 돌아가는 회사들도 많은데 왜 하필 또 부도난 회사야? 솔직히 난 자네의 머릿속이 궁금할 정도라고."

40대 젊은 혈기에 넘쳤던 그는 투자 제안서에 담긴 내용은 읽어 보지도 않고 제약회사라는 이유로 "안 된다"고 하는 본부장의 논리를 도저히 이해할 수 없었다.

"본부장님, 제발 투자 제안서라도 한번 읽어 봐 주세요. 동신제약은 혈액제, 백신 등을 수출할 수 있는 국내 유일의 제약사입니다. 기술력이 부족해서가 아니라 경제 위기 때문에 급작스러운 자금난이 생겨 부도가 난 겁니다. 기술 경쟁력이 있는 부도 기업들은 구조조정 없이 채무 탕감만으로도 충분히 개선될 수 있습니다.

게다가 330억 원도 아니고, 33억 원입니다. 제발 한 번만 더 검토해 주십시오."

"아 참, 이 친구. 고집 하나는 황소고집이야. 지금 당장은 어림 반푼어치도 없고 시장 상황이 좀 더 나아지면 그때 가서 천천히 생각해 보자고."

여간해선 씨알도 먹히지 않을 듯했다. 정부 기관에서 일하다 구조조정의 한계를 느껴 이직해 왔지만 시장에 와서도 뜻을 관철시키기가 쉽지 않았다.

'국내 최고라는 투자 기관에서도 나의 투자 철학을 알아주지 않는다면, 도대체 어디로 가야 하는 것일까.'

이때부터 최창해 SG PE 대표의 마음속엔 자신의 이름을 건 사모펀드의 대표가 돼야겠단 생각이 싹트기 시작했다. 97년 외환위기 이후 기업 구조조정이 전문이었던 그는 국내 둘째가라면 서러워할 한계기업 전문가였다. 자신의 주 전공을 살려 투자처를 발굴했지만 번번이 퇴짜를 맞았다.

그는 동신제약의 회생 가능성에 대해 확신했다. 세계적으로 백신 기술 보유 업체가 손에 꼽히는 데다, 국내 백신은 선진국에 비해 가격 경쟁력이 충분했기 때문이다. 그때만 해도 백신 생산이 가능한 국가는 미국, 독일, 스위스 등 일부 선진국이 유일했다.

그가 분석한 투자의 포인트는 선진국들의 백신 가격이 품질 대비 지나치게 높다는 점이었다. 동신제약은 선진국보다 품질은 떨어졌지만 가격이 절반 수준이었다.

매년 일정한 양의 백신을 구입해야 하는 세계보건기구(WHO) 입장에선 가성비 높은 상품을 더 선호할 수밖에 없다고 예상했다. 매년 경쟁 입찰로 납품처를 선정하는 관문을 통과만 하면 WHO라는 글로벌 시장이 열릴 수 있다고 본 것이다. 그런데도 제약업종이라는 선입견의 함정에 매몰돼 이를 알아봐 주는 투자자가 없었다.

그렇다고 여기서 물러설 그가 아니었다. 1년 6개월에 걸친 끈질긴 설득 끝에 33억 원의 투자 집행 승인을 받아 내는 데 성공했다. 긴급 자금이 수혈되자 숨통이 트이기 시작했다. 외부 기관의 지원으로 숨 막히던 빚덩이가 사라지자, 언제 그랬냐는 듯 회생의 기미가 보이기 시작했다. 기술력이 있는 우량 회사는 역시 달랐다. 예상대로 매출이 급증하면서 불과 6개월 만에 두 배 수익을 내고 엑시트에 성공했다. 2001년 1월 동신제약은 경영 정상화를 선언했고, SK 그룹의 제약사인 SK 케미칼에 인수됐다.

포기하지 않고 끝까지 밀어붙인 최 팀장의 뚝심의 승리였다.

첫 투자가 초대박을 터뜨리자 그제야 본부장도 그를 신임하기 시작했다. 동신제약 이후 그는 삼성제약, 함소아제약, 중외제약 등 10여 곳의 제약사에 잇달아 투자했다.

국내 코스닥 시장은 지난 2015년에야 제약업종에 주목하기 시작했지만 그는 2000년부터 바이오, 헬스케어 투자의 전문성을 쌓았다. 2배 이상의 수익을 낸 JW생명과학 투자로 국내 코스닥 시장에 바이오 바람이 불기 전이었다. 그의 혜안은 15년을 앞서가고 있었다.

"남들보다 한발 앞서가고, 남들 다 가는 길을 절대 가지 않는다."

지난 28년간 투자 업계 심사역으로 매년 38%의 수익을 내며 단 2건의 투자 손실밖에 없었던 최 대표의 투자 철학이다.

서울 강남 서초역 인근 에이스 빌딩. 업계의 대표적 흙수저 사모펀드로 꼽히는 SG PE의 최 대표를 찾았다. 티타임 직전까지 일에 몰두하다 바로 나온 듯한 그는 '업계 최초'라는 수식어를 지금까지 달고 살아왔다. SG PE는 국민연금의 위탁 운용사로 선정돼 블라인드 펀드를 운용 중이며, 최 대표는 겸손한 실력자라는 평가를 받고 있다.

"남들이 다 가는 트렌드는 쳐다보지 않습니다. 이미 모두가 다 아는 거품이 잔뜩 낀 시장에 과연 제대로 먹을거리가 있을까요? 항상 2~3년 뒤 미래를 보고 투자를 합니다. 그때 가서 좋아질 시장을 찾아 투자하죠."

그는 서울대 법대 출신답게 차분한 말투로 설명을 이어 갔다.

"물론 미리 시장을 예측하고 그 예측이 적중해 대박이 난다면 좋겠지만, 정말이지 말처럼 쉽지 않은 일 같습니다."

"당연하죠. 그게 쉽다면 누구나 다 떼돈을 벌겠죠?"

"구체적인 노하우가 있으신가요?"

"노하우요? 열심히 찾죠, 열심히. 그런데 그 '열심히'라는 게 결코 인터넷에 다 나와 있는 그런 정보를 열심히 찾는다는 의미가 아닙니다. *정보는 결국 사람에게서 나옵니다.* 유망 산업 조사는 우리보다 뛰어난 유명 컨설팅 회사에 의뢰하면 됩니다. 우리 회사 직원들은 전부 발로 뛰어다닙니다."

"부동산 투자만 발품이 중요한 줄 알았더니 사모펀드 업계도 그런가요?"

"물론이죠. 만약에 특정 산업에 대해 알고 싶다면 그 산업의 최고 전문가 10명만 만나면 됩니다. 그들을 직접 만나 인터뷰하고 생생한 정보를 얻어야 그게 진짜죠. 탑다운 방식으로 시장 조사를 할 때 그 분야 전문가를 한 명도 모른다면 저는 그 친구의 정보를 신뢰하지 않습니다."

그제야 업계 사람들 모두 이견 없이 그의 실력을 인정하는 이유를 알 수 있을 듯했다. 그는 살아 있는 '진짜 정보'가 어디서 나오는지를 알고 있었다. 아무리 가치 평가 시뮬레이션을 만들고 온갖 정보를 다 동원해 본들, 그 업계 최고 전문가 한 명을 만나는 것과는 비교가 되지 않는다.

"요즘 젊은 친구들을 보면 인터넷에서 정보 찾기는 기가 막히게 잘 합니다. 하지만 정작 중요한 정보를 사람한테 얻으려는 노력을 하지 않습니다. 인터넷에 나와 있는 정보를 잘 찾는다고 투자를 잘하는 게 아닙니다. 틈새를 찾고 시장을 앞서가는 정보는 스스로 발로 뛰어서 찾아야 합니다."

그의 진심 어린 충고는 충분히 설득력이 있었다. 그냥 하는 당위적인 주장이 아니었다. 지난 28년간 그의 투자 수익률이 숫자로 말해 주고 있다.

지난 2001년 그 누구도 건설업에 주목하지 않을 때 그는 벽산건설에 투자해 1년 6개월 만에 900억 원의 수익을 냈고, 2006년 국내 최초로 폐기물 매립장에 투자했다. 그 뒤로 국내 최초로 운송업종인 동방기업에 투자했으며, 부동산 개발업체인 SK D&D에 투자해 국내 최초로 투자와 상장을 동시에 성공시켰다.

하지만 무엇보다 최 대표의 경쟁력은 지금도 잃지 않은 흙수저 정신이다.

"솔직히 흙수저라서 불리하다는 생각은 해 본 적이 없습니다. 투자는 누가 더 열심히 발품을 팔고 공부를 해 남들이 못 보는 틈새시장을 찾느냐에 달려 있지, 얼마나 좋은 인맥이 많은지는 중요한 변수가 아니라고 봅니다."

업계에서는 10년 후가 가장 기대되는 PE로 최 대표가 이끄는 SG PE를 꼽았을 정도다. 맨 땅에서 시작한 흙수저인 그이지만 자신만의 혜안과 실력으로 국내 사모펀드 업계 대표주자로 이름을 날리게 된 것이다.

06

스트레스
받지마라

"누구에게나
전성기는 있다"

실패라고 쓰고 성공이라고 읽는다

LG실트론 인수금융 부도는 대형 사모펀드가 대형 투자 건에 대해 선언한 두 번째 채무불이행이었다. 국내 1호 토종 사모펀드 MBKP와 어깨를 나란히 했던 보고펀드는 LG실트론 실패로 '부도 펀드'란 주홍글씨가 새겨졌다. 이름 하나로 수조 원에 펀딩하며 화려한 스포트라이트를 받았던 보고펀드 역시 이름에 오점을 남겼다.

'변양호의 보고펀드는 끝났다.'

그때 당시 업계 사람들은 모두 보고펀드가 더 이상 재기 불능이라고 판단했다. LG실트론 실패 사례는 국내 M&A 역사상 초대형 메가톤급 실패로 교과서에 실릴 만한 기념비적 사건이었다.

이런 '역사적' 실패를 남긴 펀드에 차기 펀딩이 될 리 만무했다.

죽을 것인가, 살 것인가.

보고펀드는 지난 2005년 설립 이후 9년 만에 삶과 죽음의 갈림길에 섰다. 변 대표를 비롯한 이재우, 신재하, 박병무 공동대표는 머리를 맞댔다.

"팔다리가 잘려 나가는 듯한 애절한 아픔입니다. 우리 보고펀드를 믿고 맡겨 준 투자자들에게 큰 손실을 끼쳤습니다."

변 대표가 무거운 말문을 먼저 뗐다.

"하지만 실패는 깨끗이 인정하되 오늘의 실패를 영원한 실패로 끝내면 안 될 것입니다."

"물론 우리 모두가 예상치 못한 2008년 글로벌 금융위기가 단초였습니다. 그럼에도 LG실트론 실패에 대한 통렬한 자아비판이 필요합니다."

4명의 대표 중 가장 젊은 축에 속했던 박병무 대표가 'LG실트론 실패 보고서'를 작성하자는 의견을 제시했다.

"동의합니다. 아직까지 국내 사모펀드의 역사는 짧습니다. 국내 1호 토종 사모펀드의 실패 사례를 공유해 다시는 이런 크나큰 오류가 없도록 하는 것도 앞선 펀드 매니저들의 역할이라고 생각합니다."

절망의 나락에서도 이들은 희망의 끈을 놓지 않았다. 부활을 위한 힘찬 날갯짓을 위해 아픈 역사를 기록해 뼛속 깊이 새기기로 한 것이다.

"보고펀드의 생각이, 우리의 판단이, 오류였음을 솔직히 인정하고 새 출발의 밑거름으로 삼아야 할 것입니다."

"전적으로 동의합니다. 실패는 이미 발생한 일이지만, 이를 어떻게 받아들일지는 남겨진 이들의 몫입니다."

"우리 보고펀드는 실패라고 쓰고 성공이라고 읽는 국내 최초의 사모펀드가 되었으면 합니다."

부활의 신호탄, LG실트론 이후 투자 전략

이렇게 해서 탄생한 것이 바로 'LG실트론 이후 투자 전략 2.0'이다. 이 전략은 보고펀드의 실패 요인을 일목요연하게 정리하고 향후 투자의 방향성을 명확히 한 보고서이다.

핵심 내용을 요약하면 다음과 같다.

첫째, 경영권이 없는 주요 지분 투자의 리스크

둘째, 경기 변동 민감 사업 투자의 리스크

셋째, 과도한 레버리지 비율의 리스크

고공행진을 하던 LG실트론의 실적이 하루아침에 곤두박질친 것은, 이 3가지 요인이 복합적으로 작용한 탓이다.

처음 위기를 촉발한 것은 2007년 인수 직후 불어 닥친 글로벌 금융위기였다. 경제 위기가 언제 올지 예측하는 것은 인간의 한계를 넘어선 신의 영역이다. 투자를 할 때 예측 불가능한 위기까지 염두에 두기란 쉽지 않다.

그렇다고 하더라도 최악의 상황까지 고려한다면 그 리스크는 줄일 수 있다. 반도체, 선박, 항공, 시멘트 등과 같은 산업은 경기에 민감하게 반응하는 업종으로 위기에 노출될 가능성이 크다.

여기에 발목을 잡은 것이 '경영권의 부재'였다. 49%의 주요 지분을 투자했음에도 보고펀드는 LG실트론의 대주주가 아니었기에 경영권이 없었다. 2012년 IPO를 눈앞에 둔 상황에서 LG가 방향타를 틀어 버린 것이다. 순전히 그들의 이익만을 위해서였다. IPO에 관해 서로의 입장차가 컸다. 대기업 그룹사인 LG의 판단과, 투자 차익을 남기기 위해 들어온 보고펀드의 판단은 엄연히 다를 수밖에 없었다. 사모펀드는 IPO를 해야 매매차익을 내고 엑시트를 할 수 있지만, 대기업 입장에선 기업에 대한 모든 정보가 공개돼 불편한 상황이 올 수도 있다. 미리부터 이와 같이 각각 다른 셈법을 조율하지 않고 덥석 손부터 잡은 것이다.

그 다음 세 번째 실패 요인은 감당할 수 없을 정도로 많은 레버리지 비율이다. 사실 이것이야말로 결정적으로 부메랑이 되어 돌아온 실패 요인이다. 부동산과 마찬가지로 기업도 차입금을 통해 투자금을 최소화하고 수익률을 높이지만 마지막에 LG실트론의 차입 비율은 무려 60%까지 높아졌다. 초기 차입비용은 40%에 육박했지만, LG가 IPO를 거부하면서 투자회수가 늦어졌고 차입 비율이 높아졌다. 차입 비율이 이보다 조금만 더 낮았더라도 LG실트론은 암흑의 시기를 근근이 버티다 기사회생했을지도 모른다.

이 과도한 레버리지 비율은 향후 국내 사모펀드들의 보수적 레버리지 비율에 큰 기여를 했다.

보고펀드의 대표들은 LG실트론 실패를 통해 머리가 아닌 몸으로 투자를 배우게 됐다. 그래서 아프지만 더욱 잊을 수가 없다. 보고펀드는 LG실트론 실패 이후 결국 자기 살을 도려내는 결단을 했다. '부도 펀드'란 낙인이 찍힌 기존 보고펀드와 분리된 새로운 중소형 바이아웃 펀드인 VIG 파트너스를 설립한 것이다. 기존 보고펀드는 기업 지분 투자에서 완전히 손을 떼고 향후에는 VIG가 전담하기로 했다.

핵심 멤버도 기존 보고펀드의 젊은 브레인들이 주축이 됐다. 박병무, 신재하 대표와 이철민 부대표, 안상욱 부대표가 그들이었다. 그들은 첫 딜에 사활을 걸어야겠다고 결심했다. 땅바닥까지 추락한 자존심을 회복하기 위해선 실패 후 첫 딜의 성공 여부가 중요했다.

역사의 발전은 정반합에서 탄생한다. VIG의 탄생은 LG실트론과 정반대 방향에서 출발했다.

'경기 변동에 민감하지 않고 늘 꾸준한 시장이 어디일까?'

'경영권을 가져와 기업 가치를 높이는 것이 가능한 시장이 어디일까?'

결론은 소비재였다. VIG는 그중에서도 매각 가능성이 높은 대기업 비핵심 계열사에 주목했다. 조사 결과 20여 개의 리스트로 압축됐다. 그 리스트에서 유독 한 기업이 눈에 띄었다.

'그래! 맞아. 버거킹이 있지?!'

VIG의 파트너들은 무릎을 내리쳤다.

'바로 이거야!'

두산그룹이 중공업 중심으로 사업을 재편한 이후 버거킹은 핵심 계열사에 밀려 찬밥 신세였고 유능한 경영진도 가기를 꺼려 했다. 두산그룹 입장에서도 VIG의 인수 제안을 거절할 이유가 없다고 예상했다. 양측의 숨은 속내가 딱 맞아떨어져 궁합이 맞은것이다.

'목표는 버거킹이다!'

다행히 컨설팅 출신으로 두산그룹 프로젝트를 담당했던 신재하 대표와 이철민 부대표가 두산그룹과 친분이 있었다. 컨설팅 출신 매니저들의 장점이 바로 이런 대기업 경영진과의 인맥이다. 다행히 두산 쪽에서도 관심을 보였다.

버거킹 인수 작업과 함께 새로운 경영진을 선임하는 작업도 병행했다. VIG는 이번만큼은 지분 100%를 인수해 반드시 경영권을 사수키로 했다. 지난 7년간 주요 지분만 투자해 대주주에 휘둘리던 LG실트론의 악몽을 잊을 수가 없었다.

가장 공을 들인 부분이 '사람'이었다. 경영권을 가져와 기업 가치를 높이려면 결국 사람에서 답을 찾아야 했다. 버거킹이 이름값도 못하고 위축됐던 이유는 그룹 내 한직으로 취급되어 유능한 CEO가 오지 않아서였다.

'유능한 전문가가 자기 회사처럼 열심히 뛰게 하라!'

오너 기업에선 완벽한 권력 이양이 쉽지 않다. 최고의 적임자가 오기보단 오너의 입맛에 맞는 임원이 오기 일쑤다.

오너로서 사모펀드의 최대 장점은 합리적 경영철학을 가진 '부재지주'라는 점이다. 이는 기업의 오너는 맞지만 항상 출근은 하지 않았다는 의미다. 능력 있는 임원들이 마치 내 회사처럼 일할 수 있는 판을 깔아 주는 것이 그 역할인 것이다.

VIG는 외식업계 미다스 손 문영주를 중심으로 한 C레벨급 드림팀을 꾸렸고, 그들에게 파격적인 인센티브를 약속해 이해관계를 일치시켰다. C레벨급이란 CEO, CFO, CTO 등 알파벳 C로 시작하는 직급을 말하며, 그만큼 핵심 임원이라는 것을 의미한다.

결과는 그야말로 예상을 뛰어넘는 대박이었다. 2014년 지분 100%를 1100억 원에 인수한 버거킹을 2년 만에 1000억 원의 시세차익을 남기며 2100억 원에 매각했다. VIG는 버거킹 매각으로 원금 대비 2~3배를 회수했다. 원금 대비 수익률이 130%이고 연 평균으로 환산해도 30%에 달한 것이다.

이 모든 것이 실패를 통해 자신만의 색깔을 찾은 덕분이다.

버거킹의 성공은 보고펀드의 부활을 알리는 힘찬 팡파르였다.

일상 속 낙후된 소비시장에 주목하라

서울 중구 VIG파트너스 본사. 컨설턴트 출신으로 40대 중반인 이철민 부대표를 만났다. 깔끔한 외모에 스마트한 인상. 그는 누가 봐도 이 업계 맞춤형 인재라는 느낌이 들었다.

"LG실트론 이후 IT업종 등 경기 민감주는 쳐다도 보지 않습니다. 대기업에 납품하는 B2B 업체도 마찬가지입니다. 사모펀드가 개입할 수 있는 여지가 적죠. 대기업이 쥐어짜면 감당해 낼 재간이 없습니다.

대신 투자 키워드는 소비재, 유통, 금융입니다. 기존 보고펀드 시절에도 동양생명, BC카드처럼 좋은 성과를 냈던 분야에 집중하는 겁니다."

LG실트론으로 망가지기 전까지만 해도 보고펀드는 동양생명과 BC카드에 투자해 각각 2배 내외의 높은 수익을 냈다. 1.5배속 영화처럼 빠른 그의 말투가 이어졌다.

"그렇다고 단순히 소비재는 아닙니다. 기존 사모펀드들이 관심을 덜 가졌고, 유능한 인재를 투입했을 때 밸류업(가치 상승)이 가능해야 합니다."

"그럼 지난해 투자한 상조회사도 유통업에 해당되나요?"

"상조회사의 투자 포인트는 금융입니다. 상조회사와 보험사는 기본적으로 같은 수익 구조를 가지고 있습니다. 게다가 보험사는 리스크를 회사가 져야 하지만, 상조회사는 그렇지 않아 비즈니스 측면에서도 더 낫다고 볼 수 있습니다."

VIG는 좋은라이프를 인수한 이후 동양생명 경영진을 투입했다. 대신 기존 오너는 상조 서비스를 그대로 맡도록 했다. 각자의 전문성을 살려 역할을 분명히 한 것이다.

"국내 사모펀드가 상조회사에 투자한 건 처음인 것 같아요."

"맞습니다. 우리는 상조회사처럼 낙후된 산업에 투자합니다. 대부분의 국내 상조회사들은 개인 기업들로 영세한 편입니다. 상조 서비스는 인구 고령화와 1인 인구 증가로 수요가 늘고 있지만 개인이 운영하는 중소형 사들이 난립하고 있습니다."

게다가 일부 대형사들은 오너가 비리에 연루돼 고객들의 신뢰를 잃었다. 20여 곳의 상조회사 중 오너십이 투명한 곳은 좋은상조와 교직원공제회의 예다할 정도다.

VIG는 인수 이후 대대적인 광고와 마케팅으로 적극적인 회원 수 전략 및 중소 규모의 상조회사 인수에 돌입했다. 그 결과 처음 인수 당시 9만 명 내외였던 회원 수는 2017년 말 23만 명 정도로 급증했다.

"중고차 매매업체인 오토플러스, 주차장 서비스인 하이파킹 등도 일상 속 소비재지만 낙후된 산업으로 볼 수 있습니다."

VIG가 투자한 이후 기업 가치가 급등한 기업의 대표적 사례는 안마의자 업체인 바디프랜드다. 바디프랜드의 투자 포인트는 거시적 트렌드 변화에서 찾았다. 20%에 육박하는 일본 시장과 비교할 때 한국의 안마의자 보급률은 3%로 내외로 매우 낮다. 향후 성장 잠재력이 큰 시장이라는 데 주목했다.

다만 인수 과정은 생각보다 간단치 않았다. 끈이 닿는 인맥 없이 콜드 콜을 했다. 노령의 창업자를 설득하는 과정에서 난관에 봉착했다. 안성욱 부대표는 직접 창업자를 찾아가 설득하고 기존에 벤처캐피탈로부터 받아 놓은 구주 지분 정리를 약속했다. VIG는 2015년 8월 네오플럭스와 일부 경영진들과 함께 바디프랜드 지분 91%를 약 2000억 원에 인수했다.

인수 이후 VIG는 과감한 투자를 감행했다. CEO에게 마케팅 비용 지불에 대한 전권을 위임했다. 기존 CFO였던 박상현 대표가 CEO가 되면서 기존에 하지 않았던 새로운 시도를 감행했다. 나전칠기 안마의자를 선보였고, 슈퍼카 람보르기니 모양의 최고급 안마의자를 선보일 예정이다.

그 결과 매출액과 영업이익이 모두 고공행진 중이다. 바디프랜드의 2016년 매출은 전년 대비 39% 증가한 3664억 원을 기록했다. 영업이익역시 같은 기간 43.1% 증가한 933억 원으로 실적지표가 모두 급격히 개선되고 있다. 외형도 커지고 있다. 지난해 3월 직영점 100호점을 돌파한데 이어 올 초 기준으로 약 130개까지 점포 수를 늘렸다. 바디프랜드는 기존 2000억 원 대였던 몸값이 2017년 말 현재 5배 이상 껑충 뛰면서 대박을 터뜨렸다.

직접 바디프랜드 딜소싱을 했던 이 부대표는 대체투자에 적합한 인재유형으로 사회 다방면에 두루 관심을 갖는 만물박사형을 꼽았다. 그 역시 이공계 출신으로 경영학 MBA를 한 다양한 백그라운드를 가지고 있으며 문화예술에도 관심이 많아 대학 때는 직접 영화를 제작하기도 했다.

"남들보다 빨리 트렌드를 파악하고 선점하는 능력이 필요합니다. 각 분야의 다양한 사람들을 만나서면서 업계 돌아가는 얘기에 관심을 기울이죠. 그때그때 필요한 정보를 바로 확인할 수 있는 사람들을 두루 아는 게 중요합니다."

투자를 잘하려면 다방면에 관심이 있어야 한다는 설명이다.

실패를 딛고 일어선 VIG의 재기 뒤에는 'LG실트론 이후 투자 전략 2.0'를 믿고 그들의 저력에 베팅해 준 국민연금의 역할을 빼놓을 수 없다. 국내 대형 사모펀드가 차입금을 갚지 못해 디폴트 선언을 했지만, 통렬한 자아비판을 한 '보고서 한 장'을 통해 블라인드 펀드 위탁 운용사로 선정 됐다. 이는 국내 기관투자자로서는 상상도 하기 힘든 일이다.

처음 IB 부서로 와 성공 사례만큼 많이 들었던 얘기가 대형 실패 사례 들이다. H&Q코리아의 에스콰이어, MBKP의 딜라이브, 모건스탠리 PE 의 놀부, 유니슨캐피탈의 공차 등등. 어느 사모펀드가 어떤 투자 건 때문 에 '폭망'했다는 말들이 들렸다.

2015년 딜라이브 인수 인수금융 연장 과정에서의 부정적 논란으로 국 내에서는 MBKP의 4호 펀딩이 성공할 수 있을지 의문을 제기하는 투자 자들이 있었다. 하지만 예상은 철저히 빗나갔다.

MBKP와 맥쿼리가 약 2조 원에 인수한 딜라이브는 그 당시로서는 최 대 규모의 M&A였지만, 인수 이후 IPTV와의 경쟁 심화와 규제 완화 지 연으로 제때 매각을 성사시키지 못했다. 이때문에 인수금융 만기 연장 및 일부 출자전환이란 고육책을 쓸 수밖에 없었다. 이 과정에서 딜라이브 에 투자한 국내 금융기관들은 손실 발생 가능성을 우려했고, 이 분위기 가 MBKP의 4호 펀딩에 부정적인 영향을 미칠 것이란 시각도 있었다. 하 지만 예상은 철저히 빗나갔다. 무려 4조 원이란 펀드가 순식간에 마감이 된 것이다. MBKP의 4조 원 규모 펀딩 완료 소식을 듣고 순간, 두 귀를 의심했다.

'설마 그럴 리가? MBKP가 펀딩에 성공해?'

주로 국내 기관투자자들만 만났기에 MBKP에 대한 부정적인 얘기밖에 들을 수가 없었다. 하지만 MBKP가 펀딩을 조성한 곳은 국내가 아닌 해외였다. 물론 소수의 국내 기관들도 있지만 대부분이 해외 기관들이었다.

국내 기관과 해외 기관. 이들 사이의 어떤 시각차가 MBKP를 다르게 평가하게 했을까. 그것은 블라인드 펀드를 전체 수익률로만 보느냐, 아니면 개별 딜의 수익률까지 보느냐의 차이다.

국내 기관들은 블라인드 펀드를 조성해 투자한 여러 건 중 한 건만 실패를 해도 그것이 전부인 양 확대 해석을 하는 경향이 있다. 설사 MBKP가 딜라이브의 모든 투자 지분에 대해 손실을 보게 돼 '제각 처리(Write-off)' 되더라도 그 펀드 전체가 부실이 되는 건 아니다. 딜라이브 이외에도 다른 투자 건들이 같이 펀드로 묶여 있기 때문이다.

기관들이 블라인드 펀드를 조성해 한 바구니에 여러 개의 달걀을 담는 것도 이와 같이 리스크를 분산하기 위해서다. 일반적으로 선진국의 내로라하는 사모펀드들도 한 포트폴리오 안에서 10개 중 2~3개는 손실을 보기도 한다. 한마디로 포트폴리오 안의 모든 기업이 대박이 날 순 없다는 것이다.

선진국 기관들의 경우 한 사모펀드 운용사를 평가하고 출자를 할 때 해당 운용사가 과거부터 운용해 온 펀드들의 실적을 종합적으로 평가해, 꾸준히 투자에 집중할 수 있도록 연속적으로 집행을 한다. 단기 개별 투자건마다 일희일비하기보다는 펀드 전체로서 장기에 걸쳐 투자성과에 집중하는 것이다.

최선을 다했다면 영원한 실패는 없다

엉엉.

곡소리 같은 울음소리가 들렸다. 이연재 부장은 하나자산운용 시절에 베트남 투자 딜이 수포로 날아가던 날 대성통곡을 했다. 서럽고 분하고 원통하고, 진심으로 하늘이 원망스러웠다.

그도 그럴 것이 꼬박 1년 6개월을 매달렸던 프로젝트였다. 정말이지 계약서에 도장을 찍는 종결, 이른바 딜 클로징이 눈앞에 다가온 상황에서 판이 뒤집혔다. 프로젝트 시작 때와는 달리 베트남 시장이 좋아지자 중간에 다른 경쟁자가 나타나 딜을 가로챈 것이다.

황당하긴 당시 그의 직속 상사였던 김용훈 하나자산운용 본부장도 마찬가지였다. 평소 감정을 잘 드러내지 않는 그였지만 이 딜 얘기를 할 땐 눈살이 찌푸려졌다.

한국 투자자들에게 생소한 베트남 시장에서 기회를 찾다 보니 그에 걸맞는 구조를 새롭게 짜야 했고, 그 시간이 길어지다 보니 시장 상황이 바

뛴 것이다.

"지금까지 가장 어려웠던 딜로 손가락 안에 들 겁니다."

2011년 국내 기관투자자에 투자 검토를 의뢰받고, 일주일 만에 베트남으로 날아갔다. 최초 제안자는 베트남의 대형 운용사였다. 당시 베트남은 글로벌 금융위기의 후폭풍이 뒤늦게 찾아왔다. 다른 국가들은 서서히 회복 기미를 보이기 시작하는데 베트남의 상황은 뒤늦게 영향을 받으며 은행 금리가 두 자릿수 이상으로 치솟았다. 위기가 고조되며 은행 금리가 무려 15%까지 치솟았다. 베트남 굴지의 기업들이 추진하던 투자 프로젝트에도 빨간불이 들어왔다. 발등에 불이 떨어진 베트남의 현지 운용사는 한국의 기관투자자들에게까지 찾아와 읍소를 했다. 기존 한국 네트워크를 활용해 출자자를 물색했다. 베트남 1위 운용사의 대표는 다년간의 경험과 노하우로 지금 시장 악화는 일시적이며, 오히려 기회가 될 수 있다는 논리를 펼쳤다.

다년간 해외 부동산 투자를 통해 돈 되는 딜에 감각이 있던 기관의 담당자는 투자를 결심했다. 하지만 베트남이라는 생소한 신흥국에 대한 첫 투자였기에 예상치 못한 걸림돌이 많았다. 베트남 시장 전반에 대한 종합적인 조사와 국내 투자자에게 맞는 딜 구조 협의가 진행됐다. 현지 이해당사자들과 수익률 등 투자 조건을 확정 짓는 일이 쉽지 않았다.

그렇게 시간이 흐르는 사이, 현지 운용사 대표의 예상대로 고공행진을 하던 베트남의 금리는 떨어지기 시작했고 우선권을 가진 투자자의 욕심이 개입됐다. 결국 현지 운용사 대표는 달라진 금리 상황을 극복하지 못하고 어려울 때 도와 준 한국 투자자의 손을 잡지 않았다.

허무하고 또 허무한 결과였다.

하지만 이 관계는 실패로 끝나지 않았다. 하는 수 없이 우선권을 쥔 투자자의 편을 들어주긴 했지만 현지 운용사 대표는 미안한 마음이 앞섰다. 그래서 미국의 글로벌 사모펀드를 소개했고, 결국 하나자산운용은 이들과 함께 베트남 등의 대형 프로젝트에 잇달아 투자하게 됐다.

죽도록 공을 들인 딜이 통제 불가능한 변수에 의해 실패했더라도 좌절할 일은 아니다.

노력은 결코 배반하지 않는다. 비록 실패를 하더라도 그 노력의 결과가 언제 어디서 발현될지는 아무도 모를 일이다.

스트레스는 결국 인식의 문제다

JKL 이은상 부대표에게 수차례 어려운 고비를 넘겨 지금까지 온 비결을 물었다.

"기본적으로 스트레스를 받으면 안 됩니다. 그 스트레스가 쌓이고 쌓여 극에 달하면 결국 터져 버리거든요. 단돈 몇 만 원, 그것도 자기 돈이라도 잃어버리면 스트레스를 받는데, 남의 돈을 수천억 원씩 운용하면 그 스트레스가 엄청날 수밖에 없습니다."

대체투자든 주식 투자든 부동산 투자든 돈을 굴리는 투자업에 종사하는 직업군의 스트레스는 다른 직군에 비해 클 수밖에 없다.

"흠…… 그런데 스트레스를 안 받는다는 게 쉬운 일은 아닌 것 같아요."

"그렇죠. 기본적으로 스트레스에 강한 성격이 이 직군에 맞다고 봅니다. 스트레스에 취약하고 예민한 성격은 버티기가 쉽지 않습니다."

"JKL은 소송 건도 많고 사건 사고가 많았던 하우스라 스트레스가 많았을 듯한데요. 정말 스트레스를 안 받으셨나요?"

"그게 우리 일이니까요. 그걸 스트레스라고 생각하면 안 되죠. 난관과 역경은 결과를 얻기 위한 하나의 과정일 뿐이에요."

결국 사모펀드 일을 하면서 극도의 스트레스에 시달리는 것은 당연하고, 혹여 실패를 하더라도 스트레스를 받으면 안 된다는 설명이다. 이런 고통들은 그저 결과로 가기 위한 일종의 과정일 뿐이라는 것이다.

비슷한 취지의 발언을 외국계 사모펀드의 임원에게서도 들은 적이 있다.

"지금 회사를 다니는 게 편하다면, 그때는 회사를 떠날 때라고 생각합니다. 지금 있는 곳에서 새롭게 배우는 게 없다는 얘기니까요. 새로운 걸 받아들일 땐 늘 불편할 수밖에 없습니다. 그게 당연한 겁니다. 그래야 발전이 있고요. 지금 상황이 편하다면, 그건 곧 발전이 없다는 얘기입니다."

대부분 사람들은 현재의 직장에서 심리적 안정감을 찾고자 한다. 큰 스트레스 없이 안정적으로 일을 하길 원한다. 심리적 불편함이 없는 편안한 상황이 좋다고 생각하는 것이다.

하지만 사모펀드 업계 종사자들은 달랐다. *그들에게 스트레스 없이 편한 상황이란 발전이 없는 '부정적인' 상황이다.*

이것이 바로 스트레스와 불편함에 대한 커다란 인식 차이다. 같은 상황임에도 받아들이는 사람에 따라 긍정이 되기도 하고, 부정이 되기도 하는 것이다.

왜 이런 간극이 벌어질까.

그것은 스트레스를 유발하는 고통을 극복한 경험의 유무에 따라 달라진다. 과거 여러 차례 고통을 극복한 경험이 있다면 지금의 상황은 통제 가능한 상황이다. 반면 과거 비슷한 고통을 극복한 경험이 없다면 이번 역시 통제 불가능한 상황이 된다. 같은 스트레스라도 과거의 학습된 기억에 따라 전혀 다른 결과로 인식되는 것이다. *결국 스트레스는 상황 그 자체의 문제가 아니라, '통제할 수 없다'는 인식이 문제인 것이다.*

현실에선 항상 인간의 힘으로 통제 불가능한 상황들이 존재한다. 대체투자 업계 사람들도 늘 통제 불가능한 '불운 리스크'에 노출된다. 예상치 못한 돌발 변수들이 늘 발생하는 것이다. 특히 운이 따라 주지 않는 시기에는 투자에 어려움을 겪게 된다. 이럴 땐 일기 예보처럼 불운한 시기가 언제 찾아올지 알면 좋겠지만, 인간의 영역을 벗어난 일이다.

그렇다면 운이 따라 주지 않는 시기의 자세는 어떠해야 할까. JKL의 파트너들은 불운에 대한 인식도 긍정적이다.

"돈을 크게 버는 것은 운이 따라야 하지만, 돈을 잃지 않는 것은 인간의 노력입니다. 아무리 운이 없어도 인간의 노력에 따라 손해를 줄일 수는 있다는 겁니다."

큰돈은 운이 따라 줘야 만질 수 있다. 하지만 설사 불운이 찾아와도 끈질기게 노력하면 '잃지는 않을 수 있다'는 믿음이다.

솔직히 냉철한 인재들이 모인 이 업계 사람들은 사주나 점 따윈 믿지 않을 줄 알았다. 하지만 의외였다. 오히려 이 업계 사람들이 용하다는 점집을 더 많이 찾았다. 아마도 일반 업계에 비해 불운에 대한 리스크가 크기 때문일 것이다.

그들이 운때를 보는 이유는 그것을 맹신해서가 아니다. 불운조차도 인간의 노력을 통해 지혜롭게 극복하기 위해서다.

"누구에게나 전성기는 있습니다. 운에 대한 JKL의 생각입니다. 우리 파트너 3명의 전성기는 각자 다르겠죠. 하지만 전성기인 사람이 치고 나간다면 우리 하우스 전체는 늘 전성기일 수 있습니다."

누구에게나 전성기는 있다. 불운도 뭉치면 극복 가능하다.

흙수저 JKL을 지탱하는 원동력이다.

2부

100억
월급쟁이 부자들은
누구?

한국 대체투자 시장의 큰손들

01

100년이 지나도 지속가능한, 한국의 KKR을 꿈꾼다

송인준 IMM PE 대표

—

가난하지만 똑똑한,
부자가 되고 싶은 열망을 가진 인재를 키운다

사모펀드 업계에서 그의 이름 석 자를 모르는 사람은 없을 것이다.

어김없이 돌아온 월요일 아침. 서울 강남 파이낸스센터 9층 IMM PE의 사무실. 카리스마 넘치는 송 대표의 발걸음이 경쾌하다. 매주 월요일은 전 직원이 참석하는 회의다. 대형 테이블에 23명의 전체 직원들이 빙둘러앉았다. 송 대표는 물론 김영호 부사장, 이해준 부사장 그리고 최근인턴 꼬리표를 막 뗀 신입사원까지 전원 착석이다.

"자! 모두들 굿모닝!"

중저음의 굵은 목소리가 아침을 깨운다.

"이번 주도 활기차게 시작해 볼까요? 각자 맡은 현안들 얘기해 주세요. 참, 이해준 부사장은 요즘 가산동으로 출퇴근하기 힘들지? 조금만 참아. 올 연말까지 미샤 본사가 서초동으로 온다고 했잖아. 미샤 브랜드 콘셉트는 잘 잡히고 있는 거지?"

"네, 생각보다 조금 시간이 걸릴 것 같지만 고무적입니다. 유능한 젊은 직원들이 많고 대표님의 의지도 강합니다. 조만간 개선 방향이 정해질 것 같습니다."

"굿. 좋아. 나도 남자지만 말이야, 화장품은 정말 좋은 걸로 쓴다고. 내가 이 나이에도 동안을 유지하는 비결이 뭔지 알아? 난 골프 칠 때도 선크림은 꼭 발라요."

신뢰 가는 호감형인 송 대표는 동안의 피부 미남이다.

"근데 말이야, 미샤 본사 이전은 정말 탁월한 선택인 것 같아. 유행에 민감한 화장품 회사는 강남에 있는 게 훨씬 낫지. 그리고 할리스커피는 안국동으로 본사 이전 언제 하는 거야? 나도 그 빌딩 아는데 경복궁 정말 좋잖아. 할리스커피는 강남보다는 오히려 강북이 나을 수 있어."

송 대표는 IMM PE의 투자 심사역인 김유진 이사를 2017년 초 할리스커피 대표로 전격 발탁했다.

"그 다음! 김영호 부사장! 요즘 캐프 매각 건은 잘되고 있죠? 본입찰 결과는?"

"네. 지난주에 본입찰을 마감했는데 5곳이 들어왔습니다. 다들 인수 의지가 강해서 이번엔 왠지 느낌이 좋습니다."

"오, 그래? 캐프는 정말 잘 팔아야 돼. 캐프 때문에 당신이 얼마나 고생을 했어. 부도덕한 구 사주 때문에 그 고생을 하고 말이야. 열심히 공들인 회사니까 잘될 거야."

IMM PE는 적자 기업인 자동차 와이퍼 회사 캐프를 인수해 경영 정상화에 성공했다.

"그리고 우리 골칫덩어리 하나 있었지? 그 두산인프라코어차이나 (DICC) 소송 건 말이야. 지난주에 2심 변론 이후 더 진행된 건 없지?"

"네, 이달 말에 2차 변론 기일 예정돼 있습니다."

"자! 그럼 이번 주도 파이팅 하자고!"

오전 11시 반. 점심시간이 다 되어서야 월요 전원회의가 마무리됐다. 이날은 평소보다 30분 이상 더 걸렸다. 회의를 마친 직원들은 순식간에 흩어져 각자의 자리로 돌아갔다.

월요 전원회의는 IMM PE만의 독특한 문화다. 대부분 다른 사모펀드들은 자신이 맡은 딜 이외에는 잘 알지 못한다. 같은 회사라도 다른 팀의 딜 정보는 철저히 차단된다. 대체투자 시장에서 딜 정보는 투자 수익과 직결되는 기밀 사항이기 때문이다. 같은 회사에서도 소수의 의사결정권자들만이 모든 정보를 알 수 있다.

하지만 IMM PE는 이제 막 입사한 신입 직원에게까지도 회사 전체의 딜 정보를 공유한다. 모든 직원에 대한 강한 믿음과 신뢰가 없이는 불가능한 일이다.

비단 딜 정보뿐만이 아니다. 전 직원이 불만 없이 공평하게 나누는 인센티브 시스템도 IMM PE의 경쟁력이다. 어디서 배운 것도 아닌데 송 대표는 이해관계가 서로 다른 사람들을 한마음으로 엮는 탁월한 재주가 있다.

IMM PE의 연봉 체계는 기본보수, 성공보수, 투자보수의 3단계로 구성된다.

1단계 기본보수는 펀드의 운용보수로 총운용자산(AUM) 규모가 늘면 같이 늘어난다. 기관투자자들이 위탁운용자산의 1~2%를 지급하는 운용보수가 직원들의 기본보수가 되는 셈이다.

2단계 성공보수는 개인의 성과에 따라 달라진다. 이는 객관적 실적도 실적이지만 송 대표의 주관적 판단이 가장 크다. 그가 판단하는 해당 직원의 성과에 따라 지급하게 된다.

"자기 연봉을 받아 든 직원들이 일한 것보다 덜 받았다고 생각할 수도 있고, 더 받았다고 생각할 수도 있습니다. 물론 더 받았다고 생각하는 직원은 거의 없겠죠. 대표인 저 또한 일한 것보다 덜 받는다고 느끼니까요."

성공보수는 순전히 송 대표의 독자적인 판단에 의한 결정이므로 불만이 있을 수도 있다. 하지만 신기하게도 IMM PE에는 여기에 불만을 품는 직원이 거의 없다. 겉으로 드러나는 가시적인 성과가 없더라도 보이지 않게 애쓴 직원이 있다면 이조차 반영해 평가하기 때문이다.

"평소 돈 문제에 관해 상당히 예민한 임원분마저도 연봉에 불만이 없어요. 오히려 외부에 송 대표님이 직원들을 많이 챙겨 준다고 얘기를 하고 다니죠."

이같은 평가는 IMM PE 내부의 증언이다.

마지막 3단계는 자신이 맡은 펀드의 투자 성과에 따른 보수다. 기관투자자들은 투자금을 출자하면서 운용사 매니저들에게 일정 금액을 투자할 것을 요구한다. 그래야 남의 돈을 굴리는 운용사들이 자기 돈처럼 책임감을 가지고 투자할 수 있다고 판단해서다. 이른바 운용사 출자금이라고 불리는 이 의무 조항은 일반적으로 파트너급에만 해당된다.

하지만 IMM PE는 파트너가 아닌 직원들도 자신이 운용하는 펀드에 일정 자금을 투자토록 했다. 자신의 펀드에 보다 책임감을 가지고 임하도록 하기 위해서다. IMM PE는 한번에 목돈이 들어가는 게 부담스러운 직원들을 위해 회사가 낮은 금리로 대출을 해 주기도 한다.

이 같은 3단계 연봉 시스템은 외부인들이 꼽은 IMM PE의 경쟁력이기도 하다.

"국내 토종 사모펀드 IMM PE는 인센티브 시스템이 상당히 합리적인 걸로 알고 있어요. 이직률이 낮은 이유라고도 봅니다."

대부분 사모펀드는 소수의 파트너들이 이익의 많은 부분을 가져간다. 하지만 IMM PE는 파트너와 전 직원이 성과를 최대한 공평하게 나누려고 노력한다. 이는 순전히 송 대표의 머릿속에서 나온 시스템이다.

"실제로 다른 사모펀드에서 입소문으로 듣고 IMM PE의 인센티브 시스템을 배우러 오기도 합니다. 도대체 어떻게 인센티브를 지급해야 직원들의 불만 없이 원활하게 운영할 수 있느냐는 거죠. 이럴 땐 아주 그냥 시원하게 다 알려 줍니다. 우리 인센티브 시스템이 국가 기밀도 아니고."

과감할 정도로 솔직한 점이 송 대표의 매력이다.

"해외 사모펀드를 다닌 것도 아니고, 일부러 글로벌 시스템을 공부한 것도 아닙니다. 혼자 고민 끝에 생각해 낸 시스템이죠."

재밌는 점은 그가 스스로 생각해 낸 인센티브 시스템이 40년 전 미국 사모펀드의 원조인 KKR이 처음 도입한 '이해관계의 일치(Interest Alignment)' 개념과도 일맥상통한다는 점이다. 사모펀드의 핵심 개념인 이해관계의 일치란 비즈니스 관계에서 이해 당사자들의 적극적인 참여를 유도하는 원동력이다. 조직과 조직원의 이해관계를 일치시켜 자발적인 참여를 이끌어 낸다는 것이다. 회사의 이익이 곧 자신의 이익이라는 등식을 성립시키는 장치가 필요하다.

1970년대 초기 KKR은 이 개념을 미국 기업 문화에 최초로 도입해 새 바람을 일으켰다. 당시 고도 성장기였던 미국에선 직원들의 성과가 개인의 도덕적 차원에 머물렀다. 양심적으로 열정을 다해 일하는 직원들도 있었지만, 대충대충 일하며 시간만 때우는 직원들도 많았다. 자기 일처럼 일을 하든 대충 일을 하든 노동의 대가는 동일했다.

이런 관행을 깬 것이 미국의 사모펀드들이다. KKR은 인수한 회사의 직원들에게 성과급 체계를 도입하고 전문경영인에게 스톡옵션을 부여했다. 회사의 경영권을 소유한 KKR과 회사의 전문 경영인, 그리고 전 직원.

이 세 주체가 모두 공평하게 일한 만큼 가져가는 시스템이었다. 주인의식을 가지고 자기 회사처럼 일하는 직원이 늘면 자연스럽게 기업의 실적도 좋아진다.

IMM PE는 송인준 혼자만의 회사가 아니다

"송인준이 '페이드 아웃(fade out)' 돼도 지속 가능한 회사로 만들고 싶습니다. 제가 열정을 가지고 키워 놓은 회사지만 언젠간 후배들을 위해 물러나야 할 날이 올 테니까요."

IMM PE는 2016년 말 국내 토종 사모펀드로선 처음으로 '1조 펀딩(로즈골드 3호)'에 성공했다. 지난 2007년 3200억 원 규모의 작은 펀드(로즈골드 1호)로 시작해 드디어 세 번째 펀딩이자 1조 원 펀드였다. 1조 블라인드 펀드는 상징적 의미가 크다.

그렇다고 송 대표가 1조라는 숫자만을 목표로 달려온 건 아니다.

"처음부터 IMM PE가 1조 펀드를 만들겠다는 생각을 한 건 아닙니다. 다만 2호 펀드(로즈골드 2호) 펀딩을 마칠 때쯤 다음번엔 1조 원도 가능하겠다는 느낌을 받았습니다. 지금에야 1조 원을 넘긴 글로벌 펀드 관련 서적을 뒤적여 보면 그들도 이미 앞서 나와 같은 고민을 했다는 사실을 알게 됩니다."

국내 사모펀드 업계의 통상적인 운용 보수 비율(1.5%)을 감안할 때, 1조 원을 굴리는 펀드를 운용하는 사모펀드는 적어도 연간 150억 원의 운용 수수료를 받게 된다. 이 정도 규모면 성공보수 없이 운용보수만으로도 회사를 안정적으로 운영할 수 있다.

하지만 사람이 높은 곳만 바라보면 욕심이 끝이 없다. 송 대표도 회사를 이 정도까지 키워 놨으니 자기 욕심만 챙기려면 얼마든지 그럴 수 있었다. 송 대표 혼자 IMM PE의 모든 지분을 쥐고 전권을 행사할 수 있었다.

하지만 그는 대신 전 직원들에게 IMM PE의 주인이 되는 길을 열어 줬다. 사모펀드의 대표가 직원들에게 지분을 준다는 것은 결코 쉬운 일이 아니다. 하지만 송 대표는 주인의식을 가진 직원들이 늘어나길 원했기에 그 길을 열어 놓은 것이다.

"열심히 하면 오너가 될 수 있다고 생각하는 직원과 아무리 해도 부장까지밖에 못 간다고 생각하는 직원이 있습니다. 둘 중에 누가 더 열정적으로 일할까요?"

6년 전 IMM PE에 합류한 이해준 상무는 올 초 부사장(파트너)으로 전격 승진했다. 미국에서 잘나가던 변호사 생활을 접고 그가 IMM PE 행을 택한 이유는 단 하나다. 바로 송 대표 때문이었다.

"당연합니다. 송 대표님의 비전과 인품을 보고 IMM PE에 합류한 겁니다."

송 대표는 이 부사장 영입을 위해 1년 이상의 공을 들였다. 40대 초반의 잘생긴 이목구비에 스마트한 느낌을 물씬 풍기는 이 부사장은 IMM

PE의 차세대 성장 동력으로 꼽힌다.

이미 IMM PE의 살아 있는 전설로 꼽히는 인물은 김용호 부사장이다. 그가 보유한 IMM PE 지분은 17%로 송 대표와 다른 창업자들 다음으로 많다. 10년 전 과장으로 입사해 실력을 인정받은 뒤 초고속 승진을 했다. 자동차 와이퍼 회사인 캐프 인수 후 파견근무를 하며 거친 노조원들과 6개월간 동고동락했다. 결국 적자 기업을 흑자 전환하는 것에 성공했고, 능력을 인정받았다. 그때 이후 IMM PE에는 인수한 기업에 직원들을 파견하는 문화가 생겼다.

회사 내에서 차곡차곡 입지를 다지며 파트너까지 오른 선배들이 귀감이 되면서, 후배들도 그들을 본받기 위해 노력한다.

이처럼 IMM PE의 주인이 되는 길은 누구에게나 열려 있는 셈이다.

내가 아닌 '나와 같은 곳'을 봐라

7월 햇살이 좋은 어느 날. 서울 한남동 레스토랑에서 송인준 IMM PE 대표를 만났다. 책의 취지를 설명한 뒤 IMM PE의 경쟁력에 대해 물었다.

"업계에서 IMM PE의 성공 비결을 합리적인 인센티브 시스템으로 꼽는 분들이 많았어요. 대표님께서 혼자 독식하는 구조가 아니라 직원들과 함께 나누는 공평한 시스템이라고 할까요? 실제로 직원들의 연봉에

박한 운용사들은 직원들의 이탈이 많고 자주 바뀌고요."

"하하. 우리 회사의 경쟁력이 연봉 때문이라는 평가가 있나요? 물론 그렇게 볼 수도 있겠지만, 개인적으로는 크게 동의하지 않습니다."

외부의 긍정적인 평가에 송 대표는 예상 밖의 거부감을 드러냈다.

"IMM의 하드웨어가 있다고 해서 소프트웨어까지 따라오는 건 아닙니다. 예를 들어 북한에 민주주의 제도만 도입한다고 하루아침에 민주주의를 실현할 수 있을까요? 하드웨어보다 더 중요한 것이 정신적인 부분 즉, 소프트웨어입니다."

실제로 송 대표가 직원들에게 늘 강조하는 부분은 지금까지 그를 버티게 해 준 'IMM 스피릿(정신)'이다. 그는 매년 연초가 되면 전체 직원들에게 장문의 편지를 쓴다. 여기에는 그가 바라보는 다음해 시장 전망과 투자 전략은 물론 그가 공유하고 싶은 가치관 등을 담는다.

이 장문의 편지를 읽으며 20여 명의 IMM PE 직원들은 송 대표가 바라보는 '그곳'이 어디인지 알 수 있다.

"나를 바라보는 직원이 아닌, 나와 같은 곳을 바라보는 직원을 원합니다. 지금 내 기분이 어떻고, 지금 내가 뭘 하는지가 아니라, 지금 내가 추구하는 가치를 함께 바라볼 수 있는 직원들을 더 선호합니다."

그가 '바라보는 곳' 즉, IMM 스피릿을 진심으로 공감하는 직원들이야말로 IMM의 주인이 될 수 있다.

IMM PE의 창업 정신은 송인준, 지성배, 장동우 이 세 창업자들의 공통분모이기도 하다. 이들은 모두 유학파도 아니고, 부잣집 도련님도 아니고, 명망가의 자제도 아니다. 오롯이 타고난 똑똑한 머리와 부자가 되고 자 하는 열망 하나로, 지금의 IMM PE를 일궈 낸 이들이다.

그렇다면 IMM 스피릿의 핵심은 무엇일까. 그것은 바로 흙수저 정신이 다. IMM PE의 십계명 중에는 '운전기사 딸린 회사차로 외제차를 몰지 않는다'는 내용이 있다. 그만큼 늘 겸손하며 초심을 유지하겠다는 의지 의 표현이다.

송 대표는 IMM PE가 진정으로 원하는 인재상을 이렇게 줄여 표현 했다.

Poor but Smart and Desire to be Rich!(PSD)

*'가난하지만 똑똑한, 그리고 부자가 되고자 하는 열망을 가진 인재'*라 는 의미다.

송 대표가 줄여서 PSD라고 부르는 이들이야말로 창업자인 그들 자신 이자, 그들이 원하는 인재상이다. 실제로 IMM PE는 업계에서 보기 드물 게 인턴 직원을 신입사원으로 채용했다. 사모펀드 업계가 경력 없는 학부 생을 정규직으로 발탁하는 일은 많지 않다.

하지만 IMM PE는 그들이 원하는 PSD에 맞는 인재라면 과감히 투자 해 키운다. 100년 후 지속 가능한 IMM PE를 위해선 그들의 PSD 인재 를 기르고 양성하는 것이 또 다른 성장이라고 보기 때문이다.

02

내 꿈은 한국IB의
대부가 되는 것

정영채 NH투자증권 대표
—
증권사 IB는 금융 컨텐츠 공급자가 아닌 플랫폼 제공자
저평가 된 우량 물건을 잠시 담는 저수지 역할

찬성 3표. 반대 3표. 기권 1표.

"최종 투심위에서 여의도 파크원 투자 승인 건은 부결됐습니다."

2016년 12월 13일 오후 4시. 국민연금 기금운용본부는 투심위를 열어 '여의도 파크원 1500억 원 투자건'을 부결시켰다. 당초 참석할 예정이던 A대체투자 실장이 빠진 채 6명이 투심위를 진행했다. A실장의 부재는 예상과 전혀 다른 결과로 나타났다.

당초 계획대로라면 찬성 4표가 나왔어야 했다. 하지만 3대 3의 동표가 나오며, 결국 안건은 통과되지 못했다.

문제의 발단은 이날 오전에 나간 'A국민연금 대체투자 실장, NH투자증권 PE 단장으로 이직'이라는 제목의 기사 때문이었다. 2016년 말 국민연금의 전주 이전을 앞두고 핵심 인력들의 이탈이 이어졌다. 국민연금의 2인자로까지 불렸던 A까지 이탈한 것은 적지 않은 충격파를 던졌다.

악수는 타이밍이었다. 공교롭게도 기사가 나간 당일 오후 국민연금은 파크원 투자 집행 건에 대한 투심위가 개최됐다. 하필이면 A실장의 이직이 예정된 NH투자증권이 파크원 총액인수(Under Writing)의 주체였다. 총액인수란 증권사가 투자 손실의 책임을 지고 지분 전체를 인수한 뒤, 투자를 원하는 기관들에 매각하는 방식을 뜻한다.

외부에 A실장의 이직 사실이 기사로 기정사실화 되면서 투심위 참여가 불가능해졌다. 결국 오후 3시 30분. 그의 불참이 최종 확정됐다.

기사를 쓴 기자로선 의도치 않은 일이었고, 여러 차례 확인 전화를 하며 나름의 배려를 한 결과였다. 하지만 물은 엎질러졌고, 불똥은 NH투자증권으로 튀었다. 투자 승인 건이 부결됐다는 소식에 NH투자증권의 IB부는 발칵 뒤집혔다.

"원래 심의 통과가 거의 확실시 되지 않았나요?"

"마른하늘에 날벼락도 유분수지, 이게 도대체 무슨 일입니까?"

여의도의 대표적 흉물 파크원 빌딩을 총액인수한 NH투자증권은 벼락 맞은 초상집 같았다.

잔금 마감이 불과 2주밖에 남지 않은 상황에서 국민연금이 1500억 원 출자를 펑크 낸 것이다. 전체 규모 2조 원에 비하면 큰 비중이 아닐 수 있지만 마감이 2주밖에 남지 않았다는 게 미칠 지경이었다.

게다가 국민연금이 들어가면 같이 투

자를 하겠다고 '조건부 투자'를 약속한 기관들도 있었다. 국민연금이 불발되면서 줄줄이 좌초될 위기에 놓였다. 파크원 총액인수의 총대를 멘 정영채 NH투자증권 대표의 머리도 하얘졌다.

2조 파크원, 불발 위기… 뚝심으로 밀어붙이다

"국민연금 측은 다각적인 검토를 통해 종합적인 이유로 부결 통보를 해 왔습니다."

정 대표와 처음 통화를 한 것은, 투심위 당일 저녁 7시가 넘은 시각이었다. 그의 목소리는 예상보다 차분했다.

국민연금의 투심위 부결 소식에 동료 기자와 '파크원 펀딩 좌초 위기'에 초점을 맞춰 기사를 작성 중이었다.

"잔금 마감까지 2주밖에 남지 않았는데, 펀딩 완료가 가능할까요?"

"지금과 같은 상황을 대비한 플랜B가 있습니다. 잔금일까지 펀딩을 마감하는 데는 문제가 없을 겁니다."

'과연 마감이 2주밖에 남지 않은 상황에서 그게 가능할까?'

자신에 찬 그의 설명에 반신반의하는 마음이 더 컸다. 하지만 당시만 해도 정 대표에 대해 잘 알지 못했기에 아주 사무적으로 대화를 이어 갔다. 긴박한 상황에 좋지 않은 취재 건으로 통화를 한 터라 편치 않은 뒷맛을 남긴 채 전화를 끊었다.

그리고 당사자인 NH투자증권 IB부는 그날 밤을 하얗게 샜다. 이튿날 시장은 발칵 뒤집혔다. 파크원에 출자하기로 이미 승인을 낸 기관투자자들 사이에서 국민연금이 부결한 이유에 대한 잡음이 나오기 시작했다.

엎친 데 덮친 격으로 A실장과 관련된 불미스러운 일이 발생하면서 파크원 사태는 걷잡을 수 없는 상황으로까지 번졌다.

결국 NH투자증권은 내부 자금으로 1500억 원을 메우고 펀드를 클로징하기로 최종 결정했다. 정 대표가 생각해 놓은 플랜B란 결국 NH투자증권이 끝까지 책임을 지고 1500억 원을 추가로 동원하는 일이었다. 사실 국민연금이 펑크를 낸 1500억 원을 2주 만에 다른 기관에서 투자를 받는다는 건 불가능했다.

파크원에 대한 강한 자신감을 가지고 밀어붙였던 정 대표는 끝까지 그의 신념을 지킨 셈이다. 이를 두고 시장에선 여러 평가들이 나오기 시작했다.

"역시 정영채야."

업계에서는 IB 업계 구력 30년의 정 대표가 가진 추진력과 배짱에 손가락을 추켜세웠다.

30년 세월을 IB맨으로 버틴 힘

그로부터 7개월이 지난 늦여름. 책을 기획하며 다시 그에게 연락을 했다.

"안녕하세요. 이데일리 성선화 기자입니다."

"아 네, 안녕하세요. 성선화 기자님."

지난 수개월간 단 한 번도 마주친 적이 없었지만, 그는 내 이름을 또렷이 기억하고 있었다.

"네, 안녕하세요. 어떻게 저를 기억하고 계시네요."

"물론이죠. 저는 한번 통화한 기자들은 다 기억합니다."

첫 통화 후 7개월 만에 첫 대면이 있었다. 모든 시장 전문가들이 정영채 대표를 국내 IB의 산증인으로 꼽았기에 그를 만나지 않을 수 없었다.

그를 인터뷰하기로 한 날 아침. 하늘에 구멍이라도 뚫린 듯 폭우가 쏟아졌다. 차도 없었고 택시도 잡히지 않았다. 폭우를 가르며 버스를 타고 지하철을 갈아타고 NH투자증권 여의도 본사에 도착했다.

그와의 첫 대면에서 30년간 한 우물만 판 장인의 기운이 느껴졌다.

정 대표의 설명은 역사를 거슬러 대한민국의 금리가 30%에 육박하던 시절로 올라갔다.

"처음 증권사 IB부에서 일을 시작했을 때는 금리가 30%에 육박했습니다. 군이 현란한 금융 기법을 구사하지 않고 이자만으로도 20~30%의 이자 수익을 볼 수 있었죠. 국내 금융 업계에 IB라는 용어조차 생소한, 구멍가게 같던 시절이었습니다."

그가 처음 IB부에서 업무를 했을 때 그를 만난 사람은 '지금처럼 대단한 인물이 될지는 몰랐다'고 회상한다.

처음엔 그저 평범한 증권사 직원에 불과했던 정 대표를 국내 IB 업계 영향력 1위로 올라서게 한 비결이 뭘까. 그것은 바로 30년이란 긴 세월의 힘이다.

"증권사처럼 이직이 잦은 곳에서 한 곳에만 30년 동안 계신 것은 정말 대단하신 것 같습니다. 중간에 흔들리는 일은 없었나요?"

"저도 사람인데 흔들리는 일이 왜 없었겠습니까? 당연히 수많은 유혹이 있었죠. 경쟁 증권사의 러브콜도 있었고, 여기저기 오라는 곳들도 많았죠."

그는 솔직히 유혹이 많았다고 털어놨다. 그의 주변 사람들은 정 대표가 돈을 좇는 사람이었다면 진작에 나갔을 것이라 말한다.

사실 NH투자증권과 같은 대형 증권사는 연봉만 보고 있을 곳은 아니다. 기본급 수준은 높지만 개인에게 지급하는 인센티브 비율이 높지 않기 때문이다. 같은 딜이라도 중소형 증권사에서 하는 것이 개인에게 주어지는 인센티브가 더 많을 수 있다.

긴 시간 동안 숱한 유혹을 물리치고 버틸 수 있었던 비결이 뭔지 궁금했다.

"사실 인센티브만 놓고 보면 중소형 증권사가 훨씬 더 많습니다. 진심으로 돈만 생각하셨다면 벌써 다른 곳으로 떠나셨을 듯한데요. 30년을 한 증권사의 IB맨으로 버티신 원동력이 뭔가요?"

"제 궁극적 꿈이 '더 갓파더 오브 코리안 아이비'입니다(한국 IB 분야의 대부가 되는 것입니다)."

영어로 힘줘 말하는 그의 설명이 왠지 영화 「대부」의 한 장면을 떠올리게 하며 설득력을 더했다.

"역시 그런 원대한 꿈이 있으셨군요. 그렇다면 지금도 이미 목표를 이루신 게 아닌가요?"

정 대표는 고개를 절레절레 흔들었다.

"아니죠. 아직 갈 길이 한참 남았습니다. 시장의 1등이 전부 '갓파더'가 되는 것은 아닙니다. 진정한 갓파더는 시장을 바꾸는 사람이죠."

시장에 오래 있었다는 이유만으로 IB의 대부로 평가받기엔 부족하다는 설명이다.

"진정한 IB의 대부는 시장의 판도를 바꿀 정도로 영향력을 끼치는 사람입니다. 그 정도가 되려면 한참 멀었습니다. 아직까진 여러 대표들 중 한 사람일 뿐입니다."

증권사 IB, 저수지와 같은 금융 플랫폼 역할

그렇다면 정 대표가 생각하는 '판을 바꾸는 변화'는 무엇일까.

"우리나라 IB 시장을 바꾸는 것은 어떤 의미일까요?"

그가 말하는 '갓파더'의 의미가 언뜻 생각나지 않아 다시 물었다.

정 대표의 설명은 다시 친절하게 원론부터 시작됐다.

"*사모펀드와 같은 자산운용사는 콘텐츠 생산자입니다. 끊임없이 새로운 콘텐츠를 생산해 내야 합니다. 반면 증권사 IB는 플랫폼 사업자입니*

다. 금융 플랫폼이란 자금이 잠시 고였다 흐르는 저수지와 같은 역할입니다.

플랫폼 사업자는 콘텐츠 생산자처럼 늘 새로운 콘텐츠를 생산할 필요는 없습니다. 금융에도 저수지가 필요합니다. 지금 당장은 아니더라도 나중에 가뭄이 올 때, 자금이 필요한 이에게 오아시스 같은 역할을 하기 때문입니다."

그가 금융사업자를 보는 관점이 참으로 신선했다. 콘텐츠 생산자나 플랫폼 사업자는 주로 미디어 사업자를 분류하는 기준이다. 방송국의 PD나 기자가 콘텐츠 생산자라면 TV나 라디오, 신문 등은 콘텐츠 플랫폼이다. 미디어의 경우 시대가 변하면서 대중이 선호하는 플랫폼도 변해 간다.

증권사 IB도 마찬가지다. 현재 시점에서 금융 소비자들이 원하는 플랫폼도 달라진다. 그는 증권사 IB맨들이 스스로를 금융 콘텐츠 생산자라고 착각하는 것을 경계했다.

"증권사 IB는 투자를 하는 게 아니라 '인수'를 합니다. 직원들에게 절대 투자라는 표현을 못 쓰게 합니다. 증권사 IB는 결코 투자를 하는 게 아닙니다. 우리는 잠시 머무르게 담아 두는 역할 즉, 저수지 역할을 할 뿐입니다."

이를 위해 중요한 것은 현 시점에서 미래 가치를 판단하는 능력이다. 잠시 담아 둘 가치가 있느냐 없느냐를 판단하는 것이다.

"증권사 IB의 진정한 능력은 스스로 책임을 지는 총액인수에서 판가

름 납니다. 지금 당장은 시장에서 저평가 받고 있지만 그 가치를 알아주
는 타이밍이 올 것인지를 예측할 수 있어야 합니다.

은행 출신들은 담보 가치로 판단하지만 증권사 IB들은 미래의 현금
흐름을 계산해 현재의 가치를 봅니다. 은행과 증권의 극명한 관점 차이입
니다."

이렇게 볼 때 증권사 IB의 수수료는 찾아가지 않을 수도 있는 분실물
리스크와도 같다. 아무도 분실물을 찾지 않을 리스크가 있지만, 이를 감
수하고서라도 보관하는 것이다.

물론 잠시 보관해 놓는 것에 대한 보관료가 지나치게 비싸다고 생각할
수도 있다. 하지만 무시할 만큼 하찮은 역할은 아니다.

국내 IB 업계에 정영채라는 이름 석 자를 각인시킨 것도 저수지에 담
을 물건을 고를 수 있는 판단력 덕분이다.

그는 MBKP가 9700억 원에 네파를 인수했을 당시 4600억 원을 총액
인수 물량으로 떠안겠다는 제안을 했다. 심지어 MBKP 내부 사람들조
차 예상 밖 제안에 놀라 되물었다.

"네파 총액인수 물량 5000억 원의 셀다운(기관 판매)은 어떻게 하실 예
정이신가요?"

"증권사가 총액인수를 하기로 했다면 전적으로 증권사가 책임질 문제
입니다. MBKP가 그 부분까지 신경 쓰지 않으셔도 됩니다."

NH투자증권이 네파를 총액인수한 것은 아니다. 결과적으로 국민은
행, 하나은행도 가세했다. 하지만 논의 초기에 정 대표가 MBKP에 제안

을 한 것은 사실이다.

2016년 말 파크원 때도 마찬가지였다. 국민연금이 펑크 낸 1500억 원을 끝까지 책임을 지고 해결했다. 이때도 시장은 다시 한 번 정영채라는 이름에 놀라움을 감추지 않았다.

"남들이 못 보는 가치를 보고 과감히 리스크를 감수한다는 것이 쉬운 일은 아닙니다. 그렇다고 그렇게 어려운 일만도 아닙니다. 가장 좋은 방법은 사람들이 얘기하는 리스크의 본질을 하나씩 따져 보는 겁니다."

정 대표의 리스크 역산법에 따르면 파크원의 총 사업비는 2조 1000억 원이다. 이 중 오피스 A동이 12만 m^2이고, 호텔이 1만 8000 m^2, 그리고 리테일(소매)이 5만 6000 m^2이다. 그렇다면 5만 m^2로 환산한 오피스B동의 가격이 1400억 원이 된다. 그런데 인근의 하나대투 빌딩이 2200억 원 선이었다.

여의도의 알짜 위치에 지어지는 오피스B동의 가격이 인근의 오래된 빌딩보다 무려 600억 원이나 저렴하다면, 굳이 마다할 이유가 없다고 설명했다.

공실 리스크에 대해서도 마찬가지다. 입지가 좋은 지역의 오피스는 가격을 조금만 내려도 공실은 충분히 메울 수 있다는 것이다.

"이렇게 리스크를 하나씩 역산해 보면 의외로 답이 눈에 보입니다. 여의도 파크원의 남은 물량은 지금도 원하는 매수자가 있을 때 조금씩 팔고 있습니다."

정 대표는 그 자신에 대해서도 정확히 판단하는 능력을 지녔다.

"제가 가진 능력은 콘텐츠 생산자인 운용사보다는 증권사와 같은 플랫폼 조성자에 더 맞다고 생각합니다.

미래 현금 흐름을 바탕으로 하는 모험 자본은 은행보다는 증권사의 성향에 더 잘 맞습니다. 국내 최초의 증권사 통합 CIB(Corporate Investment banking) 모델을 만드는 국내 IB 대부가 제 목표입니다."

CIB는 은행과 증권의 IB 부분을 통합하는 직업을 뜻한다. 정 대표가 이끄는 NH투자증권의 궁극적 목표는 금융 소비자들에게 원스탑 솔루션을 제공하는 금융 플랫폼이다. 이를 위해 국내 다른 금융 계열사들이 은행을 중심으로 IB 통합 서비스를 제공하는 것과는 달리, NH투자증권은 증권사를 중심으로 IB 서비스를 통합 중이다. 그가 꿈꾸는 한국의 IB 대부가 되기 위한 첫 걸음은 이제부터가 시작인 셈이다.

03

시장을 바꾸면
돈은 따라온다

조갑주 이지스자산운용 대표
—
창립 7년 만에 국내 부동산 자산운용 업계 독보적 1위로 우뚝
신시장 준비는 최소 1년, 미리 준비하고 때를 기다려야

그야말로 충격적인 신세계였다.

'부동산 투자만을 위해 존재하는 회사가 있다니!'

이 회사는 마치 전업 투자자처럼 독립적인 주체가 돼 투자 판단과 행위를 했다. 그 결과 배당 수익과 시세차익을 얻었다. 그뿐만이 아니었다. 이 회사의 투자 상품에 투자할 수 있는 부동산 펀드가 존재했고, 심지어 주식 시장을 통해 거래까지 할 수 있었다.

지금까지 그가 알던 부동산 투자가 아니었다. 백화점이나 기업의 사옥이나 매입하던 부동산 투자와는 차원이 달랐다.

'그래. 한국에도 분명히 언젠가는 지금 미국과 같은 부동산 투자 시대가 열릴 거야.'

98년 미국 출장에서 돌아오는 길. 정신이 얼얼할 정도로 큰 충격을 받았던 그때를 잊을 수가 없다. 어쩌면 그날의 충격은 지난 20년간 조갑주

이지스자산운용 대표가 하루도 쉬지 않고 달려온 원동력이 됐는지 모른다.

그는 이제 드디어 자신이 가야 할 길을 발견했다는 강한 확신이 들었다.

조 대표의 장점은 남다른 행동력이다. 생각만 하고 그치는 것이 아니라 한 번 마음을 먹으면 반드시 해내야 직성이 풀린다.

'기회는 준비된 자만이 잡을 수 있다.'

신입사원 시절부터 그를 지켜 온 굳은 신념이다.

지체 없이 본격적인 준비에 돌입했다. 선진국의 부동산 금융과 부동산 투자회사(리츠, REITS), 즉 부동산 간접투자시장에 대해 파고 들기 시작했다. 선진국의 도입 과정 등에 대한 이론적인 케이스 스터디는 물론 직접 현장을 다니며 발품을 팔았다.

2000년 드디어 기다리고 기다렸던 때가 왔다. 정부가 소 잃고 외양간 고치기 식으로 부동산투자법을 제정한 것이다. 97년 IMF 이후 외국계 투자회사들에 국내 알짜 자산을 다 뺏기고 난 후에야 전문 투자회사가 부동산에 투자를 할 수 있는 법적 근거를 마련했다.

'예상보다 늦긴 했지만 역시 한국에서도 언젠간 기회가 올 거란 판단이 옳았어.'

이때만을 기다려 왔던 조 대표는 준비된 실력을 발휘할 곳을 찾아 나섰다. 예상대로 국내 최초의 리츠 사를 만든다는 소식이 들려왔다. 이미 업계에서 발군의 실력을 발휘하고 있던 그에게도 러브콜이 왔다.

"코람코자산신탁이란 국내 최초 리츠 사를 설립하는데 창립 멤버로 함께할 생각이 있으신지요?"

그가 오랫동안 기다렸던 제안이다. 기회는 이때였다. 준비된 자만이 기회를 잡는다는 그의 신념은 맞아 떨어졌다. 조 대표는 2000년 국내 최초의 리츠 사인 코람코자산신탁의 창립 멤버가 됐다.

혜성처럼 나타나 1위로 우뚝 선 '이지스자산운용'

이지스자산운용.

생소한 이름이었다. 부서가 바뀌고 IB부로 처음 왔을 때, 유난히 많이 듣게 되는 회사가 이지스자산운용이었다.

'처음 듣는 회사인데 새로 생겼나?'

예전에 부동산부 취재 시절 많이 들었던 곳은 코람코자산신탁이었다. 2010년 당시 국내 최초이자 최대의 리츠 사로 대대적인 홍보를 하면서 담당 기자들과 함께 오찬을 했었다. 7년이 흘러 다시 이 업계로 왔을 때 코람코보다는 이지스라는 이름이 더 많이 들려왔다.

"요즘 부동산 자산운용 업계에선 이지스가 제일 잘나가나 봐요? 2010년 부동산부에서 취재할 땐 코람코자산신탁이 국내 최대 규모였어요."

"그럼요. 요즘은 부동산 자산운용 업계에서 이지스를 따라갈 만한 데가 없죠. 거의 독보적이라고 할 수 있습니다."

"그래요? 언제 생긴 회사인가요?"

"설립한 지는 얼마 안 됐는데 최근에 규모가 커진 걸로 알고 있어요."

이지스자산운용은 조 대표가 10년간 몸담았던 코람코자산신탁을 떠나 새롭게 설립한 회사다. 최대 주주는 그와 함께 코람코에서 호흡을 맞췄던 김대영 회장이다.

2010년 신생 회사로 출발한 이지스는 불과 5년 만에 업계 1위로 우뚝 올라섰다. 조 대표의 친정이자 업계 1위였던 코람코투자신탁을 보란 듯이 제친 것이다.

2017년 말 기준 이지스는 총운용자산 규모 16조 4000억 원, 직원 수 103명에 달한다. 국내 독립계 운용사 대부분의 총운용자산이 1조 원이 되지 않고 직원 수 20명 내외인 것을 감안하면 그야말론 국내엔 경쟁자가 없을 정도다.

최근 글로벌 조사기관 IRE(Institutional Real Estate)가 발표한 '글로벌투자매니저 2017(Global Investment Managers 2017)'에 따르면 총운용자산 규모 조사에서 이지스자산운용은 아시아 펀드 중 7위을 기록했다.

이지스자산운용의 사세 확장은 해외 부문으로까지 이어졌다. 특히 2013년 국민연금 해외대체 팀장 출신의 강영구 대표를 해외 부문에 영입한 것은 신의 한수로 꼽힌다. 강 대표는 2004년부터 국민연금 해외 부동산 투자를 총괄하며 영국 HSBC 빌딩 1조 원 차익 매각을 비롯, 70여 건의 투자를 도맡은 해외 대체투자의 산증인이다.

"리더의 역량은 자신의 부족한 점을 정확히 알고 이를 채워 줄 동반자를 찾는 것입니다. 국내 투자만 하다가 해외 투자를 직접 시도해 봤지만 분명한 한계를 느꼈습니다."

이처럼 자신의 한계를 솔직히 인정한 조 대표는 삼고초려 끝에 강 실장을 '이지스맨'으로 만드는 데 성공했다. 강 대표가 600조 원에 달하는 큰돈을 굴리는 '갑 중의 갑' 생활을 접고 시장으로 뛰어든 것은 순전히 조 대표의 경영철학과 비전에 공감했기 때문이다.

강 대표가 합류한 해외 부문은 국내 최초로 국민연금, 행정공제회 등과 부동산 자산운용 블라인드 펀드를 설정해 탁월한 투자 성과를 보이고 있다.

하지만 조 대표가 꿈꾸는 이지스는 이제 시작일 뿐이다. 그는 이지스 자산운용의 행보는 이제 막 걸음마를 뗀 어린아이와 같다고 말한다.

국내 부동산 아직 초기, "갈 길 멀다"

조갑주 대표는 혜성처럼 나타난 '이지스 돌풍'의 주인공이다. 국내 부동산 자산운용 업계에 이지스 신화를 탄생시킨 그의 비결이 궁금했다.

늦여름의 끝자락 한강 전망이 멋진 서울 여의도 이지스 본사에서 조 대표를 만났다.

그를 만나기 전까지만 해도 시장의 욕심 많은 포식자라는 편견이 있었는지도 모른다. 거침없는 공격적인 행보에 그가 상당히 욕심 많은 강한 캐릭터일 것이라 생각했다. 하지만 강력한 카리스마를 뿜어 낼 거란 예상과 달리 그는 말과 행동이 조심스러웠다.

아마도 급성장하는 회사에 쏟아지는 숱한 견제를 받으며 생긴 태도 같았다. 하지만 안경 너머로 번뜩이는 눈빛만은 살아 있었다.

업계에서 들은 이지스의 평판으로 운을 떼며 인터뷰를 시작했다.

"이지스에 대한 다양한 평가들이 있습니다. 그중에서도 개성 있는 기업 문화가 많이 회자되는데요. 예를 들면 조직원 개개인의 개성을 억누르지 않고 존중하는 문화입니다. 심지어 회식도 상사의 일방적인 결정이 아닌 민주적인 투표로 결정한다고 들었습니다."

"맞습니다. 최대한 직원들이 자유롭게 일할 수 있는 분위기를 조성하려고 합니다. 그래야 새롭고 창의적인 아이디어를 낼 수 있기 때문이죠."

"부동산 자산운용사가 벤처 기업도 아닌데 굳이 창의성이 필요할까요?"

"부동산 자산운용에 창의성이 필요하지 않다는 것은 오해입니다. 물론 시장에 참여만 한다면 창의성이 크게 중요하지 않을 수 있습니다. 하지만 우리의 궁극적 목표는 지속적으로 새로운 시장을 개척해 나가는 것이지요. 실제로 그동안 이지스자산운용은 국내 부동산 시장을 선도하는 역할을 해 왔다고 자부합니다."

태생적으로 조 대표의 시선은 늘 새로운 것에 머물러 있다. 현재에 안주하기보다는 남들보다 한발 먼저 시장을 앞서가고 이를 준비하길 원하는 것이다. 그가 볼 때 아직까지 한국 부동산 시장의 발전 가능성은 무궁무진하다.

"지금 국내 부동산 시장은 아직 초등학생 수준에 불과합니다. 이미 성인이 된 선진국 시장처럼 되려면 한참 멀었습니다."

그는 국내 부동산 시장이 이제 막 걸음마를 뗀 유아 단계라고 진단했다. 발전 가능성이 큰 만큼 선제적으로 시장을 예측하고 준비를 할 필요가 있다는 것이다.

"본격적인 시장이 열리기 전에 미리 공부하고 준비하고 기다려야 합니다. 이미 남들이 다 아는 시장이 돼 버리면 그때는 늦습니다."

조 대표가 업계 리더가 된 비결은 미리 시장을 선점하고 길목을 지켰기 때문이다. 실제로 업계에서는 이지스에는 자고 나면 새 팀이 생긴다는 얘기가 나올 정도다. 2013년 해외투자팀을 시작으로 NPL팀, 개인공모팀, 물류창고팀, 복합개발팀 등 최근 3년간 생긴 팀만 7개에 달한다. 조 대표는 "한 팀을 론칭해 실질적인 성과를 내기까지 1년은 족히 걸린다"고 말했다. 이지스에서 새로 생기는 팀을 보면 조 대표가 읽는 시장의 흐름을 알 수 있는 셈이다.

돈은 시장을 개척한 만큼 따라온다

지난 20년 동안 쉬지 않고 앞만 보고 달려온 조 대표지만 여전히 갈 길이 멀다고 말한다. 늘 새로움을 추구하는 이지스자산운용의 도전은 지금도 진행형이다.

그가 늘 도전하는 삶을 살 수 있는 원동력은 무엇일까.

분명한 점은 그가 돈 때문에 일하진 않았다는 점이다. 심지어 그는 채용 면접에서도 연봉에 중점을 두는 사람은 선발하지 않는다.

"돈 때문에 이지스자산운용에 온 사람은 돈 때문에 떠날 수 있습니다. 면접에서 돈 얘기를 많이 하는 사람도 뽑지 않습니다."

돈에 대한 그의 철학은 확고하다.

"돈을 추구하는 삶은 불행합니다. 돈이 따라오게 해야 합니다."

그는 직원들에게 늘 이렇게 말을 한다.

"우리가 시장을 바꾼 만큼 돈은 따라오게 돼 있습니다."

그는 돈을 벌고 싶어 하는 후배들에게 이런 자문을 하라고 당부한다.

"우리가 시장을 얼마나 바꿨을까?"

돈을 버는 데 목표를 둘 것이 아니라, 시장을 선도해 바꿔 나가다 보면 돈은 저절로 따라온다는 것이다. 하루도 안주하지 않고 늘 새롭고자 하는 이지스 정신이 지금의 모습을 만든 비결이다.

04

폴란드 아마존 물류센터,
"증권사의 이름을 걸고 잡아라"

김성환 한국투자증권 부사장
—
한투증권, "아이디어 하나로 6000억 원을 벌었다"
빠른 추진력과 시장을 읽는 혜안으로 승승장구

폴란드 남서부 교통의 요지 브로츠와프. 중세시대 동유럽에서 서유럽으로 들어오는 교차로였던 이 도시는 지금은 폴란드 내 인구 4위의 거대 도시로 거듭났다.

전날 폴란드의 수도 바르샤바에서 비행기를 갈아타고 이곳에 도착한 김성환 한국투자증권 부사장은 다음 날 새벽 일정 탓에 이른 잠자리에 들었다.

오전 8시. 폴란드 아마존 물류센터 앞. 시찰을 담당하는 준비 요원들이 그와 직원들을 환대했다.

"생각보다 규모가 엄청 크네요? 역시 폴란드는 땅이 평평해서 이런 물류센터를 짓기도 좋은 것 같습니다."

"그렇죠. 우리 물류센터 규모가 약 4만m^2 규모라서 다 둘러보시려면 오전 내내 걸릴 겁니다."

"설마요? 물류센터 하나 보는데 오전 내내 봐야 한다고요?"

"물론이죠. 어떻게 하실 건가요? 그래도 보실래요?"

"당연히 봐야죠! 그거 보러 한국에서 10시간 넘게 비행기 타고 여기까지 왔는데요, 하하."

"네. 그럼 시작하시죠!"

김 부사장도 이날 처음 본 아마존 물류센터는 그야말로 상상을 초월하는 규모였다. 모든 과정이 자동 시스템으로 움직였고, 사람이 아닌 로봇이 일사분란하게 움직였다. 동쪽 입구에서 시작한 물류센터 시찰은 점심 때가 다 돼서야 끝이 났다.

"이야, 이거 물류센터 전체를 다 보기도 엄청 힘이 드네요."

이른 출발 탓에 아침조차 거른 그의 배에선 꼬르륵 소리가 들릴 정도로 시장기가 돌았다.

우량한 임차인 '아마존', 그가 투자를 결정한 이유

이곳 폴란드 아마존 물류센터는 김 부사장이 추진하는 첫 번째 해외 부동산 총액인수 딜이었다.

이전까지 해외 부동산 투자는 확실한 투자 기관이 있을 때만 매매 중개를 시작했다. 하지만 그는 기업 투자처럼 해외 부동산도 딜만 확실하다면 총액인수를 추진해 볼 만하다고 생각해 왔다. 호시탐탐 기회를 엿보던 그에게 드디어 찬스가 온 것이다.

폴란드 아마존 물류센터는 괜찮은 딜인데도 낯선 투자처란 이유로 기관투자자들의 외면을 받았다.

"어때? 이 상무. 내 느낌이 맞았지? 아니, 기관들은 이런 좋은 투자처를 왜 마다하는지 모르겠어."

김 부사장과 함께 해외 부동산 투자를 같이 진행해 온 이정민 상무에게 물었다.

"네. 저도 직접 눈으로 확인하니 확실히 감이 오네요. 유럽 내 입지로 보나 가격 경쟁력으로 보나 물류센터로는 폴란드가 적합한 것 같습니다."

"그러니까 말이야. 독일 가깝지, 땅 평평하지, 인건비 싸지. 물류창고를 뭐 하러 땅값 비싼 독일이나 프랑스에 짓겠냐고."

"그렇긴 합니다만, 아직까지 우리 기관들이 워낙 보수적인지라…… 셀다운까지는 시간이 좀 걸리지 않을까 합니다. 몇 군데 매수 의사를 타진해 봤는데 폴란드가 생소한 국가라 조심스럽다고 하더라고요."

"물론 주요 도시만 투자하다 보니 그렇게 생각할 수 있긴 한데, 오피스 빌딩 입지와 물류 센터의 입지는 전혀 다른 관점에서 봐야지."

김 부사장이 해외 부동산 총액인수 첫 딜로 폴란드 아마존 물류센터를 추진한 이유는 '아마존'이었다. 온라인과 모바일 쇼핑의 증가로 물류센터의 수요는 급증할 것이 분명했다. 미국 내에서도 이미 온라인 아마존의 매출이 오프라인 월마트의 매출을 넘어섰다. 온오프라인의 거대 공룡으로 성장한 아마존만큼 확실한 임차인도 없다고 생각했다.

"물류센터 투자는 입지가 아니라 임차인이 가장 중요하다고. 기관투자자들한테 반드시 강조해야 할 포인트야."

"네, 잘 알겠습니다."

온종일 물류창고 실사를 마친 일행은 온몸이 녹초가 된 듯했다. 밤 10시가 되어서야 맥주로 목을 축이며 '난쟁이의 마을' 브로츠와프의 야경을 즐길 수 있었다. 그제야 도시 곳곳에 전시된 앙증맞은 난쟁이들이 눈에 들어왔다. 맥주잔을 든 그들은 난쟁이 동상을 향해 '치얼스'를 외쳤다.

총액인수로 해외 부동산 투자의 신시장을 열다

한국으로 돌아온 그는 두 현장에 대한 법률 실사를 로펌에 의뢰했다. 딜을 검토할 땐 법률, 환경, 노조 등 다양한 각도에서 종합적 실사가 필요하다. 투자자가 미처 인지하지 못한 숨은 리스크는 얼마든지 있기 때문이다. 인수 후보 두 곳 중 한 곳에 법률 리스크가 있다는 결과가 나왔다.

"오케이! 하자 있는 딜은 버리고, 정상 건은 추진하자고!"

2016년 1월. 한국투자증권과 하나자산운용은 아마존이 15년간 장기 임차한 폴란드 물류센터를 약 925억 원에 인수했다. 이 중 465억 원을 한국투자증권의 고유 자금으로 총액인수하고, 460억 원은 대출로 충당했다. 셀다운 물량은 자기자본으로 인수한 465억 원이다. 기관투자자들에게 일정 수수료를 받고 판매해야 한다. 기관투자자에 팔지 못한 이 판매 물량은 증권사가 고스란히 떠안게 된다. 증권사는 물량판매 리스크를 떠안는 대신 수수료를 받게 된다. 증권사의 총액인수 수수료는 판매 여부가 확정되지 않은 상황에서 물건을 매입하는 리스크에 대한 대가다.

하지만 김 부사장은 전량 판매를 확신했다. 아마존이란 확실한 임차인이 15년간 장기 렌트를 해 공실 리스크가 낮았다. 연평균 배당수익률이 8%대에 달했다. 5년 뒤 펀드 해산 시 매각 차익을 고려하지 않더라도 기관들이 충분히 탐낼 만한 물건이라고 확신했다.

실제로 아마존 물류센터는 총액인수 3개월 만에 기관투자자 판매가 완료됐다. 이 딜 하나로 한국투자증권은 수십억 원의 수수료 수익을 올렸다.

총액인수가 최종 마무리되던 날. 김 부사장은 자신의 판단이 옳았음에 한껏 고취됐다.

"거봐! 내가 된다고 했잖아! 오늘은 강남에서 거하게 쏜다! 다들 갑시다."

김 부사장은 또 한 번 국내 부동산 업계의 신시장을 개척한 기쁨에 흠뻑 빠졌다.

이 딜의 성공은 해외 부동산 총액인수의 신시장을 여는 첫 단추가 됐다. 한국투자증권의 성공 여부를 주시하던 다른 증권사들도 앞다퉈 해외 부동산 총액인수 시장에 뛰어들기 시작했다. 이로써 2016년 이후 2년간 해외 부동산 총액인수 딜이 물밀듯이 쏟아져 나왔다.

폭탄주로 사로잡은 파리 노바티스 빌딩

김 부사장이 국내 부동산 업계에 새롭게 시작한 시장은 이번만은 아니다. 그는 2000년 국내 증권사의 부동산금융부를 새로 만들었고, 2008년 금융위기 때는 정부 산업단지 시장을 새롭게 뚫었다.

특히 지방자치단체 산업단지는 위기 속에서도 틈새를 개척한 아이디어가 빛났다. 2000년 글로벌 위기 이후 민간 주도의 부동산 시장은 꽁꽁 얼어붙었지만 지방자치단체가 추진하는 산업단지는 지속적으로 추진됐다. 그는 민간이 아닌 정부 시장을 뚫어야겠다고 생각했다. 김 부사장의 지방자치단체 산업단지 수주라는 아이디어 하나로 이후 한국투자증권은 10년 동안 6000억 원을 벌었다.

해외 부동산 공모펀드도 그의 뚝심이 빛을 발한 신시장이다. 2016년에만 한국투자증권은 미국 나사빌딩 완판에 성공하며 부동산 공모펀드 대중화를 이끌었다.

김 부사장은 국내 부동산 업계 신시장 개척자에서 IB헤드를 거쳐 부사장 자리까지 오른 입지전적인 인물이다. 업계 사람들 모두가 '김성환'이란 이름 석 자에 엄지를 추켜세우지만, 강한 카리스마와 직설적 화법 탓에 호불호가 엇갈리기도 한다. 평범한 직장인으로 출발한 그는 특유의 추

진력과 시장을 읽는 혜안으로 부와 명예의 두 마리 토끼를 다 잡았다.

서울 여의도 한국투자증권 본사에서 김 부사장을 만났다. 나이보다 젊어 보이는 동안 외모인 그는 늘 자신감과 에너지가 넘친다.

"그동안 수많은 딜을 클로징 하셨는데 이 중에서 가장 인상적인 딜이 있을까요?"

"최근 딜 중에선 파리 노바티스 빌딩이 제일 기억에 남죠. 부사장으로 승진하기 전 현업에서 마지막 딜이기도 하고요."

2016년 12월 한국투자증권이 총액인수 한 프랑스 파리 노바티스 딜은 건물이 지어지기 전 선매입 투자였다. 해외 부동산 투자에서 임차인이 확정되지 않은 오퍼튜니스틱 투자는 노바티스 빌딩이 처음이었다. 오퍼튜니스틱 투자는 임차가 확정돼 배당수익이 나오는 코어(core) 투자와 달리 투자 기간 동안 현금 흐름이 발생하지 않는다. 이 때문에 한국투자증권은 노바티스의 기관 판매에 예상보다 긴 시간이 걸렸다.

"노바티스 투자에 대해 시장의 관심이 많았던 것 같아요"

"맞습니다. 제약사 노바티스가 임차 계약은 맺었지만 준공 전 건물이었죠. 운용사인 BNP파리바의 경쟁 입찰 딜로 2차 입찰 끝에 어렵사리 따온 딜입니다.

사실 이 딜은 재밌는 해프닝도 많습니다. 2차 입찰까지 해서 가장 높은 가격을 써냈고 우선협상 대상자에 선정됐지만 현지 운용사인 BNP파리바는 '한국투자증권이 과연 펀딩을 클로징 할 수 있을까'라는 태도를 보였습니다. 당장 비행기를 타고 파리로 날아갔죠. 그들은 안심시키기 위해 그동안 투자한 트랙레코드를 설명하고 증권사 이름에 들어간 '한국'이란 단어가 함부로 쓸 수 있는 게 아니라고 강조했습니다."

"한국투자증권의 '한국' 브랜드를 적극 활용하신 거네요?"

"그랬죠. 미팅 이후 저녁 식사 제안까지 하길래, 운용사가 예약한 파리 식당 대신 한식당으로 불러 한국식으로 폭탄주를 쫙 돌렸습니다."

"정말 한국 스타일이네요."

"물론이죠. 폭탄주 덕분에 그날 가격도 70억 원이나 깎고 한국투자증 권이 받는 수수료는 10억 원이나 높였습니다."

하지만 준공 전 건물이란 리스크 탓에 노바티스는 해를 넘긴 2017년 2분기에야 기관투자자에 대한 판매가 끝이 났다.

한국투자증권은 2016년 초 아마존 물류창고를 시작으로 2017년 초 프랑스 노바티스까지 총 9건의 총액인수 딜을 클로징 하며 증권사 수익 증대에 큰 기여를 했다.

"폴란드 아마존 물류창고가 해외 부동산을 총액인수 한 첫 딜인 거죠? 굳이 폴란드란 생소한 국가에 오피스도 아닌 물류센터로 정하신 이유가 있나요?"

"해외 부동산을 증권사 총액인수로 해 봐야겠다는 생각은 계속 하고 있었습니다. 그때 마침 아마존 물류센터 딜이 들어온 거죠."

"사실 총액인수는 증권사의 리스크가 큰데요. 회사에서 승인을 얻어 낸 비결이 뭔가요?"

"지금까지 투자를 하면서 단 한 번도 회사에 손해를 끼친 적이 없으니다. 그만큼 저에 대한 믿음이 있었던 거죠. 그동안의 투자를 통해 신뢰를 쌓아 왔기 때문에 가능한 거죠."

그동안 투자 성과를 통해 검증된 실력이 설득의 밑바탕이 된 셈이다.

돈은 벌었지만 돈 때문에 일한 적은 없다

모든 업계의 스타는 주목을 받듯 김 부사장도 예외는 아니다. 부동산 자산운용업계의 많은 이들이 그를 주목하고 그의 행보에 관심을 가진다. 하지만 어떤 상황에서도 솔직하고 당당한 것은 김 부사장의 가장 큰 장점이다. 그의 강한 카리스마야말로 부정할 수 없는 마력이다.

그를 움직이는 원동력은 무엇일까.

돈일까, 명예일까.

언뜻 보기에 목표를 정하면 강하게 밀어붙이는 추진력 탓에 그가 인정사정없이 돈만 좇는다고 생각할 수 있다. 하지만 정작 그는 돈보다는 명예를 택해 왔다고 털어놨다.

"돈만 생각하면, 벌써 인센티브를 많이 주는 중소형 증권사로 옮겼겠죠. 사실 그런 제의와 유혹들도 많았습니다. 하지만 지금 현재 가장 큰 욕심은 한국투자증권을 국내 최고 증권사로 키우는 것입니다."

2016년 말 IB 헤드에서 부사장으로 승진한 그는 '김성환 = 부동산'이란 선입견을 극도로 경계했다. 그는 이미 부동산 자산운용 업계에선 톱의 위치에 올랐고, 이후 IB 전반을 아우르는 헤드로 승진했다. 지금은 증권사의 살림살이 전체를 총괄하는 부사장 역할을 하고 있다.

"그동안 직장생활을 하면서 제 영역을 확장하는 데 집중해 왔지, 돈 때문에 일한 적은 단 한 번도 없습니다."

실제로 업계 사람들도 그가 돈만을 추구하지 않았다고 말한다. 그와 같은 시기에 일했던 사람들 중 돈만을 추구했던 이들은 이미 시장에서 퇴출돼 떨어져 나갔다.

"그럼 부사장님처럼 이 업계에서 성공하려면 어떤 자질이 필요할까요?"

"좋아하면 열심히 하게 되고, 그러다 보면 연구하고 공부하게 되고, 연구하고 공부하다 보면 방법이 보입니다."

어쩌면 뻔한 답변처럼 들리지만 그는 '최고가 되는 데는 왕도가 없다'고 거듭 강조했다.

오히려 그는 후배들에게 당부하고 싶은 말이 많다고 했다.

"예전에 우리 선배들은 무역을 통해 국부를 증진했습니다. 하지만 *지금은 해외 부동산 등 투자를 통해 국부를 키우는 시대라고 생각합니다.* 최근 해외 부동산 투자에 관심이 많은 후배들이 늘고 있는데 우리가 하는 일에 자부심을 가졌으면 하는 바람입니다."

05

미국 샌프란시스코의 심장에
한국의 깃발을 꽂다

이승훈 한국교직원공제회 해외 대체투자 팀장
—
웰스파고 빌딩 투자, 2년 만에 조기 회수
한국 기관투자자의 위상을 드높이다

기회는 늘 예기치 않은 곳에서 우연히 찾아온다.

2010년 2월. 이승훈 교직원공제회 해외사업팀 차장은 홍콩에서 뜻밖의 전화를 받았다.

"이 차장님, 미국 샌프란시스코 복판에 정말 괜찮은 딜이 나왔는데 혹시 관심 있으신가요? 제가 봤을 때 분명히 돈이 되는데 금융위기 직후라 미국 현지에서도 선뜻 나서는 투자자가 없네요. 한국 투자자들에게 기회가 될 것 같습니다."

예전에 몇 번 만난 적이 있는 그는 미국의 금융 기업인 웰스파고 증권의 한국계 임원이었다. 웰스파고가 미국 샌프란시스코에서 마스터리스(전관임대)하여 사용하고 있는 빌딩이 매물로 나왔는데 미국 현지에서도 거래가 꽁꽁 얼어붙었다는 것이다. 금융위기 여파로 유동성 리스크를 맞은 현지 소유주는 하루라도 빨리 이 빌딩을 팔아 현금을 확보해야 한다고 했다.

"장담하는데 위치는 정말이지 A급입니다. 샌프란시스코의 메인 거리는 마켓스트리트인데 그중 이 빌딩이 위치한 333 마켓스트리트가 핵심이지요. 샌프란시스코 시내 중심가에는 더 이상 신규 공급될 땅이 없습니다."

"언뜻 들어도 물건은 괜찮을 것 같네요. 관심이 가긴 가는데, 어디 여기라고 분위기가 좋겠습니까? 자세한 OM(상품정보)을 보내 주시면 검토해 보겠습니다."

"물론이죠. 지금 바로 보내겠습니다."

실제로 5분도 채 걸리지 않아 빛의 속도로 OM이 담긴 메일이 왔다.

찬찬히 물건 정보를 살펴보며 이 차장은 강한 확신이 들었다.

'이건 분명히 돈 되는 물건이다.'

2008년 금융위기 직후 해외사업팀으로 발령을 받아 이곳으로 온 이 차장은 '지금이야말로 기회'라는 생각을 하고 있었다. 이미 우리는 97년 IMF 외환위기를 통해 '투자자의 돈은 돌아온다'는 교훈을 깨친 바 있기 때문이다.

그는 다시 홍콩으로 연락했다.

"보내 주신 OM 잘 봤습니다. 이 딜 우리가 한번 해 보죠."

"잘 생각하셨습니다. 제가 한국인이기 때문에 대한민국의 국부를 위해서 드린 제안이었습니다."

"그럼요. '코리안 머니'가 지금 같은 위기 상황 아니면 언제 미국 샌프란시스코의 심장에 깃발을 꽂아 보겠습니까? 한번 잘해 봅시다."

전화를 끊은 이 차장은 막중한 책임감을 느꼈다.

'그래, 우리 교직원공제회를 위해서, 대한민국의 국부를 위해서, 코리안 머니의 위상을 위해서, 이번 딜은 꼭 성사시키고야 말겠다.'

그는 교직원공제회의 이름을 걸고 이 딜을 성공시켜야겠다고 결심했다.

우군들과 함께 적진을 향해 돌격

결심이 서자 마음이 바빠졌다. 예상 매수가는 미화로 3억~3.5억 달러(3200억~3800억 원)였다. 이 중 최소 1600억 원은 에쿼티(지분투자)가 들어가야 했다. 교직원공제회가 단독으로 이 금액을 다 책임질 수는 없는 노릇이었다. 같이 들어갈 투자자를 찾는 게 급선무였다.

당시 국내에서 해외 딜을 함께한 적이 있는 다올자산운용의 김정연 이사에게 전화를 했다. 그는 현재 한국투자신탁운용 본부장으로, 국내 부동산 1세대 여장부다.

"김 이사님, 긴히 상의할 일이 있는데요, 미국 샌프란시스코 빌딩에 같이 들어갈 투자자가 있을까요? 에쿼티가 1600개 이상 들어가야 하는데 우리 쪽에선 많아 봐야 700개 정도일 것 같아요."

"네, 차장님. 어떤 딜인지 OM 좀 보내 주세요. 한번 알아볼게요."

"네, 고맙습니다. 저야 늘 김 이사님을 믿으니까요."

일주일 뒤, 기다리던 그녀에게서 답변이 왔다.

"차장님, 평소 잘 알고 지내는 저축은행 회장님이 계신데 관심을 보이시네요. 하실 것 같아요."

"하하하. 제가 그럴 줄 알았습니다. 김 이사님이라면 '전주'를 물어 올 줄 알았다니까요!"

이렇게 탄생한 투자자 연합군이 교직원공제회-새마을금고-토마토저축은행이었다. 교직원공제회가 최대 970억 원을 넣기로 했고, 나머지 630억 원을 두 기관들이 나눠 맡기로 했다.

'좋았어! 든든한 우군들도 끌어 모았으니 이제 본격적으로 출발해 보자고!'

이제 막 딜 클로징을 위한 아군을 편성한 이 차장은 적진을 향해 돌진하기 위한 채비를 했다.

미국 샌프란시스코로 출발하기 전날, 이사장실에 들러 보고를 했다.

"이사장님, 드디어 내일 샌프란시스코로 출발합니다. 이번 딜이 잘 성사되도록 최선을 다하겠습니다."

"물론 이 차장을 믿지만, 우리도 처음 해 보는 딜이라 조심스럽긴 합니다. 미국 현지 투자자들도 꺼리는데, 우리가 나서는 것도……."

"이사장님, 아시지 않습니까? IMF 때 해외 투자자들한테 국내 알짜 매물들을 다 뺏겼습니다. 이제는 우리 차례입니다."

"그래요. 믿어 볼게요. 좋은 소식 들고 귀국해 주세요."

"네. 알겠습니다."

이사장실을 나서며 그는 다시 한 번 의지를 불태웠다.

일면식도 없는 한국 투자자에게 400만 달러를 베팅하다

급한 쪽은 매도자 측이었다. 이 빌딩은 현지 소유주의 유동성 위기로 시장에 나온 알짜 매물이었다.

하지만 매도자 측 관계자들의 태도는 그게 아니었다. 첫 미팅을 위해 찾은 테이블에는 백인 관계자 두 명이 빼딱한 자세로 앉아 있었다.

'뭐야, 저런 노란 애송이들이 우리 빌딩을 산다는 거야?'

그들의 눈빛에서 못 믿겠다는 기운이 강하게 느껴졌다. 첫 대면부터 모멸감이 밀려왔다.

'이런 취급 당하려고 미국까지 날아온 것일까?'

매도자 측은 한국에서 온 투자자들이 실제로 돈을 낼 수 있을지 강한 의구심을 나타냈다. 그도 그럴 것이 한국에서 미국 부동산에 투자를 한 전례가 없었다. 그들의 입장에선 그야말로 '듣보잡(듣도 보도 못한 잡놈)'이었다.

그때 현지 운용사인 거캐피탈의 굿윈 거 회장이 홍콩으로부터 컨퍼런스 콜(다자간 전화회의)을 걸어 왔다.

"직접 현장에서 같이 얼굴을 뵙고 말씀드려야 하는데 죄송합니다. 단도직입적으로 용건만 간단히 말씀 드리겠습니다. 한국 매수자 측의 소프트 디파짓(돌려받을 수 있는 보증금) 400만 달러(43억 원)는 제가 책임지고 넣겠습니다. 한국의 경우 기관 승인 절차가 두 달 이상 소요되기 때문에 매도자들이 원하는 자금을 지금 당장 지급하는 것은 불가능합니다. 하지만 저는 한국 측 매수자들의 진정한 의지를 믿기 때문에 제 개인 돈으로 대신 지불하는 겁니다.

만약 한국 측 매수자에게 예상치 못한 변수가 발생해 약속을 지키지 못하더라도 제가 개인 돈을 날리는 겁니다. 매도자 측에는 그 어떤 손해도 없음을 말씀드립니다."

조용히 굿윈 거 회장의 설명을 듣던 백인들은 그제야 마음이 놓인다는 표정이었다.

생명의 은인은 거캐피탈의 굿윈 거 회장이었다. 그는 이 차장과 한국 측 투자자들을 단 한 번도 만난 적이 없었지만 개인 돈 400만 달러를 걸었다.

웬만한 강심장이 아니면 하지 못할 과감한 베팅이었다.

"그렇다면 저희들도 좋습니다. 굿윈 거 회장님이 지금까지 쌓아 온 신뢰관계를 믿으니까요."

"한번 믿어 보십시오. 저도 촉이 좋은 사람입니다. 그리고 이번 딜은 그쪽에서도 급하지 않습니까? 미국 현지에서도 나서는 사람들이 없는데 한국에서 투자를 하겠다고 현지 실사까지 왔습니다. 지금까지 투자 트랙레코드가 없는 건 맞지만 쏠 수 있는 자금이 있고 투자 의지도 강합니다."

능수능란한 굿윈 거 회장의 중재로 처음의 살벌했던 분위기는 좋게 마무리됐다. 삐딱했던 백인들도 자세를 곧추세웠고 그들을 대하는 눈빛도 한층 부드러워졌다.

"오늘 만나서 반가웠습니다."

미국식의 가벼운 허그로 미팅을 마쳤다.

극적인 반전, 기회를 잡아라

호텔로 돌아온 일행은 온몸에 긴장감이 풀렸다. 잘된 건지, 잘못된 건지, 도무지 감이 잡히질 않았다. 처음에는 시건방진 매도자의 태도에 불쾌감이 들었지만 마지막 인사는 그나마 정겨웠다.

"이번 딜이 잘돼야 한국 돌아가서 괜히 출장비만 날렸다는 원망을 안 들을 텐데 말입니다."

"그러게요. 첫술에 배부를 순 없겠지만 온 김에 성과가 있으면 좋겠어요."

"오늘 다시 한 번 국력을 키워야겠다는 생각이 들었어요. 한국 투자자들을 무시하는 태도가 여간 기분 나쁜 게 아니었어요."

"뭐 그쪽 입장이야 그렇겠죠. 미국이 글로벌 중심인데 어디 한국 같은 나라에 관심이나 있었겠어요?"

"설사 이번 딜이 안 되더라도 우리나라도 해외 투자를 많이 해서 적어도 이 정도 수모는 안 당해야 될 것 같아요."

"이번 딜이 잘되면 코리안 머니에 대한 위상도 달라지겠죠. 미국 현지에서도 못 쏘는 자금을 우리가 쏘는 건데요."

갑자기 호텔 전화기의 벨이 울렸다.

'누구지? 회사에선 호텔 룸 번호도 모를 텐데'

"헬로우~~~."

아까 오후 미팅을 마친 매도자 측 관계자였다.

"이따 저녁 때 시간 있나요? 첫 만남인데 같이 식사라도 어떨까요?"

"네? 저녁 식사요?"

이 차장은 손으로 '오케이'라는 사인을 보냈다.

"네. 저희 쪽도 괜찮습니다. 저희가 예약해 놓은 레스토랑으로 오세요."

그렇게 저녁 식사 약속이 잡혔다.

"와우. 이거 웬일이죠? 콧대 높던 사람들이 저녁 제의를 먼저 다 하고."

"상대가 우리에게 호감이 있다는 뜻이죠"

"자자! 오늘 저녁은 무조건 김정연 이사님의 책임입니다. 어떻게든 그쪽 사람들을 구워삶아 한국투자자에 대한 확신을 심어 주세요!"

"하하, 제가요?"

김 이사는 호탕하게 웃었다.

"그럼, 여기 김 이사님 말고 그 사람들에게 어필할 수 있는 사람이 또 누가 있겠어요?"

"김 이사님만 믿을게요!"

저녁 식사 자리는 화기애애했다. 김 이사는 특유의 미소와 입담으로 상대방의 호감을 샀다. 그들 역시 한국 투자자들에 대한 경계심을 푸는 듯했다.

매도자들과 헤어져 호텔로 돌아오는 길. 일행은 샌프란시스코 유니언 스퀘어의 한 호프집에 자리를 잡았다. 그때 마침 호프집의 주소가 눈에 들어왔다.

'포스트 스트리트 333번지'

우연의 일치일까.

'333 마켓 스트리트'

이들이 노리는 빌딩의 이름에도 '333'이 들어가 있었다.

'333'

행운의 여신이 주는 암시처럼 느껴졌다.

행운의 여신이 미소를 짓다

역시 그랬다. 기분 좋은 예감이 적중했다. 333은 행운의 숫자였다.

다음 날 아침. 일행은 입찰가로 3억 3300만 달러(3624억 원)를 써냈다. 행운의 여신은 한국 측의 손을 들어 줬다. 경쟁자인 독일의 투자자를 근소한 차로 물리치고 샌프란시스코의 랜드마크인 '333 마켓스트리트' 빌딩의 우선협상 대상자로 선정이 된 것이다. 이 건물은 미국 웰스파고 은행이 오는 2026년까지 장기 임차한 빌딩으로 지상 33층, 연면적 1만 8467 m^2 규모의 최고급 오피스였다.

마음 졸이며 기다렸던 최종 선정 결과에 일행들은 환호성을 지르며 기뻐했다. 매도자 측 설득에 큰 기여를 했던 김 이사는 기쁨의 눈물이 그렁그렁할 정도였다.

"아, 정말 우리나라도 미국 한복판에 이런 A급 빌딩을 살 수 있는 날이 오는군요!"

"우리가 첫 깃대를 꽂았으니 다들 따라오겠죠. 첫 단추가 중요하니까요."

"그러게요. 하루 빨리 미국 투자자들한테 무시 당하지 않는 그런 날이 왔으면 좋겠어요."

"여하튼 우리 팀 모두 고생 많았어요!"

이 딜은 한국인 투자자들이 미국 빌딩에 처음 공동투자를 한 역사적 사건으로 기록됐다. 이때 연합을 이뤘던 이 차장과 김 이사 그리고 새마을금고의 이상민 과장, 다올자산운용의 신준현 팀장은 이번 딜을 발판으로 훗날 국내의 해외부동산 투자를 쥐락펴락하는 4인방으로 성장한다.

이제 남은 건 한국으로 돌아가 내부 승인 절차를 밟는 것뿐이었다.

우여곡절 끝에 샌프란시스코 웰스파고 본사 빌딩 매입이 마무리되자, 한국인 투자자들이 미국 투자자들도 지르지 못했던 빌딩에 과감히 베팅을 했다는 소문이 순식간에 퍼졌다. 한국인 투자자들을 보는 눈이 달라지기 시작했다. 그 당시만 하더라도 금융 위기 직후 미국 시장 회복에 대해 그 누구도 확신하지 못했다.

하지만 97년 IMF 외환위기를 겪으며 국내 알짜 자산을 외국인 투자자들에게 뺏긴 경험이 있는 한국 투자자들은 달랐다. 지금이 부동산 사이클의 저점이라는 확신이 있었고, 알짜 매물의 자산 가치는 반드시 회복된다는 학습이 된 상태였다.

인생 최고의 굿딜

샌프란시스코 4인방은 자신들의 인생 최고 딜로 웰스파고를 꼽는다.

실제로 이들은 2년 반 만에 목표 수익률인 10%를 초과 달성하고 조기 청산에 성공했다. 3억 3300만 달러에 샀던 빌딩을 4억 800만 달러(4439억 원)에 매도했다. 불과 2년 반 만에 7000만 달러(762억 원) 이상의 시세차익을 달성한 것이다. 그뿐이 아니다. 임대료도 껑충 뛰었다. 1 제곱피트(ft²)당 38달러(4만 원) 정도였던 시장 임대료가 2년여 만에 50달러(5만 5000원) 수준으로 올랐다. 부동산 투자에서 시세차익과 배당 수익을 동시에 노리기는 쉽지 않다. 하지만 한국인 투자자들은 첫 번째 미국 딜에서 두 마리 토끼를 모두 잡은 것이다. 당시 홍일점으로 참여했던 김 이사는 "내 평생에 다시 만나기 힘들 최고의 딜이었다"고 평가했다.

그때 이후 미국 투자 시장에 한국인들이 존재감을 드러내기 시작했고 '총알을 쏠 수 있는 나라'라는 신뢰를 심어 줬다. 피도 눈물도 없는 투자의 시장에서 가장 중요한 사실은 단 하나다.

'누가 돈을 쏠 수 있느냐'다.

교직원공제회의 샌프란시스코 웰스파고 빌딩 투자는 외국인 투자자들에게도 강한 인상을 남겼다. 그때 이후 심지어 캐나다의 세계적인 자산운용사인 브룩필드의 회장이 한국 투자자들을 만나기 위해 직접 찾아오기도 했다. 그는 미국인들도 두려워서 하지 못했던 베팅을 한국인들이 한 사실에 경외감을 표시했다.

사실 눈에 보이는 숫자보다 그들이 더 크게 얻은 것은 외국인 투자자들의 신뢰다. 그때 이후 지금까지 지난 10년 동안 교직원공제회의 해외대체투자팀을 책임지고 있는 이 팀장은 역사적 샌프란시스코 딜이 있었기에 지금의 교직원공제회가 있었다고 평가할 정도다.

"지금은 한국을 무시하는 해외 투자자는 없습니다."

교직원공제회는 샌프란시스코 웰스파고 빌딩 이후 미국 시장에 잇달아 투자를 성공시키며 공격적인 행보를 이어 나갔다.

이 팀장은 국내 기관투자기관에서 드물게 10년째 해외 대체투자 팀을 이끌고 있다. 그 덕분에 교직원공제회는 글로벌 투자자들과 어깨를 겨룰 정도의 실력을 갖춘 투자 기관으로 국제 무대에서 인정을 받고 있는 것이다. 이 팀장과 그를 믿어 준 기관 덕분에 한국 기관들이 새 역사를 쓰고 있는 셈이다.

해외 부동산 투자,
국부를 늘리는 일

강영구 이지스자산운용 해외부문 대표
—
영국 HSBC 1조 순익의 주인공
국내 해외 부동산 투자의 산증인

2016년 4월. 영국 〈파이낸셜타임스〉의 기사가 그의 눈길을 사로잡았다.

'영국 HSBC 은행 자금난, 본사 빌딩 포함 3개 빌딩 매각 추진'

기사에 언급된 빌딩 3개는 모두 A급 프라임 빌딩이었다. 특히 영국 HSBC 빌딩은 영국 런던 금융 중심지인 카나리 워프에 있었다.

두 눈이 번쩍 뜨였다. 지금이 아니면 매입하기 어려운 최고 수준의 자산이었다.

'드디어 기회가 왔구나.'

가슴 속에 뭉클한 응어리가 차올랐다. 강영구 당시 국민연금 해외대체팀장(현재 이지스자산운용 해외부문 대표)은 드디어 기다리고 기다렸던 때가 왔다고 생각했다.

글로벌 금융위기 직후인 2009년 당시 시장은 패닉 그 자체였다. 미국발 금융위기는 전 세계 큰손들을 혼란에 빠뜨렸다. 그 누구도 시장 회복에 대해 자신하지 못했다. 섣불리 나서기엔 시장 불확실성이 너무 컸다.

더군다나 이미 글로벌 연기금들의 기존 포트폴리오에 목표 비중 이상의 부동산 자산을 담고 있었다. 여기서 금융위기가 덮치자 자산 가치가 폭락하면서 신규 투자를 할 여력이 없었다. 당시는 매년 두 자릿수의 높은 수익률을 자랑하던 하버드 연기금조차 헐값으로 알짜 자산을 팔아치우던 때였다.

반면 한국 투자자들은 타이밍상 운이 좋았다. 이제 막 대체투자에 눈 뜨기 시작해 해외 투자 비중이 거의 없다시피 했다. 사실 국민연금이 처음 대체투자를 시작한 것은 2004년이다. 그때 처음으로 국내 부동산 투자를 시작했고, 해외 투자는 감히 엄두도 못 냈다. 글로벌 시장엔 이미 쟁쟁한 큰손들이 있었기에 굿딜에 투자할 수 있는 기회도 제한됐다.

하지만 모든 투자는 사이클이다. 그는 언젠간 투자하기에 매력적인 시장이 올 것이라 확신했다. 하지만 기회는 준비하는 자의 것이다.

차분한 성격의 강 대표는 때를 기다리며 해외 투자 타이밍을 저울질해 왔다. 해외 부동산 직접투자는 주식이나 채권 투자에 비해 많은 인력이 필요해 직접투자가 쉽지 않다.

그는 직접 경험의 리스크를 줄이기 위해 간접 경험을 쌓는 방법을 택했다. 전문성 있는 글로벌 운용사에 자금을 위탁하는 간접 운용 방식을 택한 것이다. 글로벌 운용사는 출자 기관들에 분기별로 시장 분석 보고서를 보냈고, 그는 이런 자료를 스터디하며 시장을 읽는 안목을 지켰다.

'결국 해외 부동산 투자는 임대 경쟁력과 풍부한 수요와 좋은 입지 내 A급 프라임 빌딩 위주로 포트폴리오를 구성해야 한다.'

간접 투자 경험을 통해 입지의 중요성을 깨닫게 됐다.

하지만 2004년 이후 경제 호황이 지속되면서 그가 원했던 A급 입지의 가격은 좀체 떨어질 기미를 보이지 않았다.

'언젠간 때가 오겠지. 조금만 더 기다려 보자!'

어쩌면 그는 위기를 기다려 왔는지도 모른다. 글로벌 연기금들이 충격과 공포에 휩싸인 2008년 당시, 국민연금의 강 팀장은 느긋한 미소를 지었다. 준비된 자만이 누릴 수 있는 여유였다. 그가 2006년 〈파이낸셜타임스〉의 기사를 보고 강한 확신을 가질 수 있었던 이유도 A급 입지에 대한 끊임없는 연구를 해 온 덕분이다.

영국 HSBC 빌딩, 5년 만에 1조 원 수익 '대박'

그때 이후 7개월 만에 드디어 매각 공문이 떴다. 기사를 읽은 강 대표는 영국 공략을 위한 본격적인 준비에 돌입했다.

2017년 11월. 국민연금은 영국 HSBC 본사 빌딩을 포함해 2건의 자산을 잇달아 매입하는 데 성공했다. 먼저 런던의 빌딩 2곳을 3500억 원에 매입했고. 뒤를 이어 최고의 야심작 영국 HSBC 빌딩을 1조 5000억 원에 사들였다. 한 달 새 무려 2조 원에 달하는 현금을 영국 런던에 쏟아 부은 것이다.

글로벌 시장에서 전혀 존재감이 없던 코리안 머니가 혜성처럼 나타나 영국의 알짜 빌딩 3개를 싹쓸이해 가자, 글로벌 기관투자자들은 한국의 국민연금을 주목하기 시작했다.

'국민연금, 한 달 새 2조 원 투자⋯⋯가격 회복 의문'

하지만 당시 국내 언론들은 의심에 찬 곱지 않은 시선을 보냈다. 그도 그럴 만한 것이 지금까지 해외 부동산 투자는 해 본 적도 없던 국민연금이 한 달 만에 연거푸 2조 원을 투자한 것이다. 내막을 잘 모르는 외부인이 보기엔 성급하고 무리한 투자로 비춰지기에 충분했다.

하지만 그들은 알지 못했다. 국민연금이 2조 원을 쏘는 그날을 위해 무려 4년간이나 절치부심 준비한 사실을.

결국 5년 만에 국민연금은 그들의 우려에 멋진 한방을 날렸다.

'국민연금, 영국 HSBC 본사 빌딩 매각⋯⋯ 9600억 원 수익'

2014년 12월 새로운 헤드라인이 경제 신문을 장식했다.

2009년 당시 7억 8000만 파운드에 매입한 HSBC 빌딩을 11억 파운드에 매각해 3억 2000만 파운드(약 5000억 원)의 시세차익을 낸 것이다. 이는 국내 해외 부동산 투자 역사상 단일 딜로는 최고의 기록이다. 보유 기간 5년 동안 연 6%에 달한 배당수익까지 합치면 약 1조 원의 수익을 냈다. 이는 국민연금이 해외 부동산 투자를 시작한 이후 지금까지도 깨지지 않은 기록으로 남아 있다.

그때 이후 국민연금은 본격적으로 해외 부동산 투자에 나서기 시작했다. 지난 2010~2016년 국민연금의 해외 부동산 투자 수익률은 연평균 10% 이상이다. 포트폴리오를 구성해 미국 쇼핑몰에 투자한 블라인드 펀드는 3000억 원에 투자를 해 6000억 원에 팔기도 했다. 기업 투자도 아닌 부동산 투자가 100%의 수익을 낸 것은 드문 일이다.

강 대표는 지난 10년간 국민연금에 재직하며, 무려 90여 건의 투자를 했다. 투자금으로 환산하면 12조에 달한다.

국민연금 해외부동산 투자의 산증인과도 같은 강 대표는 지난 2015년 10년간의 국민연금 생활을 접고 이지스자산운용의 해외부문 대표로 새 출발을 시작했다.

전 세계 2%에 불과한 한국 시장… 해외로 눈 돌려야

강영구 대표를 만나기 위해 서울 여의도 이지스자산운용 본사를 찾았다. 미국 코넬대에서 부동산학을 전공한 강 대표는 건국대 부동산 대학원의 해외 부동산 특별 교수로 활동할 만큼 언변이 뛰어나다. 이지적 외모에 차분한 말투가 캐릭터인 그는 업계에서 실력과 인품을 겸비했다는 평가를 받고 있다.

국내의 해외 부동산 최고 실력자인 그에게 시장 전망을 물었다.

"요즘 각 기관들이 해외 부동산 투자에 적극적으로 나서고 있는데요. 그런데 이런 해외 부동산 투자가 일시적 흐름에 불과하다는 평가도 있습니다."

"절대 그렇게 생각하지 않습니다. 전 세계 상업용 부동산 시장에서 한국이 차지하는 비중은 2%에 불과합니다. 나머지 98%가 해외에 있는데 당연히 지금보다 더 활발히 해외 투자를 해야죠. 지금 국내 기관들의 해외투자 비중은 결코 많은 게 아닙니다."

해외 부동산 전문가답게 그는 해외 투자의 중요성을 거듭 강조했다.

"현재 국민연금의 전체 자산 중 부동산이 차지하는 비중은 5% 내외 뿐입니다. 전 세계적으로 인정받는 미국과 캐나다 연기금의 부동산 비중은 통상 10%를 상회합니다. *적극적인 해외 부동산 투자는 결국 국부를 늘리는 일과 같습니다.*"

"해외로 눈을 돌려야 한다는 데에는 동의하지만 과거 실패의 트라우마가 큰 것 같습니다."

"그렇죠. 한국의 대체투자 역사가 짧다 보니 오해가 많고 놓치는 부분이 많습니다. 국민연금만 봐도 대체투자의 수익률이 주식, 채권에 비해 훨씬 높습니다. 다만 유동성이 떨어지는 게 리스크로 작용할 수는 있지만 대우조선해양 사태에서 알 수 있듯이 채권이라고 안전한 것만은 아닙니다."

"대표님 말씀처럼 해외에 투자처가 많은데도 우물 안 개구리처럼 국내 시장에만 갇혀 있다는 지적에 크게 공감합니다. 지금까지 투자하신 딜 중에서 수익률이 가장 높은 투자가 영국의 HSBC 빌딩인가요?"

"총투자수익만 놓고 보면 HSBC가 약 1조 원에 달해 가장 높을 수 있습니다. 하지만 대출을 전혀 받지 않았기 때문에 수익률로 계산하게 되면 낮아지게 되죠."

일반적으로 대체투자 수익률의 기준으로 삼는 연환산내부수익률(IRR)은 대출금 비중과 투자 기간에 따라 달라진다. 자기자본이 적고 투자 기간이 짧을수록 연평균 수익률은 높게 나타난다.

진짜 선수는 포트폴리오 투자의 귀재다

"투자금 대비 기간 회수율로 따진다면 미국 임대주택 투자의 수익률이 가장 높은 편입니다."

"미국에도 임대주택이 있나요?"

"그럼요. 미국의 임대주택은 한국에서 생각하는 서민형 임대주택과는 차원이 다릅니다. 전문적인 주택임대업체가 중개, 관리, 매매 등을 모두 알아서 해 주는 시스템이 갖춰져 있습니다. 임대주택의 종류도 서민형부터 럭셔리 최고급형까지 스펙트럼이 매우 넓습니다."

"그럼 미국에는 한국처럼 개인이 주택을 소유하고 월세를 놓지 않나요?"

"미국에서 집으로 월세를 놓고 세를 받아 수익을 내는 사람들이 시장에서 차지하는 비중은 높지 않습니다. 왜냐하면 세입자들의 선택을 받지 못하기 때문입니다. 전문적인 기업이 체계적으로 관리해 주는 곳이 낫습니다. 감정적으로 일일이 부딪쳐야 하는 개인 임대주택을 선택할 이유가 전혀 없습니다."

"최근 정부에서도 민간 기업들의 주택 임대 사업 유도에 관심이 많은 것 같습니다."

"앞으로 한국도 선진국형 임대 시장으로 바뀔 가능성이 높죠. 미국의 경우도 과거엔 한국처럼 개인 임대 시장의 비중이 훨씬 높았습니다. 하지만 지금은 미국 연기금의 전체 포트폴리오에서 임대주택의 비중이 20%나 됩니다."

현재 개인 투자자들이 많은 주택 임대 시장에 대기업이 본격 진입하면 판도가 바뀔까. 업계에서는 한국 특유의 정서상 개인 임대 시장의 급변화는 어려울 것으로 보고 있다. 다만 선진국과 같은 부동산 간접투자 시장의 활성화는 가능할 것으로 보고 있다.

"전 세계적으로 간접투자 상품인 리츠 시장의 규모는 무려 1500조 원에 달합니다. 미국의 경우 규모가 10조 원을 넘는 대형 리츠가 많이 있습니다. 그 결과 미국에서는 개인 투자자들도 잘 분산된 투자 포트폴리오를 가질 수 있죠."

그는 개인들로 직접 부동산 투자를 하기보다는 간접투자 상품을 적극 활용할 것을 추천했다. 끝으로 최근 관심이 급증한 해외 부동산 투자 시장이 선호하는 인재에 대해 물었다.

"지금까지 70여 건의 해외 투자를 직접 해 오셨는데, 아무래도 해외 투자는 국내에 비해 애로점이 많은 듯합니다. 해외 투자에 적합한 인재 유형이 있을까요?"

"*해외 투자를 잘하려면 종합적인 판단력이 중요한 것 같습니다. 사실 해외 부동산 투자는 투자를 할 때마다 새로운 측면이 있습니다. 각 사이트에 대한 이해가 필요하고, 다양한 분야와 역사에 대한 이해가 필요하죠. 그리고 더 나아가 공간을 사용하는 사람들에 대한 이해가 필수입니다. 진짜 선수들은 절대로 하나에 꽂혀서 투자를 하지 않습니다. 그들은 포트폴리오의 중요성을 너무나 잘 알고 있죠.*"

실제로 강 대표는 국내 기관투자자의 해외 블라인드 펀드를 운용하기로 했다. 행정공제회 유럽 중소형 빌딩 투자를 위해 조성한 블라인드 펀드였다. 이 펀드를 통해 스페인, 독일, 벨기에 등의 투자 포트폴리오를 구성했다. 생소한 국가였지만 다양한 포트폴리오를 위해 과감하게 투자한 것이다. 그는 특정 변수나 쏠림투자를 극도로 경계하며 분산투자를 거듭 강조했다.

07

비서에서
부동산 운용역으로 화려한 변신

이연재 LB자산운용 부장
—
비서 경험이 투자 운용역 기본기 쌓는 자양분 돼
자산운용사는 투자 상품의 뷔페와도 같아

서울 강남 테헤란로 새벽 2시. 대낮에 북적이던 인파는 온데간데없이 사무실 주변이 적막하다. 이번 주 내내 이 새벽의 적막을 느끼고 집으로 향한다.

'과연 이번 딜을 잘 해낼 수 있을까.'

두려움이 엄습해 온다. 항공기는 정말이지 처음 해 보는 생소한 딜이다. 게다가 이번에 기관투자자 역시 첫 항공기 투자라 샘플도 없다. 모든 용어들이 낯설고 새로웠다. 7년 전 부동산운용 업계로 처음 뛰어들었던 그때의 막막한 느낌이다. 마치 다른 세상으로 순간 이동한 듯한 기분이다.

이연재 LB자산운용 부장은 2010년 자산운용사 회장 비서에서 부동산운용역으로 인생의 제2막을 시작했다. 비서 시절 어깨너머로 대충 돌아가는 일은 알고 있었지만, 직접 시장에 뛰어든다는 것은 또 다른 차원의 문제였다.

아마 특유의 넉살과 긍정 마인드가 없었다면 벌써 포기했을지도 모른다. 포기하고 싶을 때마다 굽이굽이 고비를 잘도 넘겨 왔다.

'그래. 그때도 해냈잖아. 지금은 상황이 훨씬 더 나은데 뭘.'

그래도 이 업계에서 굴러먹은 짬밥도 벌써 7년이다. 자신도 모르게 북받치는 우울감을 떨치기 위해 스스로를 다독였다. 집으로 돌아오자마자 화장도 못 지우고 물에 젖은 스펀지처럼 침대로 쓰러졌다.

다음 날 아침 8시. 서울 테헤란로 하나자산운용 본사. 씩씩한 목소리로 사무실의 적막함을 일깨운다.

"굿모닝! 에브리원!!"

이날 새벽의 찌든 피곤함 따윈 싹 날려 버린 활기찬 출발이다.

'그래. 끝까지 가 보는 거야. 세상에 쉬운 딜이 어디 있겠어. 이해가 안 되면 그냥 무조건 외우면 되지.'

그는 이날부터 항공기 투자 관련 계약서를 복사해 무조건 외우기 시작했다. 이해가 되든 안 되든 다짜고짜 외웠다. 처음부터 끝까지 모든 영문 법률 조항을 수십 번 반복했다.

그렇게 무식하게 영문 계약 조항을 통째로 암기하니까 그제야 내용이 머릿속에 들어오기 시작했다. 도대체 읽어도 읽어도 알 수 없던 영어 문장들이 이제 좀 해석이 되는 듯했다. 조금씩 희망이 보이는 듯했다.

당시는 7년간 운용역 생활 중 최악이었

다. 지난 7년간의 운용역 생활 중 그때만큼 몸에 살이 붙고 피부가 거칠었던 적은 없었다. 모든 개인 사생활을 다 포기하고 딜과 싸움한 지 6개월. 드디어 끝이 보였다.

마침내 2014년 7월 하나자산운용은 교직원공제회가 투자하는 국내 최초의 항공기 펀드를 클로징 했다. 선순위 투자자의 수익률은 연 4~5%, 후순위는 연 6~7%로 상당히 높았다. 이 펀드는 화물기인 보잉 777-200LRF 2기에 대한 담보대출 투자를 하는 상품이었다. 특수목적법인을 설립해 유치한 투자금으로 항공기를 건조 또는 매입한 뒤 항공사에 빌려주고 임대료를 받아 배당하는 방식이었다.

항공기 펀드는 선진국에서는 이미 보편화된 대체투자 상품이었지만, 국내에서는 2014년 이 투자 건이 처음이었다. 교직원공제회는 대체투자 상품 포트폴리오를 다양화하기 위해 새로운 투자처를 찾다 항공기 펀드라는 새로운 영역을 발굴했고, 하나자산운용에 펀드 설정을 맡겼다. 당시 책임자는 업계 실력자로 알려진 김용훈 부장이었고, 그는 실무 담당자였다.

'휴~~~~. 이제 드디어 끝이다. 이제는 정말 운동도 하고, 살 빼야지. 이러다 정말 평생 노처녀로 살겠어.'

모든 이해 관계자가 계약서에 최종 사인을 하던 그날. 머릿속에 가장 먼저 든 생각이다.

하지만 그의 바람과 달리, 첫 딜 성공 이후 연거푸 3개의 항공기 펀드에 투자했고, 2017년 현재 총 4건 중 2건을 성공리에 엑시트했다.

첫 직장생활을 비서에서 출발한 그는 부동산 운용역으로 화려한 변신에 성공했다. 그는 현재 업계 유일한 여성 운용역이다. 대체투자 업계에 여성 인력이 드물기도 하지만, 시장의 맨 앞단인 영업 파트에서 일하는 여성은 그가 유일하다.

서울 중구 다동에서 이제 막 하나자산운용에서 LB자산운용으로 자리를 옮겨 새 둥지를 튼 그를 만났다.

당시 영국 물류센터 투자 딜 두 건을 동시에 마감 중이었던 그는 "해외 부동산 투자를 하면 24시간, 365일 깨어 있다"며 너스레를 떨어졌다.

"자산운용 업계에서 여성을 찾기가 정말 힘들었어요. 특히 시장의 최일선에서 일하는 운용역은 더더욱이요."

"맞아요. 국내 부동산운용 업계의 영업 맨 앞단에서 뛰는 여성은 저 혼자뿐이죠."

"여성이 없는 이유가 있을까요? 일이 상당히 터프하긴 한데요."

"사실 전 오히려 여성이라서 장점이 많다고 생각해요. 여성이 너무 없다 보니 유리한 점도 있죠."

"부동산 투자가 남성 중심 시장이란 편견 때문일까요?"

"그렇다기보다는 대부분 여성들은 철저히 남성 중심적인 시장에 끼지 못하는 것에 대해 어색함을 느끼는 것 같아요. 전혀 그럴 필요가 없는데 말이죠. 여성들이 스스로 만든 생각의 감옥이 더 큰 문제인 것 같아요."

"그렇다면 스스로 생각하기에 남성적인 업계에서 살아남은 비결이 뭔가요?"

"음…… 일단은 좀 뻔뻔해야 돼요. 창피해하면 안돼요. 넉살이 좋다고나 할까요? 머리가 좋다거나, 실력이 뛰어난 건 절대 아니고요. 사회생활해 보셔서 아시겠지만, 위로 올라갈수록 실력보다는 사람관계가 더 중요하잖아요. 아랫사람이나 같은 레벨의 사람들을 어떻게 다루는지가 훨씬 더 중요하죠. 오히려 윗사람이 너무 똑똑하면 밑에 있는 사람들이 너무 힘이 듭니다. 제가 볼 때 머리가 똑똑한 건 주니어 시절 아니면 큰 의미가 없는 것 같아요."

서글서글한 큰 눈에 시원시원한 말투. 짧은 시간의 대화였지만 그녀가 진심으로 '넉살이 좋다'는 걸 느낄 수 있었다.

"그래도 해외 부동산 투자를 하려면 기본적으로 영어로 의사소통을 자유롭게 해야 할 텐데요. 혹시 유학파이신가요?"

"유학요? 미국에서 학부를 나왔으니까 유학파라고 할 수도 있겠네요. 근데 사실은 한국에서 원치 않는 대학에 붙어서 도피 유학을 간 것과 마찬가지예요. 전공도 화학과로 생뚱맞죠."

"화학 전공이요? 지금 업무랑은 전혀 무관한데 어떻게 이 업계로 오게 됐나요?"

"미국에서 학부를 졸업하고 한국에서 일을 하고 싶었어요. 한국에서 할 수 있는 일을 여기저기 알아보다가, 당시 다올투자신탁 이병철 회장의 비서직에 덜컥 붙게 됐죠. 그게 부동산운용 업계와 첫 인연이 됐어요."

"그럼 한국에서의 첫 직장 생활이 비서였네요?"

"그렇죠. 그때 마침 다올투자신탁이 해외투자팀을 신설하면서 비서팀을 꾸리게 됐어요. 역할은 이 회장님의 수행 비서였고, 해외 출장 지원 및 통역 등의 업무를 5년간 했죠."

"정말 의외네요! 비서를 하다가 부동산 운용역으로 오게 된 계기가 있나요?"

"2010년 다올투자신탁이 하나자산운용에 합병이 됐어요. 모셨던 회장님이 오너가 아닌 전문경영인이 된 거죠. 개인적으로 능동적인 새 삶을 시작할 기회가 될 것 같아 회사에 운용역으로 보내 달라고 요청했어요. 당시 김용훈 이사님 밑에서 일하고 싶다고 지원했죠."

하나자산운용의 김 이사는 대체투자를 위한 맞춤형 인재란 평을 들을 정도로 실력을 인정받고 있다. 그가 제대로 된 사수를 정확히 찍은 셈이다. 실무 경험이 전무했던 그는 팀의 막내로 영어 통번역과 법률 검토를 맡았다. 김 이사가 상품 구조를 짜면 그가 영문 번역과 법률 검토를 했다.

김 이사와 함께 일한 6년은 업계 실무를 익히는 좋은 발판이 됐다. 그가 속한 팀은 말레이시아, 호주 등 굵직굵직한 딜들을 했다.

"첫 직업이었던 비서는 제게 있어 인생의 큰 자양분이 됐어요. 비즈니스 사회에서 사람들과 관계를 맺는 법을 제대로 배운 것 같아요. 저 같은 비서 출신도 하는데 누구나 다 할 수 있다고 말할 수 있겠죠?

여성 후배들에게 운용역에 적극 도전하라고 얘기해 주고 싶어요. 일단 여기서 일을 배워 돈을 벌면 나중에 못 갈 곳이 없으니까요. 여기서 딱 3 년만 고생하면 돼요. 나중에 원한다면 운용팀이나 내부 부서로 갈 수도 있고, 아니면 에이전트로 뛸 수도 있어요.

여성들은 할 수 있다는 자신감이 부족한 것 같아요. 하지만 절대 그렇 지 않아요. 저 같은 비서 출신도 하는데 누구나 다 할 수 있습니다."

가장 행복한 순간, 펀드 엑시트 할 때

한국의 남녀 간 평균 연봉차는 대부분 여성들이 언제든 대체 가능한 보조적 업무를 하기 때문이다. 평소의 문제의식에 대해 그에게 물었다.

"대부분 여성들이 직장 내 핵심부서나 직군이 아닌 보조적 역할을 하고 있습니다. 사실 비서는 주도적이라기보단 수동적으로 지원하는 업무들이 많은데 이제는 주도권을 잡고 일을 하는 업무로 바뀐 거네요. 하는 일이 을에서 갑으로 바뀌니 어떤 점이 좋은가요?"

"지금 제 삶을 생각해 보면, 대학 시절엔 정말이지 상상도 못 했던 삶을 살고 있어요. 정말 하루하루가 감사한 일이죠. *이 업이 주는 매력은 '모든 것이 다 어렵지만 또 모든 것이 다 만족된다'는 점이에요.* 만약 여성 텔러로 창구에서 일을 한다면 매일 알지도 못하는 불특정 다수를 상대해야 하지만 여기는 선택된 사람들과 오랫동안 같이 일을 할 수 있어요. 물론

네트워크를 하기가 쉽진 않지만 한번 잘 맺어 놓으면 거기에서 오는 만족감이 상당해요.

딜소싱도 마찬가지예요. 좋은 딜을 가져오기는 어렵지만, 열심히 해서 좋은 딜을 가져오면 또 그만큼의 인정을 받을 수가 있죠. 딜을 진행하면서도 협상이 쉽지 않지만 서로 양보하고 대화를 통해 좋은 마무리를 하면 그것도 큰 성취감이에요. 그런 점에서 모든 것이 어렵지만, 또 모든 것이 만족스러워요."

"가장 큰 성취감은 딜을 클로징 할 때인가요?"

"마지막에 펀드를 엑시트 할 때죠. 딜을 클로징 하면 애를 하나 낳은 것과 똑같아요. 물론 출산의 경험은 없지만 비슷할 것 같아요. 출산을 했으면 아이를 잘 키워서 대학에 보내는 게 목표죠. 그런 점에서 가장 큰 성취감은 엑시트를 할 때인 것 같아요."

"지금까지 엑시트를 한 건이 몇 건인가요?"

"말레이시아 투자 3건이랑 항공기 펀드 2건이요. 정말 하늘을 날아갈 듯 행복했어요."

일반적으로 부동산 펀드의 만기는 5년이고, 시장 상황에 따라 조기 엑시트도 가능하다.

"펀드가 최종 청산이 돼야 전담 운용역의 성과 보수도 지급이 되죠?"

"그렇죠. 운용 기간 동안 0.5% 미만의 운용 보수를 받고 매각 차익에 대한 성과 보수를 받아요. 이 업계의 또 다른 장점이 일한 만큼 확실한 인센티브를 받을 수 있다는 점 같아요.

사실 모든 운용사가 다 그런 건 아니고요. 독립계 운용사의 경우 성과 보수 체계가 확실하죠. 금융 계열사는 다른 계열사와 같은 수준으로 유지해야 하기 때문에 현실적으로 쉽지 않은 측면이 있고요."

 "이전에 금융 계열사에 있다가 독립계 운용사로 오셨는데, 연봉이 많이 올랐나요?"

 "그럼요. 많이 올랐죠. 특히 독립계 운용사는 딜소싱에 대한 선취 수수료 성과 보수가 있거든요. 운용역 입장에선 한 번에 큰돈을 벌 수 있어 장점일 것 같아요. 돈 때문에 일하는 건 아니지만, 많이 벌면 자존감이 높아지는 건 맞죠."

 그는 직원 수 8명에 불과한 신생 운용사로 옮겼지만 훨씬 더 만족스러운 생활을 하고 있다. 단지 연봉이 올라서가 아니라, 그의 표현대로 모든 것이 어렵지만, 모든 것이 또 만족스럽기 때문이다.

 끝으로 그는 자산운용사를 투자의 뷔페로 비유했다. 특정 분야만이 아닌 부동산, 항공기와 같은 특별 자산, 발전소와 같은 인프라, 인수금융 등 각 분야에 맞는 금융구조를 활용해 다양한 상품에 투자하기 때문이다.

08

후배에게 자리 물려주려
대표직 욕심냈다

김소연 노무라이화자산운용 대표
—
국내 최초 여성 부동산 자산운용사 대표
5년 적자회사 2년 6개월 만에 흑자전환 성공

실적과 무관하게 한순간에 잘렸다. 그랬다. 조직의 원리는 참으로 무서웠다. 실적만 믿고 방심했던 스스로가 한심하게 느껴졌다. 말도 안 통하는 조직논리는 이미 알고 있었지만 이 정도까지일 줄은 몰랐다.

2012년 5월. 회사의 대표가 바뀌면서 김소연 현대자산운용 본부장은 아무런 이유 없이 해고 통보를 받았다. 회사 설립 이후 최근까지 그녀의 실적은 전체 1등을 기록했었다. 하지만 지금 이 시점에서 그녀의 실적 따윈 아무런 의미가 없었다.

그렇게 3년을 몸담았던 회사를 하루아침에 잘리고 아무 생각 없이 놀기 시작했다. 특별한 계획이 있었던 건 아니었다. 몇몇 지인들이 오라는 러브콜을 보내기도 했지만 극구 사양했다. 그냥 모든 걸 내려놓고 지난 직장생활을 정리하고 싶었다. 지난 직장생활 동안 그토록 길게 놀아 본 건 그때가 처음이다.

'도대체 뭐가 문제였던 것일까.'

'나는 왜 한 치 앞도 예상치 못했을까.'

'그들은 왜 내 등에 칼을 꽂았을까.'

몸은 놀고 있었지만 머릿속엔 꼬리에 꼬리를 무는 상념들이 이어졌다.

백수 생활 6개월 차. 희뿌옇던 머릿속이 조금씩 정리되기 시작했다. 문제는 그 자신에게도 있었다. 한창 잘나갈 때는 눈앞에 보이는 게 없었다. 늘 지금처럼 잘나갈 것이라 착각했다.

하지만 손바닥 뒤집히듯 정치권력이 뒤바뀌는 건 한순간이다. 잘나갈 때 추락을 대비했어야 했다. 한 치 앞도 알 수 없는 게 사람 일이다.

'그래. 그때는 평생 그렇게 잘나갈 줄 알았지. 한 달 뒤에 잘릴 줄 알았으면 그렇게 행동을 했겠어?'

신임 대표가 오기 직전. 그는 전임 대표의 무한 신뢰를 받았다. 대표가 그를 예뻐한다는 사실을 모르는 사람은 사내에 없었을 정도다. 아마 윗사람의 사랑을 듬뿍 받는 그를 시기, 질투하는 세력들도 분명 있었을 것

이다. 다만 겉으로 드러나지 않았을 뿐이다. 그는 그 세력이 보이지 않으니 존재하지 않는다고 믿었다. 이것이 그가 연차답지 않게 나이브(순진)했던 첫 번째 포인트다. 그래서 처세술 책의 첫 챕터엔 늘 이런 문장이 등장한다.

'절대로 적을 만들지 마라!'

인생에서 다시는 오지 않을 소중한 사색의

시간들이었다. 이제 드디어 몸이 근질근질하기 시작했다.

'아…… 너무 놀았나? 이제 슬슬 일자리 좀 알아볼까? 여기서 더 놀다 간 진짜 백수 되겠어.'

혈혈단신으로 증권사 IB에 도전

길어지는 놈팡이 생활에 살짝 겁이 나기도 했다. 퇴직 이후 6개월 만에 처음으로 다시 일자리를 알아보기 시작했다.

그때 마침 한화투자증권에서 부동산실물 전문가를 채용한다는 소식을 들었다. 딜소싱에서부터 투자까지 직접 할 수 있을 거라는 생각이 들었다. 운 좋게 합격을 했고, 터프한 증권사의 IB분야에 혈혈단신으로 입사했다.

하지만 첫 출발이 결코 쉽지만은 않았다. 그는 증권사 IB가 팀 플레이에 능한, 팀으로 움직이는 곳이라는 사실을 미처 알지 못했다.

이곳에선 모든 것이 팀 플레이였다. 최초의 딜소싱부터 내부투자 심사 자료를 만들고 설득하는 일, 공동투자자를 설득하는 일 등 혼자 할 수 있는 일은 하나도 없었다. 증권사는 투자 한도가 정해진 상항에서 여러 팀이 경쟁하듯 일하기 때문에 내부 정치도 중요했다.

'아하. 그래서 증권사 사람들은 죄다 팀으로 이직을 했었구나.'

늘 증권사 IB팀들이 왜 우르르 팀으로 이직을 할까라는 의문을 가졌었다. 이제야 그들이 팀으로 움직이는 이유를 몸소 체험했다.

그렇다고 여기까지 와서 그만두기엔 자존심이 허락치 않았다. 여기서 그만두면 또 한 번 '루저'로 전락할 것 같았다.

기대만큼의 실적 없이 여기서 그냥 물러설 수는 없었다. 그는 자신만의 경쟁력을 찾기로 했다. 증권사 부동산팀에서 하는 일이 아닌, 자산운용사 출신의 부동산실물 전문가로서 할 수 있는 딜을 열심히 찾아 다녔다. 마치 처음 자산운용 업계로 왔을 때 그 간절한 초심으로 돌아간 듯했다.

궁즉통. 간절하면 통하게 돼 있다.

드디어 홈플러스 포트폴리오에서 첫 딜이 나왔다. 이 딜은 자산운용사와 증권사가 컨소시엄으로 입찰에 참여해야 하는 딜이었다. 그가 가진 장점을 충분히 활용할 수 있는 기회였다. 그는 자산운용사의 성격도, 에쿼티투자의 성격도, 입찰에서 당선되기 위한 전략도 잘 알고 있었다.

더 이상 지체할 시간이 없었다. A운용사, B증권사와 컨소시엄을 구성해서 우선협상자로 선정됐다.

'그래, 김소연. 죽지 않았어!!'

시장에서 내가 아직도 활동하고 있다는 것을 보여 줄 수 있는 기회였다. 물론 아쉽게도 파트너의 변심으로 딜클로징은 못 했지만 그의 건재를 사내외에 알린 것만으로도 만족스러운 딜이었다.

게다가 스스로의 역량에 대해 다시 한 번 깨치게 됐다.

'역시 나는 자산운용사 사람이야.'

증권사 IB팀은 그와는 맞지 않는 옷이란 사실을 확신했다. 다시 한 번 부동산 자산운용사를 찾기 시작했다.

작은 만성 적자 기업을 택하다

마침 일본계 노무라와 국내 이화산업이 합작해 설립한 노무라이화자산운용이 경력직 채용을 했다. 지난 2010년 설립된 소규모 자산운용사였고 설립 이후 5년 내내 적자에 허덕이고 있었다. 전 직장인 현대자산운용과는 비교가 되지 않을 정도로 상황이 열악했다.

만성 적자 회사로의 취직은 웬만한 자신감이 아니면 께름칙한 일임에 분명했다. 그런데 왠지 그녀는 할 수 있을 것 같다는 생각이 들었다.

'나 아니면 누가 적자 회사를 살리겠어?'

게다가 그는 이미 대기업의 그룹 문화와 사내 정치에 질릴 대로 질린 상태였다. 평소 친하게 지내던 H증권사 J이사에게 전화를 했다.

"누나 노무라이화로 가기로 했다. 하하. 앞으로 잘 부탁할게."

"선배. 진짜 거기로 가기로 마음 굳히신 거예요? 회사가 워낙 작아서 많이 비교되실 텐데요. 괜찮으시겠어요?"

"내가 찬밥 더운밥 가리게 생겼니? 오라는 데 있으면 가야지. 그리고 이런 적자 회사를 살려 놓아야 일을 해도 티가 팍팍 날 거 아냐. 원래 잘하는 데 가 봤자 묻혀서 티도 안 난다고."

"선배 생각이 정 그러시면 저도 응원할게요. 근데 언제부터 출근하세요? 마침 우리 천안신라스테이 선매입 준비 중인데 같이 들어가요. 새로 가시는데 딜 하나쯤은 가지고 가셔야죠?"

"역시 나 생각해 주는 건 너밖에 없다니깐. 안 그래도 다음 주부터 출근이야. 출근하자마자 연락 줄게. 진짜 몸이 근질근질하다고."

2014년 5월. 김 본부장은 노무라이화자산운용으로 첫 출근을 했다. 그와 같은 직급의 본부장과 5명의 직원들이 그를 반갑게 맞았다.

"안녕하세요. 오늘부터 여러분들과 함께 일하게 된 김소연입니다. 앞으로 잘 부탁드릴게요."

똘망똘망 기대에 찬 부하 직원들에게선 희망을 느꼈다. 반면 의심에 찬 눈빛을 보내는 본부장에게선 경계심을 읽을 수 있었다.

첫 딜은 이미 떼어 놓은 당상이었다. 연세대 건축학과 후배인 J이사는 워낙 믿을 만한 친구였다. 그가 하는 제안이라면 자세히 볼 필요도 없다고 생각했다.

미국 유학 후 10년간 현지 운용사에서 일하다 한국으로 온 J이사에 대한 믿음은 무한신뢰에 가까웠다. 첫 출근 이후 2달 만에 천안신라스테이 선매입펀드에 투자를 집행했다. 지난 5년간 거의 새로운 딜이 없다시피 한 사무실엔 화기애애한 분위기가 돌았다.

짙은 패배감에 젖어 있던 직원들도 쏜살같이 진행되는 딜 클로징을 목격하자 생각이 달라졌다.

"저는 점심 이후에 사무실에 없습니다. 급한 일 있으면 전화 주세요."

늘 자기 자리를 지키며 엑셀로 수익률을 따지는 기존 본부장과 달리 그는 늘 자리를 비웠다.

"에이, 수익률 계산 시뮬레이션 이런 거야 저보다 젊은 직원들이 훨씬 더 잘하시잖아요. 알아서 잘해 주세요. 그렇게 믿겠습니다."

그동안 소원했던 지인들을 일일이 만나는 것만 해도 하루가 쏜살같이 지나갔다. 특별히 하는 일 없이 여의도를 돌며 이런저런 시장 돌아가는 얘기만 해도 하루가 다 갔다.

"아니, 김 본부장님은 하루 종일 어디를 다니시는 걸까?"

"첫 출근 하시고 자리에 제대로 앉아 계신 걸 거의 보질 못했어."

"그러게 말이야. 설마 혼자 놀러 다니시는 건 아니겠지?"

"에이, 설마 그러기야 하시겠어? 에너지가 넘치시고 의욕적이라 외근이 많으시겠지?"

직원들은 늘 자리를 비우는 본부장에 대해 쑥떡거렸다. 직원들은 의아하다 못해 의심스러울 정도였다.

입사 2년 6개월 만에 흑자전환 성공

하지만 그들의 뒷담화는 그리 오래가지 못했다. 김 본부장이 한 달이 멀다 하고 자꾸 딜을 가져왔기 때문이다. 첫 딜인 천안신라스테이 선매입을 시작으로 부산 NC 백화점, 청주 CGV, 도산대로 아우디타워까지. 딜이 무슨 줄줄이 사탕처럼 이어서 들어왔다. 게다가 첫 딜인 신라스테이와 기존 명동 L7호텔 성공보수가 들어오면서 회사는 25억 원의 순익을 냈다. 불과 25억 원이었지만 노무라이화 설립 이후 처음 낸 이익이었다.

직원들의 눈이 휘둥그레지기 시작했다. 이제는 직원들 중 그 누구도 자리를 비운 본부장에 대해 딴죽을 걸지 않았다. 오히려 그를 존경의 대상으로 처다보기 시작했다. 여성 본부장이지만 일당백이라고 치켜세웠다. 언제부턴가 사무실에서도 신바람이 느껴지기 시작했다.

첫 출근을 한 지 딱 2년 6개월 만에 그는 노무라이화를 흑자 회사로 돌려놓는 데 성공했다. 그룹의 회장이 그를 불렀다.

"김 본부장, 기대 이상의 성과에 정말 놀랍네요. 사실 그동안 회사 때문에 고민이 많았는데 이제는 김 본부장 덕분에 마음이 놓입니다."

"아닙니다. 제가 뭐 한 게 있나요? 모든 것이 회장님께서 믿고 맡겨 주신 덕분입니다. 게다가 기존에 저보다 훨씬 더 유능한 직원들도 많이 있었고요."

"말이 나왔으니까 말인데, 이참에 직원들을 좀 더 뽑는 게 어때요?"

"직원들이야 많으면 많을수록 좋죠. 늘 손이 부족하니까요. 그래도 후배들을 데려오면 제가 책임을 져야 하는 부분도 있으니, 한번 고민해 보겠습니다."

"좋아요! 김 본부장이 하는 일이라면 무조건 믿고 맡길 테니까 마음대로 하세요."

5년 만에 적자 회사를 살려 놓은 김 대표는 그룹의 두터운 신임 속에 인사권까지 받았지만, 정작 채용 카드는 쉽게 꺼내지 않았다. 자신의 앞길이 불투명한데 대책 없이 후배들을 끌어들일 수는 없는 노릇이었다. 덜컥 사람만 뽑아 놓고 그가 사라지면, 남겨진 후배만 낙동강 오리알 신세가 되는 셈이다.

이런 그의 의중을 읽었는지 그룹에서 그를 다시 불렀다.

"김 본부장한테 새 직원을 뽑으라고 한 지가 꽤 시간이 지났는데 아직도 채용 소식이 없네요. 시장에 쓸 만한 인재가 없나요? 아니면 무슨 다른 생각이 있나요?"

"아…… 사실 그게…… 앞으로 이 회사에서 어떻게 될지 확실치 않은데 후배들을 덜컥 불러들이기가 그래서요. 만약 이번 연말에 승진이 안 되면 저는 자리를 비켜 주는 게 맞는 것 같습니다."

"어허, 김 본부장. 무슨 말도 안 되는 소리를 그렇게 하세요. 안 그래도 연말쯤 대표직 인사를 내려고 생각하고 있었어요. 김 대표가 직원들을 안 뽑길래 뭔가 이유가 있을 거라 짐작은 했지만 역시 예상이 맞았네요."

"제가 대표직에 욕심을 내는 건 단 한 가지 이유입니다. 후배들을 키워 주기 위해서죠."

김소연 본부장은 이듬해 3월 노무라이화 대표로 전격 승진을 했다. 부동산 자산운용 업계에서 오너가 아닌 전문경영인으로 대표직에 오른 여성은 김 대표가 처음이다.

긴 공백을 깨고 적자 회사를 택한 그의 전략은 신의 한수였다.

'여성 최초' 수식어를 달고 살다

서울 중구 광화문 강북 파이낸스센터에서 국내 최초의 여성 부동산 자산운용사 대표인 김소연 대표를 만났다. 짧은 커트 머리에 호리호리한 몸매. 신뢰감을 주는 검은 정장. 머리부터 발끝까지 풍기는 이미지가 신뢰의 아이콘 같았다.

"대체투자 업계에서 여성 인력을 찾기가 쉽지 않았어요. 대표직까지 오르시다니 정말 대단하신 듯합니다. 많은 여성 후배들이 롤 모델로 삼을 수 있을 것 같아요."

"예전에 비하면 여성 인력들이 많이 늘어났어요. 우리 때만 해도 여성이 거의 없었으니까요. 덕분에 '여성 1호'라는 수식어를 늘 달고 다녔죠."

"지금도 보이지 않는 유리천장 때문에 여성들의 직장 생활이 쉽지 않은데 그때는 더 힘드셨을 것 같아요."

"전혀 그렇지 않아요. 개인적으로 여성이라 혜택을 본 점이 훨씬 더 많죠. 물론 개인 사정으로 포기하긴 했지만 대기업 시절 여성 TO가 있어 미국 MBA 유학 기회도 얻을 수 있었고, 현대자산운용 시절에도 여성 본부장이 드물었기 때문에 기관투자자들이 더 큰 신뢰를 준 것도 있어요.

처음에 건설기술연구원에 공채 1호 연구원으로 입사를 했는데 당시 상사가 이렇게 말을 했어요. '남자만큼만 일해라' 지금 생각하면 정말 성차별적인 발언이지만 딱 그만큼은 일했던 거 같아요. 그랬더니 남성들보다 더 많은 주목을 받고 더 많은 기회를 얻을 수 있었죠."

"첫 직장이 연구원이면 언제 부동산 자산운용업과 인연을 맺게 되셨나요?"

"연구원 생활은 정말 제게 맞지 않은 옷이었어요. 직장으로서는 정말 좋은 곳이죠. 퇴사율이 거의 0%에 가깝고 그때 같이 입사했던 동기들은 아직도 남아 있으니까요. 하지만 과감히 사표를 던지고 건축설계사무소를 거쳐 작은 시행사에서 일을 시작했어요. 주변에선 다들 멀쩡한 직장을 왜 그만두냐고 말렸지만 전 개의치 않았어요. 아무리 좋은 조건이라도 본인이 싫으면 그만이니까요."

남한테 피해 주지 않고 최선을 다해라

"2년 동안 시행사를 다녔는데 정말 작은 곳이었기 때문에 주변의 걱정대로 오래가지 못했어요. 회사가 망하는 바람에 퇴사를 하기는 했지만 그때 부동산의 A부터 Z까지 정말 많이 배웠죠. 그러고선 투자자문사를 거쳐 SK네크웍스에 과장 5년차로 입사를 하게 됐어요. 입사 1년 만에 승진을 해 부장을 달았는데 여성으로 부장에 승진하는 것은 SK네트웍스 역사상 최초였어요. 당시 나이가 38살에 불과했죠."

"38살에 여성 최초로 부장 승진이라니, 정말 멋지네요."

"말도 마세요. 그때 주변에서 어찌나 축하한다고 한턱 쏘라고 하던지, 거의 두세 달 동안 승진 턱만 쐈던 것 같아요. SK네트웍스는 기존에 주유소 부지로 보유했던 알짜배기 땅이 많은 기업이었어요. 이들 부지 개발 업무를 담당하게 됐죠. 지금 여의도에 들어선 에스트레뉴 빌딩도 원래는 SK네트웍스가 보유했던 주유소 부지였어요."

"여의도 에스트레뉴 빌딩 잘 알죠. 거기가 원래 주유소 부지였나요? 제 기억엔 2008년 금융위기로 미분양이 나서 엄청 고생을 한 걸로 아는 데요."

"네…… 맞아요. 처음 개발 계획을 할 때는 지금의 모습은 아니었어요. 오피스텔은 초기 분양률이 매우 좋았으나, 입주 시점에 잔금이 안들어오고, 상가는 미분양이 나면서 완전히 망가졌죠. 그때 이후 SK네트웍스가 부동산개발 사업을 접는 계기가 됐어요. 그룹 차원에서 볼 때 부동산개 발이란 푼돈을 벌자고 굳이 모험을 할 이유가 없다고 판단을 한 거죠.

졸지에 회사를 옮겨야 되게 생겼는데 우연한 기회에 현대증권의 100% 자회사인 현대자산운용사의 창립 멤버로 참여하게 됐어요. 이때 만난 멤버들이 정말 소중한 인연들이죠. 지금도 두 달에 한 번씩은 만나서 식사하는 OB 멤버들이에요.

이때는 정말 열심히 기관투자자들을 찾아다니면서 세일즈를 많이 했던 것 같아요. 유일한 여성 본부장이라 기억에 오래 남기도 하고, 책임을 지고 열심히 하는 모습을 보이니 그때 많이 도와주셨죠. 솔직히 어느 정도 궤도에 올라서고 나선 가만히 있어도 딜이 계속 들어올 정도였으니까요. 실제로 이 시절에 신림동 포도몰 대출, 분당 오피스 매입 등 다양한 딜을 많이 했어요."

"가만히 있어도 딜소싱이 가능한 경지까지 이르려면 어떤 자질이 가장 중요할까요?"

"가장 중요한 건 신뢰죠. 신뢰를 바탕으로 한 협상력이 가장 중요해요. 하루에도 수십 통의 결재 메일을 받는데 어떤 직원이 보낸 메일은 열어 보지도 않고 결재를 할 때가 있어요. 그만큼 그 직원을 믿기 때문이죠. 이 친구가 했으면 믿을 만해. 이런 신뢰를 쌓아 나가는 게 제일 중요해요. 다른 사람들이 봤을 때 믿고 맡길 수 있는 사람이 되어야죠. 항상 마음속으로 '남한테 피해를 주지 않고 최선을 다해 열심히 하자'고 생각했어요. 딜을 맡아서 하다가 중간에 어렵다고 포기하고 또 다른 딜을 하고 이런 식이면 안 되는 거죠. 남한테 피해를 주는 거니까요. *책임감을 가지고 신뢰를 쌓는 일이 핵심입니다.*"

직장을 옮겨도 따라올 후배를 키워라

"사실 직장 내에 정치가 있을 수밖에 없는데요, 대표직까지 오르신 비결이 뭔가요?"

"저는 직장에서 한 직급씩 올라갈 때마다 거기에 맡는 역할을 하려고 노력했어요. 주니어는 주니어가 할 일이 있고, 시니어는 시니어가 할 일이 있죠. 대리가 할 일과 과장이 할 일, 그리고 부장, 본부장의 할 일이 각각 다른 것처럼요.

일부 여성 인재들은 중간 관리자인 본부장으로 승진을 해서도 후배들이 해야 할 실무까지 챙기려는 사람들이 있어요. 절대로 그러면 안 됩니다. 후배들의 작업 결과가 조금 마음에 들지 않더라도 직접 나서기보다는 믿고 맡겨야 합니다. 본부장이 돼서도 계속 부장 때 일을 하려고 한다면 그 사람은 영원한 부장일 수밖에 없습니다. 승진을 하면 그 직급에 맞는 일을 해야 합니다. 본부장은 실무자가 아니라 조직의 조율자입니다. 직원들의 역할과 업무를 한 차원 높은 곳에서 조망하고 조율하는 역할이죠.

예를 들어 한 친구는 우유부단해 결정장애가 있고, 또 다른 친구는 지나치게 자기주장이 강합니다. 이들이 똑같이 클라이언트와 갈등을 겪고 있더라도 이들에게 해 주는 조언이 달라야 합니다. 결정장애 친구한테는 좀 더 과감히 밀고 나가라고 조언하고, 강한 친구한테는 살살하라고 얘기를 해 줘야 하는 거죠. 기업의 대표는 실무를 잘하는 사람이 아니라 조직을 조화롭게 잘 이끄는 사람입니다.

끝으로 정말 중요한 건 '나를 따라올 수 있는 사람'을 얻어야 한다는 것입니다. 우리 일은 절대 혼자서 할 수 있는 일이 아닙니다. 팀으로 조직돼 같이 해야만 하죠. 혼자 덜렁 이동해선 할 수 있는 일이 없습니다. 나를 따라올 수 있는 사람을 얻으려면, 스스로 그들을 키워 주려 노력해야 합니다. 그래야 후배들도 저 선배를 믿고 따라가면 클 수 있다는 희망을 가지고 선뜻 따라 나서게 되는 겁니다.

물론 말처럼 쉬운 일은 아니겠죠. 저 또한 노력하고 있고요. 하지만 제가 대표직에 욕심을 낸 건 진심으로 후배들을 끌어 주기 위해서입니다.

많은 여성 후배들이 자기 사람을 끌어 주기 위해서라도 승진에 욕심을 냈으면 하는 바람입니다."

09

한국 최초
팬아시아 펀드 꿈꾼다

곽동걸 스틱인베스트먼트 대표

—

한국 사모펀드 시장과 함께 성장해 나간다
회사 전체 수익의 40%를 전직원들에게 인센티브로 공유

곽동걸 스틱인베스트먼트 대표는 2006년 인터넷 언론 이데일리에 투자를 했다. 당시 스틱이 추구했던 모델은 미국의 블룸버그다. 전 세계 경제 정보를 제공하는 블룸버그는 정보 제공을 최우선 가치로 두며 단말기 판매를 통해 수익을 창출했다. 스틱의 구상은 이데일리를 한국판 블룸버그로 만들겠다는 것이었다. 이를 위해 펀드평가사인 제로인, 시장 정보를 제공하는 마켓포인트, 본드웹 등을 차례로 인수하며 거대한 정보 플랫폼으로 거듭나기 위한 발판을 다졌다.

서울 강남구 테헤란로 스틱인베스트먼트 본사에서 곽 대표를 만났다. 첫 만남에서 그는 이데일리에 대한 애정을 드러냈다. 과거 십수 년 전 그가 투자했던 언론사로 감회가 새롭고 반갑다며 인사를 건넸다.

"이데일리는 애정이 있는 회사죠. 이데일리 설립 후 초기에 이데일리 매니지먼트들과 친하게 지내면서 인터넷 언론의 미래에 대해 많은 논의를

했습니다. 그 결과 한국판 블룸버그를 만들어 보자는 것으로 의기 투합했습니다. 그 당시 유티씨벤처의 김훈식 사장, 제로인의 김성우 사장과 많이 논의를 했습니다.

"제가 입사도 하기 훨씬 전의 일이라 마치 옛날이야기를 듣는 것처럼 흥미롭네요. 당시 언론사에 투자를 했다면 벤처캐피탈 투자인가요? 아니면 프라이빗에쿼티(PEF) 투자인가요?"

"벤처캐피탈 투자는 아니고 PE 투자였죠."

"최근 스틱이 벤처캐피탈 부문을 별로도 분리 독립해서 새로운 법인을 만드는 방안을 추진한다고 들었습니다."

"스틱은 맨 처음에 벤처캐피탈로 출발을 했어요. 지금도 법적으로 벤처캐피탈로 등록이 돼 있습니다. 벤처캐피탈도 사모펀드를 만들어 PE 투자를 할 수 있으니까요. 스틱은 벤처캐피탈로 출발했지만 2006년 이후로 대체투자 시장의 성장에 따라 그동안 PE로 꾸준히 펀드를 만들고 투자를 해 왔고, 이제 PE 부문이 어느 정도 궤도에 올랐다고 판단을 하고 있습니다. 아울러 그동안 상대적으로 역량을 집중하지 못했던 벤처투자부분을 강화하기 위해 분사를 결정했습니다."

"스틱은 제가 IB부서로 오기 전부터 이름을 알고 있을 정도로 업력이 오래된 회사입니다. 하지만 다른 회사들과

는 달리 뚜렷한 정체성이 없다는 느낌도 받습니다."

"그렇지 않습니다. 스틱의 전략에 대해 정확한 이해가 부족해서 오는 오해입니다. 한국 경제와 더불어 대체투자 시장이 성장해 나감에 따라 스틱이 추구하는 펀드의 전략도 다양화해 왔습니다.

초창기 펀드는 소수 지분투자로 경영권을 인수하지 않은 그로쓰캐피탈 펀드와 세컨더리 펀드였습니다. 세컨더리 펀드의 경우 스틱이 국내 최초로 만들었습니다. 그리고 내부적인 역량이 어느 정도 축적되면서 그 다음으로 경영권을 인수하는 중소형 미드캡 바이아웃 펀드를 출시했습니다. 최근에야 국내 대기업들의 특수한 상황에 대비하는 스페셜시츄에이션 펀드를 설정했죠."

"그렇다면 스틱의 전략은 한 가지 종류의 특정 펀드를 고집하는 것이 아니라 한국 시장에 맞는 펀드를 만들어 가는 건가요?"

"맞습니다. 다른 사모펀드들의 경우 그로쓰캐피탈이든, 바이아웃이든, 시장 상황에 상관없이 한 가지 펀드만을 고집합니다. 하지만 스틱은 다양한 전략의 펀드를 운용하는 멀티펀드의 전략을 추구해 왔습니다.

하지만 앞으로는 국내 사모펀드 시장 규모가 성장하고 딜의 규모가 커짐에 따라 스틱도 조 단위 규모가 넘는 하나의 펀드 전략으로 내부 역량을 집중할 계획입니다. 이는 그동안 스틱이 대체투자를 해 오면서 내부 역량이 상당 부분 축적되었다는 자신감일 수도 있습니다.

이제 국내 사모펀드 운용사들도 국내의 라지캡 딜(조 단위 이상의 딜)들을 해외펀드와 경쟁할 수 있는 단계에 이르렀다고 생각합니다."

"사실 스틱이 다른 사모펀드들과 차별화되는 또 다른 포인트는 거대한 조직입니다. 일반적으로 국내 사모펀드의 규모는 10명 남짓입니다. 많아 봤자 20명 내외고요. 하지만 스틱은 60여 명의 거대 조직을 거느리고 있습니다. 시장에서 스틱은 이미 기업화 되었다는 얘기들도 나오는데요. 이 또한 오해가 있습니다. 만약에 스틱이 한국 시장만을 타깃으로 한 투자를 한다면 지금처럼 많은 인원이 필요가 없습니다. 하지만 우리의 목표는 한국 시장뿐만이 아닙니다. 동남아 등 아시아 전체를 아우르는 '팬아시아 펀드'입니다. 실제로 현재 펀딩 중인 그로쓰캐피탈 펀드는 동남아 전체를 아우르는 팬아시아 펀드입니다. 국내도 아닌 아시아 전체를 아우르는 팬아시아 펀드는 결코 쉽지 않습니다.

이를 위해 10년 전부터 해외 사무소를 설립해 꾸준히 투자를 해 왔고, 지금까지 누적된 해외 투자금은 6000억 원에 달합니다. 그동안 꾸준한 투자를 통해 실력을 쌓아 왔다고 판단했기 때문에 이제는 본격 진출을 시도하는 겁니다."

"현재 해외 사무소 직원들은 몇 명인가요?"

"현재 3군데 해외 사무소에 11명의 해외 현지 인력들이 근무하고 있습니다. 이들 해외 지사는 과거 10년 동안 수익을 전혀 못 내는 '코스트 센터(수익 없는 비용투자)'였습니다. 이렇게 오랜 기간 수익이 나지 않는 해외 지사를 유지해 온 것은 스틱이 그만큼 미래를 보고 장기 투자를 하기 때문입니다."

"실제로 투자 성과나 결과는 어떤가요?"

"해외 투자 성과는 나쁘지 않습니다. 특히 중국 투자의 경우 처음부터 우리는 화교 네트워크(화상)에 주목을 하고 대만 출신의 기업인들이 하는 중국 본토 기업에 주목을 했습니다. 대만을 통해 화교들을 등에 업고 진출했기 때문에 소위 말해 '당한 것'이 하나도 없습니다. 대만 기업들은 기업회계에 투명하고 계약서를 매우 존중합니다. 그렇기 때문에 대박은 없었지만 꾸준히 수익을 내 왔습니다. 이 같은 형태의 중국 투자를 통해서 배운 점이 많습니다. 대박을 노리기보다는 꾸준히 수익을 내는 것이 더 중요하다는 것이지요. 많이 버는 것보다도 잃지 않는 것이 더 중요합니다."

"이번에 새롭게 출시하는 팬아시아 펀드는 아시아 지역에 투자하는 그로쓰캐피탈 펀드인가요?"

"네, 맞습니다. 아직까지 해외에서 바이아웃을 할 정도의 실력은 되지 않습니다. 리스크를 줄일 수 있는 그로쓰캐피탈 투자부터 시작하는 거죠."

회사 전체 수익의 40%를 인센티브로 배분

"그렇다면 이것 역시 스틱에 대한 오해가 될 수도 있겠네요. 많은 사람들이 관심 있어 하는 인센티브에 관한 것인데요. 다른 사모펀드에 비해 스틱의 인센티브가 적다는 것입니다. 이미 조직이 기업화 됐기 때문이죠."

"하하, 이것 역시 시장에 잘못 잘려진 오해입니다. 스틱은 매년 회사 이익의 40%를 전체 직원들과 공유하고 있습니다. 국내 사모펀드 중에서 전체 이익의 40%를 나눠 주는 곳은 없습니다. 대부분 소수의 파트너가 회사의 이익 대부분을 차지합니다. 게다가 우리는 직원들의 성과를 정확히 측정해 철저히 차등적으로 연봉을 지급하기 때문에 직원들 간에도 차이가 큽니다."

"그렇다면 스틱의 인센티브가 적어서 조직원들의 이탈이 많다는 얘기도 사실과 다르겠네요."

"당연하죠. 우리는 벤처캐피탈로 출발했지만 보다 안정적 수익을 창출하기 위해서 꾸준히 PE로 전환해 왔습니다. 하지만 사람을 바꾸지 않는 이상 PE로의 전환이 힘들어서 매년 전체의 15%를 신규 직원으로 뽑으면서 일부를 내보냈습니다. 당연히 조직원들의 이탈이 생길 수밖에 없죠. 단, 직원들을 보내면서도 한 가지 지킨 것은 있습니다. 시장이 좋을 때 직원들을 내보냈습니다. 그래야 직원들도 새 직장을 빨리 찾으니까요. 그때 회사를 떠난 직원들은 다 잘됐습니다."

"그러고 보니 스틱에 대한 많은 오해가 있었네요. 최근 기관투자자들이 선정하는 뷰티 콘테스트 결과를 보면, 스틱이 늘 이름을 올리고 있습니다. 기관투자자들의 두터운 신뢰를 얻고 있는 것 같은데요."

"우리라고 늘 붙는 건 아닙니다. 우리도 많이 떨어집니다. 모 투자기관의 경우 3번 떨어지고 간신히 붙었습니다. 개인적으로 맨날 붙는 걸 선호하지 않습니다. 그러다 보면 자만할 수가 있습니다. 지금까지 실패한 사모펀드들의 이유를 살펴보면 자만했기 때문입니다. 맨날 뷰티 콘테스트에 합격하다 보면 최고라는 착각에 빠질 수 있습니다. 마치 절벽에서 떨어져도 사뿐히 내려앉아 안 죽을 것 같은 착각이죠. 한 번씩 떨어져야 스스로를 다잡을 수 있습니다."

끝으로 곽 대표는 투자자가 가장 경계할 심리로 교만함을 뽑았다. 투자의 세계에선 단 한번의 실수가 큰 실패로 이어질 수 있기에 늘 긴장의 끈을 늦춰선 안 된다는 당부의 말이다.

10

M&A는
심리를 읽는 종합예술

신선화 유니슨캐피탈 파트너

—

공감 능력 뛰어나고 꼼꼼한 여성들에게 유리한 점 많아
단기 성과에 급급하지 말고 꾸준히 관계 유지하려는 마음가짐 중요

정말이지 꿈만 같았다. 합격 통지서를 받아든 그는 한동안 가슴 뭉클한 뜨거운 감정에 빠졌다. 당시 흔하지 않았던 인턴쉽 등 외부 경력 쌓기에도 수차례 도전했던 그는 누구보다도 치열하게 보낸 대학 시절이 헛되지 않았다는 사실에 감사의 눈물을 흘렸다.

2000년 맥킨지(McKinsey & Company) 컨설팅은 이례적으로 국내 대학 학부 출신을 대상으로 채용했다. 당시 대학 졸업을 앞두고 있었던 신선화 유니슨캐피탈 파트너는 바늘 구멍처럼 좁은 입사의 관문을 뚫은 행운아가 된 것이다. 유니슨캐피탈은 국내 대학 학부 출신을 대상으로 채용했지만 대부분이 '무늬만 국내 출신'이었다. 순수한 국내파는 그와 남자 동기 한 명이 유일한 듯했다.

혼자 힘으로 집안 좋은 금수저 자녀들도 들어가기 힘들다는 외국계 경영컨설팅 회사에 입사했다는 사실에 부모님은 대견해하셨다. 그는 자신

보다도 세상을 다 얻은 듯 기뻐하시는 부모님의 모습에 더 큰 보람을 느꼈다.

이렇듯 꿈에도 그리던 맥킨지 컨설팅에 입사했지만, 막상 입사한 그곳은 상상했던 이상향이 아니었다. 무엇보다 한국에서만 영어 공부를 했던 그에게 영어의 장벽이 너무 높았다. 한국에서만 영어 공부를 한 것과 어린 시절 잠깐이라도 외국에 살면서 모국어로서 영어를 접한 것은 하늘과 땅 차이였다.

해외파들이 한 시간이면 끝낼 작업을 그는 4시간 이상 걸려서 처리했다. 기본 언어인 영어가 원활하지 않다 보니 모든 업무가 더디게 진행됐다. 새벽 두 시에 퇴근해 잠깐 눈만 붙이고 다시 출근하는 강행군이 계속됐다. 입사 두 달 만에 5kg이 빠질 정도로 극심한 스트레스에 시달렸다.

'아……, 그냥 여기서 포기해 버릴까?'

체력도 체력이지만 하루에도 수십 번씩 포기하고 싶다는 생각이 들었다. 하지만 마지막 순간에 그를 다잡은 것은 대견한 딸을 믿고 지지해 주는 부모님과 한번 부딪쳐 보자는 생각이었다.

'그래. 여기서 포기할 순 없어. 내가 어떻게 여기까지 왔는데.'

'지금 포기하면 정말이지 낙오자로 전락하는 거야.'

오기가 발동했다. 인생에 포기하고 싶은 순간들이 많이 있었지만 그때마다 어려운 집안

환경을 딛고 한 단계씩 성취해 온 자신의 인생을 버릴 수 없었다.

'내가 성공해야 나처럼 집안이 어려운 흙수저 후배들도 희망을 가질 수 있어. 특히 여성 후배들이.'

그는 결국 입사 2년 만에 최연소 어소시에이트(Associate)로 승진하는 데 성공했다. 어소시에이트는 대개의 경우 MBA 학위를 수여한 후 입사하는 직원들이 얻는 직위다. 맥킨지에 입사하여 2년 만에 MBA 학위 없이 바로 승진을 한 사람은 매우 드물었다.

'아……, 정말 하면 되는구나! 사람이 의지를 갖고 하면 못할 일은 없구나!'

신 파트너는 이후에도 여러 번 최연소 승진을 달성하며 승승장구했지만, 맥킨지에서 어소시에이트로 승진한 그때를 결코 잊을 수가 없다고 말한다.

맥킨지에서 업무 능력을 인정받고 경영컨설턴트로서 생활이 익숙해질 무렵, 그는 맥킨지를 떠나 금융 분야에서 보다 전문적인 공부를 하기로 결정했다. 그리고 맥킨지의 학자금 스폰서십으로 미국 와튼 스쿨(University of pennsylvania, Wharton School)에 진학했다.

학기 중 골드만삭스에서 여름 인턴(Summer associate)으로 인턴쉽 오퍼를 받았다. 당시 임신으로 인해 인턴쉽을 포기할까 고민했지만 골드만삭스의 적극적인 합류 요청으로 여름 인턴으로 10주일을 성공적으로 끝냈다. MBA 졸업 후 정식 제안을 받아 골드만삭스 홍콩/서울 투자은행 부문에서 상무(VP, Vice President)로 승진했고 그 후 총 8년간 근무했다.

신 파트너는 골드만삭스를 본인을 가장 성장시킨, 가족 같은 회사로 묘사한다. 밤을 새는 날들이 정말 많았지만 아낌없이 멘토링해 주는 회사 문화, 한 명의 스타보다 팀워크를 강조해 최고의 결과물을 만들어 내는 업무 방식, 최상의 기준으로 한 치의 오차도 허락하지 않는 업무 환경 등, 이를 통해 금융인으로 거듭 날 수 있었다.

신 파트너는 골드만삭스에서 근무하던 중 지난 2014년 사모펀드인 유니슨캐피탈의 임원으로 전격 스카우트 됐다. 신 파트너는 여성이 드문 국내 사모펀드 업계에서 유일한 여성 임원이며 파트너다.

골드만삭스 근무 시절, 어피너티의 하이마트 매각 자문, MBKP의 웅진코웨이 매각 자문, 롯데쇼핑의 하이마트 인수 자문, KKR의 OB맥주 인수 자문, 대한민국의 신용평가 관련 자문 등 빅딜 어드바이저리 역할을 하며 탁월한 업무 처리 능력을 인정받았다. 특히 사모펀드 업계로 이직한 이후에는 유니슨캐피탈코리아의 첫 성공적인 회수 완료(구르메F&B)의 주역이 됐으며 공차를 글로벌 티(Tea) 회사로 탈바꿈시키며 한 번 더 존재감을 드러냈다.

그는 2017년 말 사모펀드 업계로 진출한 지 3년 만에 전무에서 파트너로 파격 승진하며 업계 여걸로서 입지를 굳혔다.

글로벌 티 회사로 거듭난 공차코리아 부활의 주역, IB업계 여걸

2년 만에 어깨를 쫙 펴고 당당하게 걸었다. 드디어 공차 대만 본사 인수를 통해 초기 투자 시 계획했던 '글로벌 티 회사'로서의 전체 그림이 완성됐고, 경영 실적이 공차코리아에 반영됐다. 투자 경과보고를 하고자 기관투자자를 찾은 그의 마음은 구름처럼 가벼웠다.

사실 그동안의 마음고생을 생각하면 눈물이 날 정도였다. 공차코리아 인수 때부터 계획했던 대만 본사 인수가 협상 과정에서 지체됐고, 그에 따라 대만 본사의 한국 신제품 및 마케팅 계획 승인도 늦어졌다. 국내 경영 실적 개선이 지체됐다.

글로벌 사모펀드인 유니슨캐피탈은 지난 2014년 공차코리아를 전격 인수했다. 공차는 당시 사모펀드 업계가 진출한 커피 시장이 아닌 F&B 사업이라는 점에서 주목을 받았다.

그동안 익숙했던 IB 시장을 떠나 사모펀드라는 새로운 영역에 도전장을 내민 그에겐 늦깎이 입문에 대한 불안감도 없지 않았다. 특히 유니슨의 첫 투자로 언론의 스포라이트를 받아 온 공차의 가치 증대 계획이 지연되자 무거운 쇳덩어리가 가슴을 짓누르는 듯했다.

"공차코리아 인수 당시 계획했던 공차 대만 본사 인수가 드디어 끝났습니다. 이제 공차는 전 세계 약 1400개 매장을 가진 글로벌 티 브랜드입니다. 향후 글로벌 브랜드를 가진 아시아의 최대, 유일무이 티 전문회사로서 본격적인 가치 증대 활동들이 이루어집니다."

2016년 12월. 유니슨은 2년간 공을 들인 공차 대만 본사 인수에 성공했다. 대만 본사의 실적이 공차코리아와 합쳐지면서 부활의 날개를 날았다. 국내 기준 16억 원에 불과했던 영업이익이 대만 본사 인수 이후 85억 원으로 무려 5배 넘게 뛰었다.

공차코리아의 성장 전략은 처음부터 국내 F&B와는 방향이 달랐다. 내수 기반의 F&B의 경우 국내 프랜차이즈 가맹점 수가 중요하지만 공차코리아는 인수 이후 중구난방으로 난립된 매장 수를 줄이고 내실을 다지는 데 주력했다.

핵심 투자 전략은 아시아 최대 티 회사로서 자리매김하는 것이다. 일부 국내 프랜차이즈 본사들은 점포당 매출과 상관없이 무조건 매장 늘리기에 급급하지만, 공차코리아는 오히려 반대의 행보를 보였다. 유니슨은 장기 관점에서 공차의 브랜드 경쟁력을 높이기 위해 무작위로 점포를 오픈하지 않고 실속 경영하도록 경영진과 조율했다.

외형 성장에만 치중하지 않다 보니 오해를 사기에 충분했다. 점포 오픈으로 들어오는 일회성 수익이 없다 보니 보이는 매출이 급감했다. 하지만 신 파트너, 유니슨 그리고 회사 경영진은 브랜드 성장 및 질적 성장을 위해서는 눈을 질끈 감을 수밖에 없었다.

"경영진 성과도 올해 매출과 이익만으로 절대 평가하지 않습니다. 단기 이익 극대화를 위해 매장 오픈을 남발하지 마시고 개인 창업자라도 철저한 사전 준비 후 승산이 있을 때만 매장을 열어 주시기 바랍니다."

신 파트너는 공차코리아 경영진들에게 신신당부를 했다.

대신 해외 시장 공략에 주력했다. 글로벌 사모펀드의 장점을 십분 활용해 일본 시장 공략을 먼저 시작했다.

"일본 고객들은 아리산티(대만 아리산에서 나는 최고급 우롱티)를 많이 찾고 이는 매출의 많은 부분을 차지하고 있습니다. 버블티가 아닌 글로벌 티 회사로 자리매김해 나가는 서막을 일본에서부터 만들고 있습니다."

이후 동남아, 호주 시드니, 미국 LA 등 해외 지점을 늘려 나갔다. 특히 일본, 베트남 시장 등에서의 성장은 공차코리아의 실적을 상회하는 수준으로 올라가고 있어 새로운 성장 동력으로 자리매김했다.

구조조정을 통해 체질을 개선하기까지 무려 2년이란 시간이 걸렸다. 이제 국내 실적도 안정기에 접어 들었고, 대만 본사와의 시너지 효과도 가시화될 것이다.

그는 기관투자자들과의 중간 점검 미팅에서 그동안의 투자 전략과 성과에 대해 조목조목 설명했다.

"신 파트너, 고생 많았네요. 외부에서 걱정들이 좀 있었지만 오늘 턴어라운드 수치를 직접 확인하니 큰 걱정 안 해도 되겠어요."

기관투자자들도 숫자로 나타난 성과를 확인하며 안도하는 눈치였다. 위기를 기회로 만들었다는 평가였다. 그동안 믿고 기다려 준 이들이 참으로 고마웠다.

고생 끝, 행복 시작!

이제는 꽃길만 걸을 수 있을까.

2017년 상반기 공차코리아의 매출 턴어라운드 이후 유니슨엔 또 다른 기쁜 소식이 잇달아 날아들었다. 여름휴가도 뒤로 미룬 채 신 파트너가 혼신의 힘을 기울였던 첫 번째 매각 작업이 드디어 마무리 된 것이다.

유니슨코리아에겐 그야말로 역사적인 날이었다. 딜 사이즈가 크진 않았지만 불과 1년 만에 수익률 150%, 210억 원이란 매각 차익을 낸 것이다. 신 파트너는 2016년 9월 150억 원에 인수한 천연치즈 유통업체 구르메F&B를 LF패션에 매각했다. 매각가는 무려 360억 원에 달한다.

2017년 9월 5일 패션업체 LF가 구르메F&B를 매수했다는 공시가 뜨자 여기저기서 축하메시지가 전해 왔다.

"드디어 첫 딜 성공이네요. 새로운 곳에서도 잘하실 줄 알았습니다."

"진심으로 축하드립니다!"

천연치즈 유통업체인 구르메F&B는 신 파트너에겐 더욱 각별했다. 사모펀드 업계 입성 후 투자 집중 산업 분야를 연구해 투자를 발굴해 내고, 관리부터 매각까지 주도적으로 진행한 첫 딜이어서다.

어느 정도 예상은 했지만 중소기업 M&A 딜을 직접 성사시키는 일은 대기업 자문만 하던 일과는 차원이 다른 어려움이 많았다. 사모펀드의 투자역은 만능 엔터테이너가 돼야 했다. 너무나 다른 이해관계 당사자들을 만나 그들의 마음을 사고 설득해야 했다. 상대방에 대한 자상한 배려는 물론 그가 진심으로 원하는 니즈를 알아내는 독심술까지 필요하다. 그야말로 종합예술이다. 그중에서도 사람의 마음을 사는 일이 가장 어려웠다. 뚜렷한 자기 주관으로 한 기업을 일궈 낸 오너 창업주들은 웬만해선 마음의 문을 열지 않았다.

지금은 스스럼없이 지내는 구르메F&B 회장과는 70여 회의 만남을 가졌다. 특별한 목적을 가지고 만난 게 아니다. 주말이면 그가 운영하는 통인동 레스토랑으로 찾아가 밥을 먹고 차를 마셨다. 처음에는 중요한 사업 얘기보다는 대수롭지 않은 신변잡기 대화들이 많이 오갔다. 사람이 친해지려면 '진하게' 한번 만나는 것보단 잠시라도 여러 번 보는 게 훨씬 유리하다. 미팅조차 거절하던 회장을 1년여 동안 만나며 공을 들인 끝에 회장의 신임을 얻었고 "구르메F&B를 믿고 맡겨도 되겠다"는 얘기를 들었다. 여성 특유의 꼼꼼함과 섬세함으로 회장의 마음을 얻는데 성공한 것이다.

"지금까지는 혼자 힘으로 회사를 키웠지만, 유니슨이라면 내가 부족했던 부분을 채워줄 거라 믿습니다."

서 회장의 신임은 얻었으나 그 다음 단계로 복잡하게 얽힌 지분 구조를 풀기 위해 미국, 싱가포르 등지로 날아가 다른 주주들을 만나며 설득했다. 골드만삭스에서 쌓아 온 수년간 협상 경험이 빛을 발하여 복잡한 실타래를 풀 수 있었다.

실제로 구르메F&B는 탁월한 품질 관리 및 유통 채널 관리에 비해 체계적인 의사 결정 시스템, 마케팅과 조직 운영 능력이 부족했다. 유니슨이 사모펀드의 장점을 십분 활용해 관리 기법을 정교화하고 마케팅을 강화한다면 날개를 달 수 있을 듯 했다.

결과는 예상한 대로였다. 유니슨은 구르메 인수 이후 계획했던 밸류업 절차에 돌입했다. 의사 결정에 필요한 중요한 정보를 매주, 매달 정리하는 관리 체계와 환율 모니터링을 도입하고 외부에서 마케팅 전문가를 영입해 CMO(마케팅전문가)로 선임하는 등 기업 가치 상승 활동에 돌입했다. 그러자 당장 오프라인에서 고객 수가 10% 이상 늘고 온라인 마케팅이 눈에 띄게 개선됐다. 이에 투자 당시 12억 원이었던 당기순이익이 32억 원으로 두 배 이상 성장했다.

매각 시점을 놓고선 고민이 많았다. 워낙 좋은 기업이었기에 계속 간다고 해도 매출은 급성장할 것으로 예상됐다.

인수 초기부터 잠재 매수자들의 러브콜을 계속 받아 조기 매각으로 가닥을 잡은 이후에는 매수자 선정에 신중을 기했다. 몇 군데 인수 의사를 밝힌 기업들이 있었지만 앞으로 그들과 함께 일할 핵심 구르메 임원들의 의사를 최우선으로 반영하기로 했다.

최종 매수자로 패션 업체 LF가 낙점된 것은 유니슨만의 단독 의지가 아니라 구르메 핵심 임원들의 뜻을 반영한 결과였다.

1년 동안 정이 들었던 구르메를 떠나보내기 전, LF측 딜을 이끌었던 허태영 상무와 허심탄회한 미팅을 가졌다. LF의 허 상무는 신 파트너의 전직장인 맥킨지에서의 인연으로 이미 구면이었다. 신 파트너는 향후 구르메의 고유한 문화가 지속될 수 있도록 신신당부했다. 구르메 임직원들의 장점과 역할, 승진 대상 등을 기록한 내용을 전달했다. 마지막으로 향후 LF가 운영하면서 문제가 생긴다면 언제든 도움을 주겠다는 약속도 잊지 않았다. 그동안 정들었던 회사 관계자들과 헤어진다는 게 실감이 나지 않아 얼떨떨했다.

"여기서 우리 인연이 끝나는 건 아니에요. 언제든 편하게 연락 주세요."

여운을 남기는 그의 마지막 인사에 구르메 임직원들도 안심을 했다.

사모펀드 M&A, 여성들에게 유리… 멀리 보고 버텨야 성공

우연의 일치할까. '선화'라는 같은 이름을 가진 신 파트너에겐 처음부터 웬지 호감이 갔다. 글로벌 사모펀드의 특성상 여러 차례 인터뷰를 요청한 끝에 그를 만날 수 있었다.

임원이라는 타이틀이 무색할 정도로 동안 외모인 그는 기대와 달리 부드러운 카리스마의 소유자였다.

"국내 사모펀드 업계에 여성분들을 찾기가 힘듭니다. 어렵게 만나 뵙게 되어 반갑습니다."

"우리 업계에 여성 인력들이 없다는 문제점에 대해서는 크게 공감합니다. 사실 알고 보면 여성들이 더 잘 할 수 있는 분야라 더 안타까워요."

"개인적으로도 사모펀드 업계에 여성 인력이 적은 이유가 궁금합니다.

워낙 밤샘 작업이 많다 보니 체력적으로 딸려서 일까요?"

"사실 체력은 큰 문제가 되지 않는다고 생각합니다. 밤샘 문서 작업은 입사 초기 주니어 시절에 많은데 오히려 그때 여성들이 더 탁월한 능력을 발휘하죠.

문제는 진급을 하고 실제 현장에 투입했을 때 주로 발생하는데 많은 여성들이 남성 파트너와의 관계 형성을 힘들어 하는 것 같아요. 사람과의 관계 형성이 하루아침에 되는 것이 아니고 딜은 시간이 걸리는 문제인데, 조급증을 내는 것이 문제라고나 할까요?"

"남성 파트너들과의 관계 형성이 어렵다는 점은 조금 이해가 되지 않네요."

"실제 많은 여성 후배들이 너무 빨리 포기를 합니다. 처음 만나서 딜이 성사되는 게 아니거든요. 한 번 만나고 두 번 만나고 지속적으로 만나면서 서로 알아가는 단계가 필요한 거죠."

"결국 사람 관계가 중요하다는 말씀이신데, 파트너 님만의 노하우가 있을까요? 혹시 술을 잘 하시는지요?"

"여성들이 술로는 절대 남성들을 따라 잡을 수가 없죠. 사실 골드만삭스 시절에도 술을 잘 마시는 이른바 '술상무'들이 딜을 따오지는 않았던 것 같아요. 비즈니스 관계로 사람을 만났을 때는 사업에 대한 연구를 많이 해서 새로운 흐름이나 아이디어를 제공하는 데 초점을 맞춰요. 상대방은 전혀 기대도 하지 않고 나왔다가 새로운 정보를 듣게 되면 관심을 가지게 되죠. 남들이 보지 못하는 관점 등에 대한 고민도 많이 하고요."

"여성 인력들의 장점이 오히려 더 많다고 말씀하셨는데 이유가 뭘까요?"

"여성들은 커뮤니케이션 과정에서 장점이 많아요. 남성들과 달리, 중간 중간 돌아가는 상황에 대한 얘기들을 많이 하죠. 남성들의 사고방식은 결과 위주이기 때문에 그런 중간 과정에 대해 생략하는 경우가 많거든요.

그리고 딜이 성사되려면 상대방이 겉으로 표현하지 않는 내면까지도 헤아릴 수 있어야 해요. 웬만큼 친해서는 결코 속내를 드러내지 않죠. 상대방이 대놓고 말하진 않지만 진심으로 원하는 것이 무엇인지 아는 공감 능력은 남성보다는 여성이 탁월할 것 같아요."

"꾸준히 업계 사람들과 좋은 관계를 유지하다 보면 결국 좋은 딜도 들어온다는 말씀이시죠?"

"물론이죠. 유니슨캐피탈처럼 중소형 바이아웃 딜을 많이 하는 하우스에선 인수 기업과의 관계도 중요해요. 인수한 기업의 직원들이 진정으로 자기 일처럼 동참해 주지 않으면 회사는 달라지지 않거든요. 사모펀드가 인수했다고 해서 권위적이거나 점령자처럼 굴어선 안 돼요. 그들의 마음을 사는 일이 최우선이에요."

"참. 사람의 마음을 사는 일은 어려운 것 같아요. 겉으로 보기엔 사모펀드 딜이 굉장히 냉철해 보이지만 결국 속내를 들여다 보면 '사람'이네요!"

"개인적으로 사모펀드의 딜은 종합 예술 즉, 아트(art)라고 생각해요. 정해진 공식이 있는 것도 아니고 정답이 정해진 것도 아니죠. 마치 예술가가 하나의 예술 작품을 빚듯 작품 하나하나에 최선을 다 하는 수밖에 없어요."

"끝으로 여성 후배들에게 하고 싶은 말씀이 있으시다면요?"

"많은 여성 후배들이 이 업계에 진입하고자 하는 꿈을 꿨으면 좋겠습니다. 아무리 힘들어도 끝까지 버티다 보면 결국 해낼 수 있다는 믿음도 가졌으면 좋겠고요. 결국 오래 참고 버티는 사람이 이긴다고 생각합니다."

20만 독자가 인정하는 성선화 기자가 알려주는
'월급쟁이 부자의 길'

3부

일상생활 속 대체투자

관점을 바꾸면 투자가 보인다

01

AHC 순면팩,
장당 600원의 비결은?

● 유니레버, 카버코리아에 3조 원 베팅, 왜?
● K뷰티, 중국 시장에 사활을 걸어라
● IMM PE가 '3300원의 신화' 미샤에 베팅한 이유

"미국 보스턴에 본사를 둔 저희 베인캐피탈은 글로벌 PE 하우스로서 장점을 십분 활용할 수 있습니다. 우리가 카버코리아를 인수하게 되면 베인캐피탈의 상하이팀이 직접 투입돼 중국 위생허가를 받아 낼 수 있습니다. 그동안 카버코리아가 그토록 원했던 중국 시장이 열리게 되는 겁니다. 단지 위생 허가뿐만이 아닙니다. 중국 내에서 유통과 마케팅 측면에서도 베인캐피탈 중국팀의 역량을 통해 충분히 가능합니다."

모건스탠리 PE에서 최근 베인캐피탈로 자리를 옮김 이정우 전무는 '글로벌 PE 하우스의 역량'이라는 표현을 여러 차례 반복했다. 물론 그의 의도는 다분했다. 지금 현재 카버코리아 이상록 대표에게 가장 절실한 '그 무언가'를 정확히 꿰뚫고 있었기 때문이다.

99년 카버코리아를 설립, 강남 청담동 메이크업 숍에 무료 샘플을 돌리며 영업을 시작한 이 회장은 로드숍 없이 제품의 품질로만 승부해 홈

쇼핑 대박을 터뜨려 지금의 AHC브랜드를 키웠다.

밑바닥에서 여기까지 오는 동안 자신이 못 뚫을 유통 채널은 없다며 늘 자시만만했던 이 대표도 중국이란 커다란 벽 앞에선 한없이 작아졌다. 대한민국이라면 땅끝이라도 어디든 못 뚫을 곳이 없겠지만, 말도 안 통하는 그 넓은 중국 땅덩어리는 막막하기 그지 없었다.

갓난아이 같았던 카버코리아가 이제는 어느새 훌쩍 커 버려 혼자 감당하기 힘든 성인이 돼 버린 것이다. 카버코리아엔 인생의 동반자가 돼 줄 새로운 짝이 필요했다. 자식을 키운 부모로서의 역할은 여기까지인 것이다. 솔직히 인정할 것은 인정해야 했다. 그가 할 수 있는 최선은 자식에게 천생연분 배필을 찾아 주는 것이다. 자식의 배우자를 고르는 심정으로 전문가의 손길을 빌려야겠다고 생각했다.

그동안 카버코리아에 관심을 보인 사모펀드들은 수도 없이 많았다. 그때마다 "자식 같은 기업을 팔아 넘길 순 없다"며 문전박대 했었다.

카버코리아 경영권 매각, 용단을 내리다

하지만 조건에 맞춰 선을 보려면 검증된 결혼정보업체부터 찾아야 했다. 그는 일단 '결혼 전문가'들이 모인 사모펀드들과 만나라도 봐야겠다고 마음먹었다. 이 대표는 며칠 전 찾아왔던 베인캐피탈의 이 전무에게 다시 연락을 했다.

"지난번 카버코리아의 중국 진출 및 성장 전략 발표 잘 들었습니다. 사실 지금까지 회사를 키워 온 대표로서 한계를 많이 느꼈는데 베인캐피탈이 그동안 제가 하지 못한 부분까지 채워 줄 수 있겠다는 생각이 들었어요."

"맞습니다, 대표님. 다른 사모펀드들의 역량이 떨어진다는 의미가 절대 아닙니다. 토종 사모펀드도 지역 네트워크 등 그들만의 충분한 경쟁력이 있습니다. 하지만 제가 강조하고 싶은 건 베인캐피탈만의 글로벌 경쟁력입니다."

"저도 공감합니다. 지금도 중국인들이 한국에 오면 AHC 마스크팩을 보따리로 싸들고 갑니다. 중국 시장만 열리면 매출 성장세는 정말이지 폭발적일 겁니다."

"바로 그겁니다. 대표님! 저희 같이 한번 해 보시죠!"

원래는 경영권까지 넘길 생각은 전혀 없었다. 소수 지분 투자만 받고 경영 자문 정도만 받을 계획이었다.

하지만 이 전무가 수차례 반복한 '글로벌 PE 하우스의 역량'이란 표현이 머릿속을 떠나질 않았다. 이미 그의 가슴은 '이제는 내려놓아야 할 때'라고 말하고 있는 듯했다. 이 전무의 끈질긴 구애 끝에 이 회장은 결국 소수 지분이 아닌 경영권을 넘기기로 결심했다.

2016년 6월. 이 회장은 자신이 보유한 회사 지분 중 60.1%를 베인캐피탈에 매각해 카버코리아의 경영권을 넘겼다. 지분 60.1%에 대한 매각가가 4300억 원에 달했다. 그 결과 한국 화장품 업체에 대한 고밸류에이션

(고평가) 논란을 일으켰다.

국내 화장품 생산 실적 13조 돌파, 중국 비중 가장 커

뷰티·헬스케어 산업은 전통적인 국내 사모펀드들의 진출 시장은 아니다. 성장하는 시장은 분명하지만, 단기간에 급성장을 하다 보니 '가격이 높다'는 평가가 따라 다녔다. 그동안 몸값이 많이 올라 거품이 많다는 평가였다. 게다가 향후 성장성에 대한 의문도 제기됐다.

실제로 식품의약품안전청이 발표한 국내 화장품 생산 실적을 보면 2016년 13조 원을 넘어섰고, 무역수지 흑자는 3조 원을 돌파했다.

그러니까 2016년 한 해 동안 우리나라가 화장품 수출로만 벌어들인 돈이 약 3조 6000억 원에 달했고 이는 전년도 대비 약 1조 9000억 원이

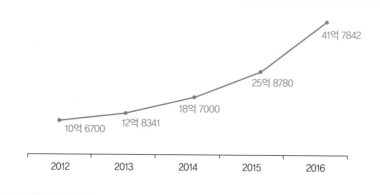

국내 화장품 수출액

41억 7842

25억 8780

18억 7000

12억 8341

10억 6700

2012　2013　2014　2015　2016

〈출처: 식품의약품안전처〉　　　　　　　　　　　　　　(단위: 만 달러)

순위 총계	2015년			2016년			
	국가명	금액	점유율	국가명	금액	점유율	전년대비 증감률(%)
1	중국	1,062,370	41.05	중국	1,569,712	37.6	47.8
2	홍콩	641,816	24.80	홍콩	1,244,089	29.8	93.8
3	미국	188,519	7.28	미국	346,972	8.3	84.1
4	일본	122,377	4.73	일본	182,674	4.4	49.3
5	대만	119,033	4.60	대만	135,952	3.3	14.2
6	태국	83,408	3.22	태국	118,331	2.8	41.9
7	싱가포르	58,094	2.24	싱가포르	93,869	2.2	61.6
8	베트남	47,037	1.82	베트남	71,399	1.7	51.8
9	말레이지아	41,466	1.60	말레이지아	60,938	1.5	47.0
10	러시아 연방	32,502	1.26	러시아 연방	47,817	1.1	47.1

우리나라의 국가별 화장품 수출 실적

〈출처: 식품의약품안전처〉　　　　　　　　　　　　　　　　　　　　(단위: 천 달러, %)

증가한 것이다.

중요한 점은 이 같은 무역수지 흑자가 2014년을 기점으로 폭발적으로 증가했다는 점이다. 2015년 1조 6973억 원으로 급성장한 뒤 2016년 3조 5955억 원으로 2배 이상 폭발적 성장세를 보였다.

이 같은 폭발적 증가세는 단연 중국 수요 덕분이다. 2016년 우리나라가 중국에 수출한 국내 화장품은 15억 6971만 달러(1조 8216억 원)로 지난해 같은 기간 대비 약 6000억 원이 증가했다.

결국 중국과 홍콩 두 시장이 국내 화장품 수출의 절반 이상을 차지하는 셈이다. 국내 화장품 업체들이 중국 시장 진출에 사활을 걸어야 할 이유가 명백한 것이다.

인수 1년 만에 몸값 7배 상승 매각

베인캐피탈은 카버코리아 인수 이후 중국 법인 설립과 위생허가 획득을 위해 중국팀 인력을 한국으로 파견했다. 기존 홍콩 지사와 상하이 지사를 법인화해 본격적인 중국 공략에 나선 것이다.

하지만 이미 카버코리아는 한국 화장품 시장의 급성장과 맞물려 최고의 수혜주로 급부상 중이었다. 카버코리아는 2014년부터 3년 연속 무려 3배씩 성장했다. 2014년 500억 원이던 매출이 2015년 1565억 원으로, 2016년 4295억 원으로 급증한 것이다. 이에 2015년 국내 화장품 제조판

카버코리아 실적			
구분	2014년	2015년	2017년
매출액	500	1565	4295
영업이익	100	483	1800
순이익	71	358	1324

〈출처: 할리스 F&B〉 (단위: 억 원)

매 업체 실적 비중 10위권에도 들지 못했던 카버코리아는 2016년 8위로 껑충 뛰어올랐다. 2015년 카버코리아의 시장점유율은 0.44%로 국내 14위권이었고, 2016년 점유율은 1.10%로 무려 3배 가까이 성장하면서 10위권으로 진입한 것이다. 이 같은 급성장은 고밸류에이션 논란을 일으킬 법도 했다.

하지만 이런 고밸류에이션 논란에 쐐기를 박은 결정적 사건이 발생했다. 베인캐피탈이 불과 1년 만에 인수 대비 무려 7배 이상의 몸값을 받고 카버코리아를 글로벌 생활용품 기업 유니레버에 매각한 것이다. 베인캐피탈의 인수가가 높았다는 부정적 시각을 한순간에 없애 버렸다.

2017년 9월 유니레버는 베인캐피털-골드만삭스 컨소시엄이 보유한 카버코리아 지분과 이상록 카버코리아 회장 지분을 합한 총 96%를 22억 7000만 유로(약 3조 629억 원)에 인수하는 계약을 체결했다. 유니레버가 지난 7년 사이 단행한 M&A 사례 중 가장 큰 금액이다.

베인캐피탈은 투자 1년여 만에 4300억 원을 투자해 시세차익 및 배당을 포함해 1조 2000억 원의 차익을 낸 것이다. 이번 거래는 사모펀드의 한국 내 바이아웃 거래 중 역대 최고 수준 중 하나로 기록될 전망이다.

그렇다면 유니레버가 카버코리아에 3조 원이나 베팅을 한 이유는 무엇일까. 그것은 바로 중국 시장 때문이다. 유니레버는 지난 86년 중국 시장에 진출해 30년 가까이 사업을 지속했지만 2016년 하반기부터 현지 매출이 급감해 왔다. 고전하고 있는 중국 시장을 살리기 위해선 극단의 조치가 필요했던 것이다. 이제 막 중국 법인을 설립해 위생허가를 받고 본격 진출을 앞두고 있는 카버코리아가 매력적으로 보일 수밖에 없다. 그들의 통 큰 베팅에는 아직 무르익지 않은 중국 시장에 대한 기대감이 백분 반영된 것이다.

이처럼 중국 시장은 한국 화장품 업체들이 반드시 풀어야 할 숙제와 같다. JKL파트너스가 마스크팩 메디힐의 수분라인 주문자상표부착생산(OEM) '지디케이'를 인수한 이유도 중국 위생허가를 받아 향후 중국 시장에 대한 기대감이 있었기 때문이다.

마스크팩의 경우 같은 기업이라도 생산 라인에 따라 OEM 업체가 다르다. 같은 메디힐 브랜드라도 수분라인, 영양라인, 미백라인 등 마스크팩의 종류별로 다른 업체에 생산을 주문하는 것이다. 메디힐 브랜드 중에서 모든 종류의 팩이 균일한 품질로 유지되지 않는 이유가 이 때문이다. 지디케이는 수분라인 마스크팩 제조사로 메디힐 브랜드에서 가장 높은 비중을 차지하고 있다.

정장근 JKL파트너스 대표는 "국내 수많은 마스크팩 OEM 업체가 있지만 정작 중국 위생허가를 받은 업체는 많지 않다"며 "중국 시장 진출이 지디케이 투자의 가장 큰 이유가 됐다"고 말했다.

품질 좋은 화장품은 구매력이 결정한다

최근 화장품 소비자들이 날로 똑똑해지고 있다. 과거처럼 유명 배우나 브랜드만 보고 화장품을 구매하던 시절은 이미 지나갔다. 단순히 유명 브랜드라고 믿고 쓰는 게 아니라 스스로 분석하고 판단할 정도로 뷰티 전문가들이 늘고 있었다. 이에 유튜브 등을 통해 수많은 정보가 제공되면서 화장품의 전성분을 꼼꼼히 따져 보고 가성비를 고려해 합리적 소비를 하는 것이다.

카버코리아의 대표 브랜드인 AHC의 성공의 밑바탕에는 고품질 제품력이 깔려 있다. 일반적으로 화장품의 원가는 상당히 낮고 원재료는 한국콜마, 코스맥스 등에서 공급해 품질이 비슷한 것으로 알려져 있다. 하지만 같은 원재료를 사용하더라도 제품의 품질에 있어서는 엄연한 차이가 있다.

그렇다면 화장품의 품질 차이는 어디서 나타나는 것일까?

업계에서는 이를 QC(품질관리)의 차이라고 설명한다.

먼저 품질관리를 잘하려면 원재료를 공급하는 업체에 대한 구매력(바잉파워)이 있어야 한다. 한국콜마, 코스맥스 등의 화장품 원료 회사들은 수많은 화장품 업체에 재료를 납품한다. 이 중에서도 대량 구매를 하는 업체 측에 낮은 원가로 높은 품질의 제품을 줄 수밖에 없다. 카버코리아가 장당 600원씩 마스크팩을 팔면서도 고품질을 유지할 수 있었던 비결은 아모레퍼시픽, 엘지생활건강 다음으로 많은 물량을 구매하기 때문이다. 카버코리아가 한국콜마에서 구매하는 액수는 700억 원에 달한다. 이처럼 대량 구매를 하기에 품질을 유지하면서도 가격은 낮출 수가 있는 것이다.

그 다음으로 품질관리를 하는 인력의 전문성이 중요하다. 아모레퍼시픽이 해외 명품 브랜드를 제치고 국내 시장을 석권할 수 있었던 비결은 서경배 회장이 마케팅보다는 R&D(연구개발) 조직에 힘을 실어 줬기 때문이다. 아모레퍼시픽의 조직 내부에선 R&D 품질관리 인력들의 발언권이 가장 센 것으로 알려졌다.

2017년 6월 IMM PE가 미샤 브랜드 제조사인 에이블씨엔씨를 인수한 이유도 밑바탕에 깔린 제품력을 높게 평가했기 때문이다. IMM PE

한국 화장품 업체 판매량 및 시장 점유율					
순위	제조판매업자	'15년		'16년	
		생산금액	점유율	생산금액	점유율
총계		107,328	100%	130,512	100%
소계(상위 20위)		84,708	78.94%	101,661	77.91%
1	㈜아모레퍼시픽	37,485	34.93%	43,899	33.64%
2	㈜엘지생활건강	28,866	26.90%	35,825	27.45%
3	애경산업㈜	1,978	1.84%	2,528	1.94%
4	이니스프리	1,578	1.47%	1,961	1.50%
5	㈜더페이스샵	1,757	1.64%	1,692	1.30%
6	엘앤피코스메틱㈜	1,252	1.17%	1,549	1.19%
7	㈜코리아나화장품	1,432	1.33%	1,450	1.11%
8	㈜카버코리아	477	0.44%	1,436	1.10%
9	에터미㈜	1,213	1.13%	1,169	0.90%
10	㈜리더스코스메틱	986	0.92%	1,168	0.90%

〈출처: 식품의약품안전처〉 (단위: 억 원)

는 미샤의 품질관리 인력들은 경쟁사들에 비해 훨씬 더 우수하다고 평가했다. IMM PE에서 에이블씨엔씨를 맡고 있는 이해준 부사장은 "미샤의 높은 품질관리 수준은 업계에서 정평이 나 있다"며 "높은 기준을 세워 놓고 제조사에서 원하는 품질을 맞춰 올 때까지 깐깐하게 관리한다"고 말했다.

탄탄한 기본기에도 치열한 경쟁에 밀려 지난해 적자로 돌아선 미샤의 성장성에 한계를 느낀 서영필 회장이 매각 자문사인 삼일 회계법인 측에 적합한 매수자를 의뢰한 것이다. 삼일이 오랫동안 화장품 브랜드 인수를 위해 공을 들여 온 IMM을 소개해 딜이 성사된 것으로 알려졌다.

미샤, '3300원 신화'의 복원

2016년 6월 IMM가 에이블씨엔씨를 인수한 이후 이해준 부사장과 김정균 상무는 서울 구로구 가산동 미샤 본사로 출근을 했다. 앞으로 100일 동안 미샤 브랜드의 정체성을 재확립하기 위해서다.

서울 강남구 강남파이낸스센터 IMM 본사에서 이 부사장을 만났다. 이 부사장은 미국 프린스턴 학부, 유펜 로스쿨을 나온 미국 변호사 출신으로 송인준 대표의 적극적인 영입 노력 끝에 7년 전 IMM PE에 합류했다.

"국내 화장품 시장의 경쟁이 워낙 치열하다 보니 원조 로드샵 브랜드인 미샤가 뒤쳐진 느낌입니다. 많은 화장품 업체 중에서도 에이블씨엔씨를 선택한 이유가 있나요?"

"물론 최근 미샤가 경쟁에 밀려 주춤하긴 하지만 미샤라는 브랜드를 모르는 사람은 대한민국에 없습니다. 브랜드 경쟁력은 충분히 있다고 봅니다."

"사실 최근 화장품 시장의 경쟁이 워낙 치열해서 조금 우려스러운 부분도 없지 않습니다."

"소비재는 결국 꾸준한 투자가 관건이라고 봅니다. 이니스프리도 지금의 제주도 콘셉트를 잡기까지 수많은 시행착오를 거쳤습니다. 편집숍인 올리브영도 지금처럼 자리를 잡기까지 CJ의 꾸준히 투자가 있었고요. 소비재는 자본력을 갖춘 대기업이 꾸준히 투자를 해 줘야 성장할 수 있다고 봅니다."

"투자라고 하면 매장 등 외형 확장 투자를 말씀하시나요?"

"물론 신규 점포 개설 등 외형 확장 투자도 포함이 됩니다. 미샤의 장점 중 하나가 브랜드와 로드숍을 골고루 갖췄다는 점입니다. 일부 타 브랜드의 경우 자체 로드숍이 없고 브랜드만 있습니다. 브랜드의 인기가 시들해지면 로드숍이 없기 때문에 매출에 큰 타격을 받게 되죠.

미샤는 자체 로드숍이 있어 특정 브랜드의 영향을 덜 받습니다. 오는 2019년까지 약 1000억 원을 들여 기존 점포 730개 중 614개를 리뉴얼(238억 원)하고 200개 신규점포를 개설(471억 원)할 예정입니다."

"중국 시장 진출 계획은 없으신가요?"

"물론 있습니다. 중국 1성급 도시 내 30여 개의 직영 플래그십스토어 개설에 투입할 예정입니다."

지금은 후발주자에 밀렸지만 그래도 미샤는 20년의 저력이 있는 기업이다. 매출액 규모로도 국내 화장품 업계 3위에 달한다.

에이블씨엔씨는 올 3분기 연결기준 매출 832억 원, 영업이익 7억 원, 당기 순이익 12억 원을 기록한 것으로 잠정 집계됐다. 매출은 전년 동기 대비 11.2% 감소해 외형이 소폭 줄어들었으나, 영업이익은 128.6% 증가했다. 작년 3분기 25억 원 규모의 당기순손실을 기록했으나 올 3분기 흑자전환에 성공했다. 올 3분기 당기순이익은 12억 원인 것으로 잠정 집계됐다.

에이블씨엔씨의 새로운 비전은 2018년 초 선보일 예정이다. 이를 위해 LG생활건강 출신의 이세운 대표를 최고경영자(CEO)로 영입했고, 해외 경험이 있는 팀장·실무급도 영입했다. 2017년 말 본사를 강남으로 이전해 새 출발을 준비할 예정이다.

K뷰티의 저력을 믿는 IMM PE의 도전은 이제부터 시작인 것이다.

02

온라인 게임 '검은사막'의 배경이
중세 유럽인 이유

- "유럽의 심장을 찔러라" 한국 게임의 거침없는 돌격
- 블루홀 '배틀그라운드' 동시 접속 200만 명 신기록 깬 이유
- 주당 3만 원이던 블루홀 주식 11개월 만에 78만 원

그 누구도 확신하지 못했다. 블루홀의 신작 '배틀그라운드'의 성공은. 게임의 개발자인 김창환 PD도, 게임의 개발을 최종 승인한 장병규 블루홀 의장도, 심지어 배틀그라운드에 50억 원을 초기 투자한 박기호 LB인 베스트먼트 대표까지도.

총 쏘기 게임(FPG)은 국내에선 생소한 비인기 게임이다. 무인도에 갇혀 최후의 생존자 1인이 남을 때까지 싸우는 배틀로얄 방식의 배틀그라운드는 탄생부터 철저히 미국, 유럽 시장을 타깃으로 했다.

하지만 지난 17년간 단 한 건의 히트작이 없었던 김 PD는 유럽 지역의 FPG 게임의 성장세를 보며 배틀로얄 게임의 전성시대가 올 것이라 확신했다. 문제는 언제, 어떤 게임으로 대박이 터질지는 사람의 힘으로는 알 수 없었다는 점이다.

게임 승인의 최종 결정권을 쥔 장 의장은 판단의 기로에 섰다. 히트작

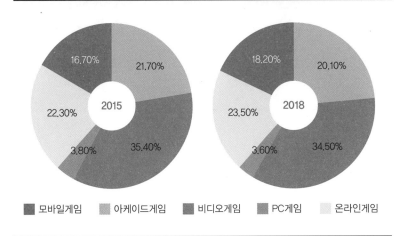

없는 무명 PD의 근성에 베팅을 할 것인가, 아니면 다른 제작사들처럼 중국 시장을 타깃으로 한 모바일 게임에 집중할 것인가.

판단의 기준은 단 하나였다. 지난 17년이란 긴 시간을 히트작 없이도 꿋꿋이 버텨 온 김 PD의 근성. 죽이 되든 밥이 되든 한번 시작한 게임은 끝까지 책임을 지고 완성을 해내고야 마는 추진력. 그는 김 PD를 믿어 보기로 했다.

설사 실패한다 해도 괜찮다. 지금까지 늘 실패의 경험도 블루홀에게 큰 자산이 돼 왔다.

정작 투자자인 박 대표가 본 건 국내 최고의 기술력을 갖춘 장 의장이 이끄는 블루홀이다. 게임은 마치 영화 투자와도 같다. 초특급 배우진을

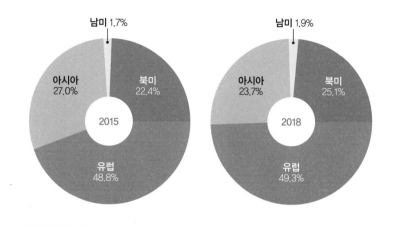

권역별 세계 게임 시장 점유율 2015년 vs 2018년

남미 1.7%

아시아
27.0%

북미
22.4%

2015

유럽
48.8%

남미 1.9%

아시아
23.7%

북미
25.1%

2018

유럽
49.3%

〈출처: DFC 2014; Entertain 2016;〉

구성하고 수백억 원의 제작비를 들이고 제아무리 완성도 높은 시나리오를 동원해도, 성공 여부는 그 누구도 장담할 수 없다.

하지만 박 대표는 믿는 구석이 있었다. 게임의 승부수는 기술력이다. 블루홀의 기술력은 타의 추종을 불허하는 국내 1위, 글로벌 1위다.

'반드시 된다'는 확신은 없었지만, 블루홀이라면 믿고 베팅을 할만 했다. 원래 초대박은 찬반이 팽팽히 엇갈릴 때 나오는 법이다.

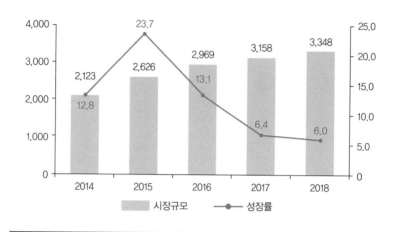

북미 온라인 게임 시장 규모

〈출처: 2016년 대한민국 게임백서〉 (단위: 백만 달러, %)

지는 한국 시장, 뜨는 북미·유럽

2017년 국내 투자 업계의 화두는 단연 블루홀의 '배틀그라운드'다. 배틀그라운드는 스팀을 통해 3만 2000원을 내고 구매해야 하는, 기존의 국내 게임과는 다른 방식이다.

지난 3월 말 첫 얼리액세스(정식 출시 전 베타버전)을 선보일 당시 장외시장에서 주당 3만 원에 불과했던 블루홀의 주가는 11월 말 현재 78만 원에 달한다. 불과 8개월 만에 멀티플(투자금 대비 수익금)이 26배로 뛰었다.

5조 4600억 원.

비상장 게임 개발사 '블루홀'의 시가총액 추산치다. 발행 주식 수 약

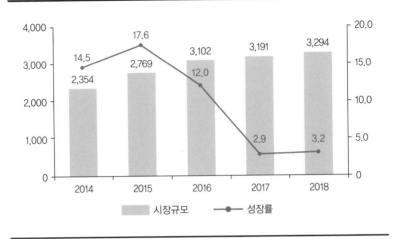

유럽 온라인 게임 시장 규모

(단위: 백만 달러, %)

700만 주에 최근 장외주식 정보 사이트 38커뮤니케이션에서 거래된 주당 가격 79만 원을 곱한 금액이다.

블루홀의 강 의장은 배틀그라운드 '게임 승인'이란 한 번의 결정으로 1조 원의 돈방석에 올라섰다.

이 같은 주가 폭등은 게임 유저의 폭발적인 성장세 덕분이다. 스팀 출시 석 달 만에 매출 1억 달러 신화를 달성했고, 출시 8개월 만인 지난 10월 글로벌 동시 접속자 수가 250만 명을 돌파했다. 글로벌 판매량도 2000만 장을 넘어섰다. 정식 버전 출시 전인 11월 초 북미, 유럽의 하루 매출이 300억 원에 이른 것이다.

주목할 점은 배틀그라운드 매출의 95%가 해외에서 발생하고, 전 세계

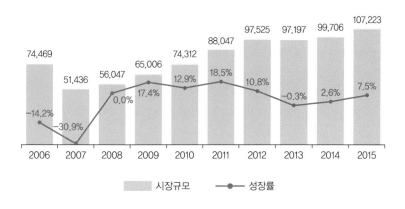

107,223
99,706
97,525   97,197
88,047
74,469   74,312
65,006
56,047
51,436

18.5%
12.9%   10.8%   7.5%
17.4%   -0.3%   2.6%
0.0%
-14.2%
-30.9%

시장규모   성장률

2006 2007 2008 2009 2010 2011 2012 2013 2014 2015

〈출처: 한국 게임 백서 2016〉

게임 시장 점유율 1, 2위인 유럽과 북미 시장에서 대박이 터졌다는 점이다. 국가별 비중은 미국, 중국, 러시아, 독일, 영국 등의 순으로 높다.

유럽 시장은 전 세계 게임 시장의 절반 가까이를 차지하는 큰 시장이지만, 그동안 한국 게임의 불모지와 같았다. 유럽과 북미 시장을 합치면 전체 게임 시장의 74.4%에 달한다. 한국 게임 업체들이 북미와 유럽 시장을 뚫어야 할 이유는 분명한 셈이다.

국내 게임 업체들이 해외로 눈을 돌려야 하는 또 다른 이유는 한국 시장 성장성의 한계 때문이다. 지난 2015년 국내 게임 시장 규모는 10조 원을 넘어섰지만, 경제 규모 대비 상대적으로 큰 규모로 지속적인 성장률 하락이 예상된다. 특히 그동안 폭발적 성장을 이끌었던 모바일 게임의 성장 속도가 줄어들 전망이다. 2014년 전년 대비 성장률이 25%에 달했던 모바일 게임은 2018년 5%로 예년 대비 5분의 1 수준으로 떨어질 것으로 보인다.

이렇게 볼 때, 북미와 유럽에서 검증된 배틀그라운드는 이제부터 시작이다. 2017년 말 국내 정식 출시를 앞두고 있는 데다 2018년에는 전 세계 최대 온라인게임 시장인 중국 진출에 나설 예정이다. 중국 온라인게임 시장은 전 세계에서 가장 큰 규모다. 2014년 기준 13조 7887억 원(829억 위안)으로 2016년 국내 게임 시장 전체 규모를 넘어섰다. 현재도 국가별 매출을 보면 중국이 북미에 이어 2위로 많다. 2018년 중국 시장 본격 진출이 기대되는 대목이다.

배틀그라운드 성공 비결은

누구도 확신할 수 없었던 배틀그라운드의 성공. 그 비결이 뭘까.

먼저 총 쏘기 게임의 기본적 특징을 들 수 있다. 총 쏘기 게임은 보편성이 강한 게임이다. 게임의 진행 과정에선 다양한 기능들이 있을 수 있지만 총을 활용한 전투는 문화적, 언어적 걸림돌이 많지 않다.

특히 최후의 생존자만 살아남는 배틀로얄 방식은 북미, 유럽 지역의 게이머들이 선호하는 게임이다.

그 다음으로 글로벌한 제작 과정을 들 수 있다. 처음부터 북미, 유럽 시장을 타깃으로 하고 글로벌 팀을 꾸렸다. 지난 3월 배틀그라운드 출시 초기 블루홀의 전체 40명 중 8명이 외국인 직원이었다. 이 중 4명이 한국에 상주했고, 나머지 4명은 외국에서 원격으로 일을 했다.

특히 배틀로얄 게임의 창시자인 브랜든 그린의 섭외가 신의 한수였다.

외국인 직원은 브랜든 그린의 제안으로 채용했다. 외국인 개발자들은 프로그래머보다는 미술이나 커뮤니티 운영 등 문화적인 이해가 필요한 인력을 많이 뽑았다. 불과 8개월이 지난 2017년 11월 배틀그라운드 전체 팀은 120여 명 정도로 이 중 한국 상주 개발자가 7명, 해외 상주가 37명에 달한다. 회사가 급속하게 성장하면서 빠르게 그 수가 늘었다.

마지막으로 끊임없는 소통이다. 김 PD는 미완성의 게임을 유저들에게 선보이는 스팀 얼리액세스 방식을 선택했다. 빠르게 변하는 게이머들의 피드백을 듣고 반영하기 위해서다. 얼리액세스 출시 전에도 테스트를 여러 번 진행했다. 개발 과정이 1년 정도 되는데 20% 정도를 테스트에 할애할 정도였다.

장인정신의 승리, 펄어비스 '검은 사막'

펄어비스의 창립자는 고졸 출신의 김대일 회장이다. 많은 이들이 그에게 고졸 출신이란 수식어를 붙이지만, 한양대 컴퓨터공학과 중퇴로 그저 '고졸'이라고 폄하하기엔 무리가 있다. 그가 대학을 등진 이유는 지독한

'게임 사랑' 때문이다. 그의 게임 사랑은 '좋아한다'는 감정을 넘어선 명백한 '러브'의 개념이다.

대학 재학 시절 게임 개발사인 가마소프트에 입사하면서 군이 학교로 돌아갈 이유를 찾지 못했다. 이후 옛 NHN(한게임 사업부)과 NHN게임스(NHN의 자회사로 웹젠이 2010년 흡수합병)에서 온라인게임을 개발하다 회사를 박차고 나와 자신의 이름을 건 회사를 세웠다.

그가 만약 평범한 사람이라면, 4년간 아무런 대안 없이 한 우물만 팔 수 있을까. 당시는 국내 게임 시장의 패권이 온라인에서 모바일로 넘어가던 시기였고, 전라도 완도에서 흙수저로 시작한 그의 주머니 사정이 넉넉할 리도 없었다. 그런데도 오로지 게임에 대한 열정 하나로 4년을 버틴 것이다.

"김대일 의장의 다소 괴팍한 성격은 업계가 다 알고 있습니다. 하지만 그 성격이 개발자로서 뛰어난 능력과는 무관합니다. 솔직히 그가 사람 좋고 평판 좋은 일반인이었다면 게임에 대한 장인정신 하나로 4년을 버틸 수 있었을까요?"

김 의장이 펄어비스를 세울 무렵, 정경인 현재 펄어비스 대표는 대학원 졸업 후 첫 직장인 LB인베스트먼트에 심사역으로 입사했다.

그는 2010년부터 게임을 비롯해 모바일, IT 분야 전문 심사역으로 활약하며 네시삼십삼분, 카카오게임즈, 엔터메이트, 팩토리얼게임즈, 코코모 등에 투자를 단행했다. 입사 4년차인 2014년 펄어비스와 운명적 만남을 갖는다. 투자자 입장에서 펄어비스는 리스크가 꽤 큰 회사였다. 회

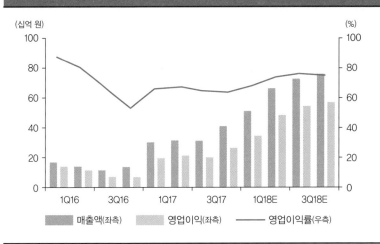

〈출처: 펄어비스, 삼성증권 추정〉

사 수익원이 '검은 사막' 단 하나에 불과했고, 게다가 모든 개발 역량이 개발 주기가 가장 긴 온라인게임(PC MMORPG)에 집중돼 있었다. 수익성보다는 오롯이 게임 하나를 위해 존재하는 회사였다.

그럼에도 불구하고 검은 사막 출시도 전에 펄어비스 투자를 단행한 이유는 김 의장의 꼬장꼬장한 장인정신이 만든 최고의 기술력을 높게 평가했기 때문이다. 검은 사막의 게이머는 자신의 캐릭터 생성에 무려 30분을 사용해야 한다. 눈, 코, 입 등 얼굴의 생김새는 물론 모든 신체 사이즈와 장비 등을 자신과 똑같은 분신으로 만들 수 있게 했다. 김 의장 특유의 장인정신이 아니면 결코 따라 할 수 없는 디테일이다.

펄어비스가 검은 사막을 만드는 과정을 보면서 최고 수준의 개발력을 갖춘 회사라고 판단했다. 이후 성공적으로 런칭하는 것을 보면서 검은 사막 이후에도 지속적으로 히트작을 낼 수 있는 회사라고 확신한 것이다. 이 같은 회사에 대한, 김 의장에 대한 굳은 믿음이 그를 2016년 펄어비스 대표로 이끌게 됐다.

한국에서 통하면, 전 세계에서 통한다

배틀그라운드와 검은 사막.

2017년 국내 게임 시장의 판을 뒤흔든 두 게임의 공통점은 국내 게임의 성공 방정식을 거스르고, 처음부터 북미와 유럽을 겨냥했다는 점이다.

펄어비스 상장을 앞둔 지난 9월 초. 서울 강남구 테헤란로 LB인베스트먼트 본사에서 박기호 대표를 만났다. 그는 정경인 펄어비스 대표가 LB인베스트먼트 심사역이었던 2014년 투자했던 50억 원을 성공적으로 엑시트 하면서 29배의 차익을 남겼다.

LB인베스트먼트는 게임 분야에 총 500억 원 수준을 투자했다. 이미 회수한 약 1500억 원 중에서 원금은 300억대에 불과하다. 약 4.5배의 수익률인 셈이다.

"넥슨에 투자해 6배를 벌었고, 아이덴티티게임즈와 엔터케이트도 약 3배 정도 남겼습니다. 30억 원을 투자한 아이덴티티게임즈는 중국 싼다에 인수되면서 100억 원을 회수했고, 50억 원을 투자한 엔터메이트는 150억 원을 엑시트 했습니다. 아직 엑시트는 하지 않았지만 50억 원을 투자한 카카오게임즈는 현재 장외 주식 평가액이 200억 원 정도이고, 같은 금액을 투자한 블루홀은 약 900억 원 정도입니다."

"손대는 게임마다 투자금 대금 매각 차익이 3배 이상 나오네요. 특별한 비결이라도 있나요? 어떻게 해서 블루홀에 투자를 결정하셨나요?"

"김대일 회장을 비롯한 개발진들이 국내 최고라고 생각했습니다. 김 회장의 캐릭터는 비록 좀 괴팍하다는 평가가 있을지 몰라도 오히려 그런 모난 구석이 있어야 장인정신을 가지고 게임의 완성도를 높일 수 있다고 생각합니다. 게임의 완성도를 높이기 위해선 마지막 디테일까지 최선을 다하는 게임에 대한 장인정신이 필요합니다."

"펄어비스와 블루홀은 올해 투자 업계의 핫이슈인데요. 앞으로 또 이런 대박이 나올까요?"

"충분히 가능하다고 봅니다. 이번 블루홀과 펄어비스의 성공은 한국에서 제대로 만들어진 게임은 글로벌 시장에서도 통한다는 사실을 보여줬습니다. 지금까지 한국 게임은 중국이 아니면 안 통한다는 편견이 있었지만 올해 이 두 업체가 그런 선입견을 확실히 불식시켰습니다. 앞으로 글로벌 시장에서 통하는 한국 기업은 조 단위 회사로 성장할 수 있습니다."

"그렇다고 해도 모든 게임 업체들이 다 가능할 것 같지는 않습니다."

"맞습니다. 요즘 국내에서 웬만한 게임회사가 만든 게임은 시장에서 아예 반응이 없습니다. 한번 터지면 대박이지만 그만큼 수준 높은 게임들이 많다 보니 가능성이 낮아진 거죠. 그럼에도 불구하고 국내 온라인 게임의 성장 잠재력은 향후에도 충분하다는 생각입니다."

그는 온라인게임이 한국 개발자들이 뛰어난 기술력을 바탕으로 글로벌 시장으로 치고 나갈 수 있는 분야임을 거듭 강조했다.

03
BHC가 전지현을
모델로 쓴 이유

- 〈별그대〉로 대박친 BHC치킨 인지도 급상승
- 불황 없는 먹거리 시장 공략, "덩치를 키워라"
- 15만 원 아웃백 '토마호크스테이크' 불티나게 팔리는 이유

"대표님, 지금 통화 가능하신가요?"

휴대폰 너머로 들려오는 에이전시 관계자의 목소리가 다급했다.

"네. 아직 출국 전이에요. 말씀하세요."

"다름이 아니라, 지난번에 말씀하셨던 광고 모델 섭외 건이요. 지금 전지현 씨 광고 에이전시 쪽에서 연락이 왔어요. 지난번 대표님께서 말씀하신 콘셉트에도 딱 맞는 것 같고요."

"아, 전지현 씨. 좋죠! 이미지도 고급스럽고. 근데 광고 단가가 좀 세지 않을까요?"

"그렇긴 하죠. 근데 전지현 씨 정도면 대부분 비슷합니다. 어떻게……. 지금 결정하시겠어요? 빨리 결정해 주셔야 됩니다."

"네? 지금 당장이요? 생각할 시간이 너무 촉박하네요!"

"갑자기 TO가 생긴 거라 저희도 죄송하네요. 지금 바로 결정하시지 않

으면 대기 중인 다른 광고주에게 넘길 수밖에 없습니다."

'지금 당장 결정하라고?'

조형민 더로하튼그룹코리아(TRG) 대표는 잠시 발걸음을 멈췄다.

그 짧은 시간 동안 수만 가지 생각들이 스쳐 갔다. 광고는 복불복 게임 같다. 하지만 왠지 이번 기회를 놓치면 큰 후회를 할 듯했다. 조 대표는 그의 느낌을 한번 믿어 보기로 했다.

출국 직전 광고 에이전시에 전화를 했다.

"좋습니다. 전지현 씨로 가시죠! 자세한 내용은 홍콩 출장 다녀와서 상의 드릴게요. 지금 비행기 이륙 직전이라서요."

"네, 알겠습니다. 일단 최종 승인으로 보고하겠습니다."

이륙을 알리는 승무원의 안내 멘트가 들려왔다. 활주로를 뜬 비행기가 뭉개구름 사이로 날아올랐다.

'전지현이 BHC 광고 모델이 되다니!'

조 대표의 마음도 한껏 부풀어 올랐다.

하늘이 도운 〈별그대〉 흥행, 신메뉴 '별코치'로 날개돋힌 듯 팔려

TRG가 전지현을 낙점한 때는 BHC 인수 직후인 2013년 6월. TRG는 BBQ제네시스로부터 BHC치킨 지분 100%를 인수했다. 당시는 그해 12월로 예정된 〈별에서 온 그대(별그대)〉 드라마 방송 전이었다. 그때까

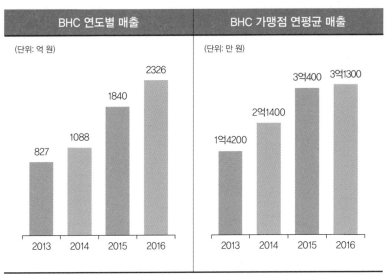

BHC 연도별 매출	BHC 가맹점 연평균 매출

(단위: 억 원)

(단위: 만 원)

2013 2014 2015 2016
827 1088 1840 2326

2013 2014 2015 2016
1억4200 2억1400 3억400 3억1300

〈출처: BHC〉

지만 해도 〈별그대〉가 전지현의 인생작이 될 줄은 아무도 예상치 못했다.

하지만 〈별그대〉는 방송 첫 회부터 폭발적인 반응을 불러일으켰다. 천방지축 안하무인 여주인공인 전지현의 천송이 연기는 몸에 맞춘 듯 딱 맞아떨어졌다. 드라마 〈별그대〉는 최고 시청률 28.1%를 기록하며 국민 드라마로 선풍적인 인기를 끌었다. 기대치 않은 드라마의 인기에 전지현의 광고주인 TRG도 덩달아 날개를 달았다.

"눈오는 날엔 치킨에 맥주."

드라마에서 주인공 천송이는 집 나간 아버지를 그리워하며 이런 대사를 읊조렸다. 이는 훗날 BHC의 역사를 바꿀 전지현의 '대박 대사'가 된다. 그의 이 한마디로 국내는 물론이고 중국에 그야말로 치맥(치킨에 맥주)

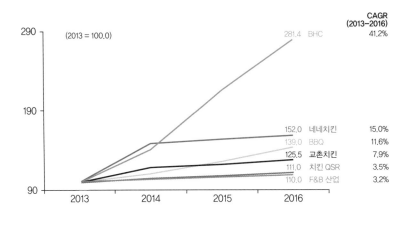

BHC와 경쟁사의 매출 성장률 비교

				CAGR (2013-2016)
290	(2013 = 100.0)		281.4 BHC	41.2%
190				
			152.0 네네치킨	15.0%
			139.0 BBQ	11.6%
			125.5 교촌치킨	7.9%
			111.0 치킨 QSR	3.5%
90			110.0 F&B 산업	3.2%
	2013	2014	2015	2016

〈출처: TRG〉

광풍이 분 것이다.

후발주자인 BBQ의 자매 브랜드로 출발한 BHC의 업계 순위는 10위에 불과했다. 낮은 인지도로 고민하던 조 대표에게 드라마 〈별그대〉의 히트는 인생 최대의 행운이었다.

'그래. 그때 전지현 씨 느낌이 좋았다니까!'

하지만 TRG는 드라마 〈별그대〉의 대박에만 안주하지 않았다. 재빠르게 드라마 제목에서 착안한 신메뉴 '별에서 온 코스 치킨(별코치)'을 출시했다. 별코치는 기존 치킨 업계에선 찾아볼 수 없던 라코타 샐러드에 달콤한 치즈볼을 넣은 세트다. 이 메뉴는 출시 100일 만에 40만 개를 팔아치우는 기염을 토했다.

국내 식품산업의 성장 추이(2005~2015년)							
구분	2005	2007	2012	2013	2014	2015	연평균 증가율 (2005~2015)
국내총생산(실질GDP)	1034.3	1147.3	1342.0	1380.8	1427.0	1466.8	3.6%
제조외식(A+B)	89.9	107.5	152.4	156.9	163.7	192.0	3.6%
음식료품제조업(A)	43.7	48.1	75.1	77.3	79.9	83.9	3.6%
음식점업(B)	46.3	59.4	77.3	83.8	83.9	108.0	3.6%
농림업	36.3	35.8	46.4	47.3	469	46.9	3.6%

〈출처: 식품산업 주요 통계〉 　(단위: 조 원)

하지만 BHC를 한 단계 끌어올린 건 신메뉴 '뿌링클'이다. 2014년 11월 출시된 뿌링클은 출시 2주 만에 프라이드 치킨의 매출 비중을 뛰어 넘었다. 이후 12월 매출은 48%로 수직 상승했고 다음 해 1월에는 53%를 넘어 신기록을 달성했다. 뿌링클은 출시 4개월 만에 BHC 매출의 절반 이상을 차지하는 효자 상품으로 급부상했다. 하나의 메뉴가 매출의 반 이상을 차지하는 경우는 상당히 이례적이다.

BHC 치킨은 2016년 처음으로 2000억 원대를 넘어 2326억 원을 기록했다. 이는 2013년 매출보다 16% 성장한 것이다. 가맹점 수도 806개에서 1395개로 늘었다. BBQ 매출을 뛰어넘어 치킨업계 2위로 급성장한 것이다.

BHC의 성장률은 경쟁사와 비교할 때 더욱 빛을 발한다. 같은 기간 경쟁사인 네네치킨, BBQ, 교촌치킨 등은 각각 15%, 11.6%, 7.9%의 성장률에 머물렀다.

더로하틴코리아(TRG), 한국 최고 F&B 전문 사모펀드가 꿈

뉴욕 본사를 비롯, 전 세계 13개 지사를 둔 TRG는 한국 시장 공략을 위해 한국인 캐나다 교포인 고든 조(조형민) 대표를 전격 영입했다. 캐나다 이민 1.5세대로 홍콩의 씨티그룹벤처투자 회사에서 아시아 투자를 도맡아 해 왔다.

"홍콩에서 15년을 일했지만 직원들의 나이, 결혼 유무 등 개인적인 사생활은 전혀 알지 못했어요."

해외 교포답지 않게 소박한 스타일의 조 대표는 스스로를 '캐나다 흙수저'라고 소개한다. 무엇보다 모국인 한국 시장에 대한 애정이 남달랐다.

홍콩 근무 시절에도 한국 투자를 계속해 온 그는 2013년 TRG의 한국 대표로 영입되며 본격적인 한국 시장 공략에 나섰다. 이미 진입 장벽이 높은 국내 시장에서 성공하려면 TRG만의 주특기가 필요하다고 생각했다. 한 분야에 집중해 전문성을 쌓는 전략을 선택한 것이다. 특정한 분야의 전문 사모펀드로 입소문이 나면 자연스럽게 딜이 들어올 수도 있다는 계산이 깔렸다.

이를 위해 그가 처음 공략한 분야는 F&B(Food&Beverage) 등 식음료 분야다. 국내 F&B 시장은 지난 10년 동안 연평균 7.9%씩 높은 성장률을 보여 왔고, 최근 외식 인구의 증가로 향후 성장 가능성도 높은 것으로 판단됐다.

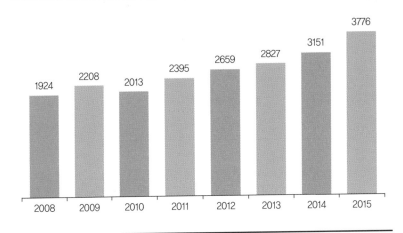

국내 치킨 전문점 연도별 매출액 추이

- 2008: 1924
- 2009: 2208
- 2010: 2013
- 2011: 2395
- 2012: 2659
- 2013: 2827
- 2014: 3151
- 2015: 3776

〈출처: 식품산업 주요 통계〉　　　　　　　　　　　　　(단위: 억 원)

'2017년 식품산업 주요 통계'에 따르면 2015년 식품산업 규모는 192조 원으로 2014년 대비 17.2% 이나 증가했다. 그중에서도 음식점업의 시장 규모가 108조 원으로 가장 큰 비중을 차지했고, 전년 동기 대비 28.9%의 높은 성장률을 보였다. 이는 1인 가구 증가와 외식업 프랜차이즈의 꾸준한 증가에 힘입은 것으로 풀이된다. 과거 10년간(2005년~2015년) 음식업의 연평균 성장률을 살펴보면 8.9%로 업종 전체 평균을 웃돈다. TRG는 음식업 중에서도 한국인들에게 친숙한 치킨을 첫 타깃으로 했다. 국내 치킨 시장이 지난 2010년 이후 꾸준한 성장세를 보였기 때문이다. 지난 2010년 2조 130억 원 규모였던 치킨 시장은 2015년 3조 7760억 원으로 5년 만에 1조 원 이상으로 커졌다. 2015년 기준 전국의 치킨전

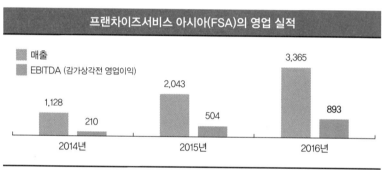

TRG가 투자한 외식 프랜차이즈 업체 현황					
기업인수 목적회사	프랜차이즈서비스아시아(FSA)				

↓

기업	BHC치킨	창고43	불소식당	그램그램	큰맘할매순대국
음식 업종	치킨	소고기 구이	소고기 구이	소고기 구이	순대국
인수 시점	2013년 6월	2014년 9월	2015년 11월	2016년 5월	2016년 4월

*:생산실적을 보고한 제조판매업체 수

프랜차이즈서비스 아시아(FSA)의 영업 실적

■ 매출
■ EBITDA (감가상각전 영업이익)

연도	매출	EBITDA
2014년	1,128	210
2015년	2,043	504
2016년	3,365	893

〈출처: 금융감독원〉 (단위: 억 원)

문점은 총 3만 2600개에 달하며, 이들의 업체당 평균 매출은 1억 1500만 원 정도다.

TRG는 2013년 BHC 치킨을 시작으로 2014년 9월 프리미엄 소고기 전문점 '창고43', 2015년 11월 '불소식당', 2016년 4월 '그램그램', 2016년 11월 '큰맘할매순대국'을 차례로 인수해 나갔다.

2017년 말 현재 한국의 '프랜차이즈서비스아시아(FSA)' 지주사에는 BHC, 창고43, 불소식당, 그램그램, 큰맘할매순대국 등 5개의 외식업 프랜차이즈가 포함됐다. 2013년 이후 4년간 발생한 외식업체 M&A 총 15건 중 5건이 TRG의 작품이다. 전체의 30%를 차지하는 셈이다. 조 대표가 처음 한국 시장을 공략하며 꿈꿨던 F&B 전문 사모펀드로 자리매김한 것이다.

프랜차이즈서비스아시아(FSA)는 2014년 기준 매출 1128억 원, 감가삼각전영업이익(EBITDA) 210억 원에서 2016년 매출 3365억 원, EBITDA 893억 원으로 실적 급증세를 나타냈다. 전체 직원 수도 2013년 6월 135명에서 현재 360명으로 2.5배 늘어났다.

이는 주력인 BHC 이외에 각 업체들의 개별적 성장 덕분이다. 2014년 인수한 창고43은 인수 당시 여의도 지역에 집중됐던 점포가 기존 6곳에서 현재 11곳으로 늘어났다. 창고43 매출은 2014년 140억 원에서 2016년 249억 원으로 늘어났고 기업 현금흐름 창출능력 지표인 EBITDA은 29억 원에서 75억 원으로 3배 가까이 늘어났다.

신메뉴 개발 위한 R&D센터, 적어도 1년에 2개 이상 출시

TRG가 BHC 인수 이후 가장 많이 신경을 쓴 것은 신메뉴 개발이다. 로하튼은 1년에 적어도 2개씩은 신메뉴를 꾸준히 출시한다는 목표를 정했고 지난 4년간 실천하고 있다. 이전까진 철저한 소비자 조사 과정 없이 창업주의 감에 의존하는 경우가 많았다.

하지만 TRG는 시장 트렌드를 분석하고 소비자 조사를 한 후 그들이 원하는 신메뉴를 출시하려 노력했다. 신메뉴 개발을 위해 설립한 R&D 센터에서 유행 키워드를 정하고 그에 맞춰 포커스 그룹 인터뷰를 진행했다. 이후 최종 메뉴 승인 위원회를 열어 소비자 베타 테스트를 거쳤다.

최고의 대박을 터트린 뿌링클, 마쵸킹, 치바코 등이 모두 이런 과학적 시스템을 통해서다. 이 같은 R&D 센터의 설립은 자본력을 갖춘 사모펀드의 장점 중 하나다.

4년 전 처음 BHC 모델로 인연을 맺은 전지현은 신메뉴 출시 때마다 색다른 광고 콘셉트를 선보였다. 그동안 BHC는 파격적인 성장을 했고 굳건한 2위 자리를 지키고 있다. 그 결과 가맹점당 월별 매출이 인수 당시 650만 원에서 1300만 원으로 2배 이상 껑충 뛰었다.

현재 전국 매장은 1400개지만 향후에도 성장 가능성이 높다.

대규모 식자재 공급 '센트럴 키친'··· 원가 절감 효과

TRG는 2016년 60억 원을 투자해 경기도 이천에 전국 BHC에 식자재를 공급하는 '푸드 팩토리(센트럴 키친)'를 지었다. BHC의 모든 매장에 공급되는 식자재를 대량 구매해 원가를 절감하고 품질을 높이는 1석 2조의 효과를 톡톡히 보고 있다.

인수 이후 영업이익률이 2배로 급증한 비결은 바로 이같이 효율성 증대를 극대화하는 투자가 있었기에 가능했다.

지방 공략 포인트는 맞춤형이다. 부산 같은 경남 지역에는 돼지국밥을 더 선호하는 만큼 순대국밥과 함께 돼지국밥 메뉴도 추가했다. 간판에도 '큰맘할매'를 더욱 부각해 눈에 띄도록 했다.

결국 TRG의 F&B 투자 핵심 포인트는 두 가지다.

첫째, 소비자 취향에 맞춘 신메뉴 개발

둘째, 고품질 식자재의 대량 유통 시스템 정착

로하튼은 체계적인 신메뉴 개발과 식자재 유통 구조 개선을 통해 F&B 투자의 정석을 보여 줬다고 평가될 수 있다.

아웃백 스테이크, '토마호크' 신메뉴로 부활의 날갯짓

2016년 7월. 스카이레이크가 아웃백스테이크를 인수했을 때 사모펀드 업계에선 우려스러운 시각도 없지 않았다.

"그동안 IT 제조업 위주로 투자해 오던 사모펀드가 갑자기 소비재인 아웃백스테이크 투자라니……!"

"그게 잘될까요? IT 등 제조업 시장에서 더 이상 투자처가 마땅치 않으니까 소비재로 눈을 돌린 것 같은데, 솔직히 믿음이 가진 않습니다."

전문 분야가 아닌 시장에 대한 부정적인 견해다.

하지만 투자한 지 1년이 지난 2017년 11월 아웃백스테이크는 어떨까.

투자자들의 우려처럼 고전을 면치 못하고 있을까. 시장의 예상은 보기 좋게 빗나갔다.

기존 IT 제조업 위주로 투자해 온 사모펀드가 소비재 투자를 잘하기 힘들다는 생각은 선입견에 불과했다. 오히려 제조업 투자 관점에 익숙해진 스카이레이크의 새로운 시작은 소비재 투자자들이 보지 못했던 새로운 가치 창출 포인트를 제공했다.

"소비재 투자자들은 주로 마케팅에 초점을 맞춥니다. 레스토랑의 운영에 대한 근본적인 접근보다는 마케팅 역량 업그레이드에 주력합니다."

하지만 그동안 제조업 위주의 투자를 해 온 스카이레이크는 달랐다.

"패밀리 레스토랑은 소비재였지만 제조업의 관점에서 보려고 노력했습니다. 결국 레스토랑의 운영도 공장의 운영과 일맥 상통하는 점이 있습니다. 제조업 공장을 효율적으로 돌리기 위해 낭비적 요소를 없애는 것처럼 레스토랑의 물류 시스템과 주방 오퍼레이션의 비효율성을 개선하면 가치를 극대화시킬 수 있습니다. 제조업의 공장이든 레스토랑의 주방이든, 결국 생산을 담당하는 오퍼레이션은 동일합니다."

아웃백 인수 후 가장 먼저 착수한 작업은 '구매공급망관리(SCM, Supply Chain Management)' 개선 작업이다. 스테이크 전문 레스토랑인 아웃백은 냉장육과 냉동육을 섞어서 판매했다. 육질과 맛은 냉장육이 월등히 좋지만 구매공급망의 한계로 전국의 모든 지점에 냉장육을 공급할 순 없기 때문이다.

인수 이후 스카이레이크는 구매공급망의 효율화에 박차를 가했고 전

지점에 냉장육 공급 시스템을 갖추게 됐다. 오퍼레이션 개선이 고기 맛의 경쟁력을 끌어올린 셈이다.

냉장육으로 교체 이후 고기 질이 좋아지자 고객들이 반응하기 시작했다. 예전에는 스테이크 전문 레스토랑이란 이름이 무색할 정도로 스파게티, 리조또 등 사이드 메뉴의 매출이 높았다. 하지만 육질이 개선되자 단가가 높은 스테이크의 매출이 늘기 시작했다. 한 명이 오더라도 객단가가 높은 메뉴를 주문하면 영업이익률 개선에 청신호임에 분명했다.

특히 스카이레이크는 실속 없는 마케팅의 허상에 빠지지 않았다. 무작위로 쿠폰을 남발해 충성도가 낮은 뜨내기 고객을 유치하기보다는 로열티가 높은 진성 고객 위주로 마케팅을 강화했다. 이 때문에 인수 이후 매장 방문 고객 수는 줄었지만 실질 매출은 늘어나는 현상이 나타났다. '물류체인 효율성 강화 → 육질 경쟁력 개선 → 고객 매출 증대'의 선순환 구조가 나타난 셈이다.

여기에 화룡정점은 신메뉴 개발이다. F&B 사업에 있어 변하는 소비자의 입맛에 맞춘 신메뉴 개발이 8할이다. 초대박 히트 메뉴 하나로 레스토랑 사업의 명운이 갈리기도 한다.

스카이레이크는 최근 소비 트렌드에 맞춘 신메뉴 개발에 착수했다. 과거처럼 공급자 중심의 메뉴 개발이 아닌 철저히 소비자의 입맛에 맞춘 신메류 개발에 힘쓴 것이다.

"충성 고객층에 대한 설문조사 등의 결과가 신메뉴 개발의 주된 근거가 됐습니다. 그 결과 손님들은 시각적인 요소에 많이 좌우되며 특히 고기가 두꺼울수록 '맛있다'고 느끼는 것으로 나타났습니다."

2017년 7월 첫 선을 보인 신메뉴 '토마호크 스테이크'의 출발은 한눈에 보기에도 먹음직스럽게 두꺼운 스테이크였다. 실제로 토마호크의 가장 큰 특징은 무려 1kg에 달하는 무게와 3cm 두께, 30cm 길이다. 성인 3~4 인용으로 가족들이 함께 먹기에 충분하다. 이름인 토마호크는 옛날 인디언족들이 쓰던 연장에서 유래했다. 그만큼 크고 먹음직스러운 형상을 표현한 것이다.

하지만 가성비 높은 소비를 추구하는 트렌드에 맞춰 합리적 가격을 제시하는 게 필수였다. 아무리 품질이 좋은 프리미엄 고기라도 가격대가 비싸면 고객들의 외면을 받을 수밖에 없다.

이에 시중 수제 프리미엄 스테이크 집보다 좋은 최고급 앵거스 고기를 쓰면서 가격은 같은 품질에 비해 30% 이상 저렴한 합리적 가격대로 결정했다. 이태원 등 고급 스테이크 하우스에선 22만 원대에 판매하는 최고급 스테이크였지만 15만 원대로 떨어뜨렸다.

최상의 조합으로 출시한 신메뉴였지만 다소 높은 가격 탓에 소비자 반응에 대한 확신은 없었다. 그런데 출시 한 달 만에 예상치 못한 폭발적 반응이 왔다. 한 매장당 하루 1~2개씩 팔리면 많이 팔린다고 생각했던 토마호크 스테이크가 많은 곳은 하루 20개씩 나가기 시작한 것이다.

"상당히 의외의 반응이었습니다. 솔직히 조금 놀라웠죠. 주로 가족 고객들이 많이 찾습니다. 품질 대비 가격이 좋은 전략이 통한 것 같습니다."

2017년 12월 기준 토마호크 스테이크는 출시 5개월 만에 10만 개가 팔려 전체 매출의 약 4.6%나 될 정도로 매출 성장에 기여하고 있다.

아웃백의 장기적 성장 스토리는 젊은 층을 타깃으로 한 서브 메뉴를 출시하고 동남아 등 해외 시장을 공략한다는 것이다. 서브 메뉴의 출시는 30~40대가 많은 기존 고객층을 보다 확대하기 위한 전략이다. 2000년대 초 한국에 처음 선보인 아웃백은 3040의 각종 행사, 소개팅 등 추억의 장소로 통한다. 이에 지금 20대 젊은 층에게 다가갈 수 있는 보다 젊은 분위기가 필요하다는 분석이다. 더 나아가 전국 70여 개인 한국 지점을 늘리기보다는 베트남 등 동남아 시장을 공략해 글로벌 프랜차이즈로 성장할 때 잠재력이 더 크다는 판단이다.

토마호크 스테이크 메뉴는 국내에서의 흥행에 힘입어 2017년 12월 홍콩 아웃백으로 수출되는 쾌거를 이뤘다. 아웃백 코리아에서 자체적으로 개발한 메뉴가 해외로 역수출되는 사례다. 이는 아웃백 블랙라벨 스테이크에 이어 토마호크 스테이크가 두 번째다.

04

할리스커피에
1인 독서실이 생긴 이유

- ● IMM PE가 할리스커피에 450억 원을 베팅한 이유
- ● 할리스커피가 디초코릿을 인수한 이유
- ● 카공족이 가장 선호하는 할리스커피

할리스커피 대표 김유진.

새로 바뀐 명함을 받아 든 김 대표는 남다른 감회에 빠졌다.

'내 나이 서른일곱에 매출 2000억 규모 커피프랜차이즈의 대표라니……'

과학도로 살았던 고교 시절, 공대 여자로 지냈던 대학 시절, 단 한 번도 상상해 보지 못했던 삶이다.

IMM PE 입사 7년차. 그는 IMM PE의 투자 심사역에서 커피 프랜차이즈 대표로 새로운 출발 선상에 섰다.

계기는 2013년 IMM PE의 할리스커피 인수였다. 김 대표는 당시 할리스커피 인수에 깊이 관여하며 주도적 역할을 했다.

"유진아, 인수할 만한 커피 프랜차이즈 있는지 찾아보자."

송인준 IMM PE 대표는 그에게 커피 프랜차이즈 인수 검토라는 특명

을 내렸다.

"네, 알겠습니다, 대표님. 개인적으로도 커피 시장에 관심이 많았어요."

평소 소비재에 관심을 가져 온 김 대표는 국내 토종 커피 프렌차이즈 중심으로 인수 가능한 업체들을 검토하기 시작했다.

카페베네, 탐앤탐스, 할리스커피, 커피빈 등 주요 브랜드들의 경영지표와 경쟁력 등을 조목조목 검토하기 시작했다. 하지만 이 중에서도 창업주인 대표이사의 전횡으로 회계가 불투명한 업체는 제외했다. 회계가 투명해야 경영지표들도 믿을 수 있다. 과거 사모펀드들이 기업 인수 후 곤욕을 치른 대표적 실패 사례가 많아서였다. 중소기업 바이아웃 전문 JKL파트너스가 비리에 연루된 대표이사 해임 때문에 2년이나 법정 공방에 시달린 사실을 너무나 잘 알고 있었다.

경영지표들 중 가장 비중있게 검토한 지표는 영업이익률이다. 영업이익률은 매출액에 대한 영업이익의 비율이다. 영업이익률은 영업활동의 수익성을 나타낸다. 브랜드 인지도와 별개로 영업이익률이 낮다면 비효율적인 구조로 경영상의 문제가 있는 게 분명했다.

경쟁자들은 단기간 내 빨리 성장하려고 과도하게 광고비를 집행했던 반면, 할리스커피는 상대적으로 보수적으로 움직였다. 물류비, 본사 임대료 등 판관비도 낮은 편이었다.

김 대표가 생각한 기준들을 충족시키는 프랜차이즈는 결국 할리스커피가 유일했다.

"대표님, 저희 팀이 국내 토종 커피 프랜차이즈들을 검토한 결과, 할리스커피가 가장 적합한 인수 대상인 것 같습니다."

"할리스커피? 브랜드 인지도가 좀 낮지 않나?"

"겉으로 보이는 브랜드 인지도보다, 내실 있고 밸류업 전략이 제대로 실현될 수 있는 조직의 틀을 갖춘 업체가 오히려 더 낫다고 봅니다. 지금 현재의 모습보다는, 자본력과 인재 충원력을 갖춘 우리 같은 사모펀드가 투입됐을 때 스폰지처럼 받아들여 성장할 수 있는 회사가 낫습니다."

김 대표는 특유의 차분한 목소리로 IMM PE가 할리스커피를 인수해야 하는 이유를 조목조목 설명해 나갔다.

"오케이! 좋아. 할리스커피를 목표로 일을 만들어 보자고."

할리스커피는 창업자인 고 강훈 대표가 매각한 후 두세 차례 손바뀜이 있었다. 송 대표의 IMM PE는 전사적으로 할리스에프엔비의 대주주인 인호진 회장의 설득 작업에 나섰고, 모든 게 순조롭게 마무리되는 듯했다. 드디어 기다렸던 최종 인수가 코앞에 다가왔다.

그런데 인 회장이 갑자기 말을 바꿨다.

"죄송합니다, 대표님. 도저히 안 될 것 같습니다. IMM PE의 제안은 충분히 매력적이지만 그동안 할리스커피에 공들이며 함께한 시간들을 생각하면 도저히 팔 수가 없을 듯하네요."

"대표님, 이제 와서 이러시면 저희도 상당히 곤란합니다. 다시 한 번만 생각해 주십시오."

"갑자기 말을 바꾸는 게 인간적 도리가 아닌 건 충분히 압니다. 그런데 저도 밤잠을 설쳐 가며 고민하고 드린 말씀입니다. 그동안 감사했습니다."

돌연 잠수를 타 버린 인 회장의 핸드폰은 꺼져 있었다. 그 뒤로 연락두절 상태였다.

"유진아, 안 되겠다. 할리스커피는 접고 다른 데 찾아보자!"

"네?"

김 대표는 황당한 표정을 지었다. 사모펀드에서 딜이 엎어지는 일은 한두 번이 아니지만, 이번만큼은 가슴 속이 텅 빈듯 허망함이 밀려왔다.

'이제 와서 새로운 인수 대상을 물색하다니……'

마치 부모의 반대에 부딪혀 헤어지고 선을 봐서 새로운 애인을 찾아야 하는 그런 찜찜한 느낌이었다. 그는 할리스커피에 대한 미련을 버릴 수가 없었다.

'그래, 열 번 찍어 안 넘어가는 나무 없다. 답은 정해져 있다. 바로 너(답정너)다!'

김 대표는 돌아선 인 회장의 마음을 다시 돌리기 위해 애썼다. 다른 프랜차이즈를 인수해선 정말이지 할리스커피만큼 잘할 자신이 없었다. IMM PE의 진심에 할리스커피 인 회장도 결국 돌아선 마음을 다시 돌렸다.

2013년 7월 IMM PE는 인 회장의 지분 60%를 450억 원에 인수하는 데 성공했다.

그 후 4년이 지난 2017년 2월. 김 대표는 애착이 남다른 할리스커피에 대표직으로 다시 돌아왔다. 인수 직후 8개월간 파견 근무를 하며 할리스 커피 리빌딩에 공들였던 기억들이 새록새록 떠올랐다.

"안녕하세요. 오늘이 첫 출근인데 마치 친정에 온 듯이 편하네요."

"저희도 회사에 대해 그 누구보다도 잘 아는 김 이사님이 대표로 오셔 서 너무 좋아요."

4년 전 IMM PE가 처음 주력한 부분은 유능한 인재 영입이었다. 기존 커피 프랜차이즈 업계 전문가는 물론이고, 타 산업계에서도 필요한 인재 라면 기꺼이 모셔 왔다. 그 결과, 인수 이후 인력을 감축하는 사모펀드와 달리, IMM PE의 할리스커피는 오히려 새 식구가 점점 늘어 갔다. 지금 도 할리스커피의 유능한 인재들이 업계 최고라는 김 대표의 생각에는 변 함이 없다.

사실 이들은 지난 4년간 할리스커피를 재건한 주인공들이기도 하다. 지금의 할리스커피 콘셉트를 잡기 위해 위기 투합했던 얼굴들이 반갑게 그를 맞았다. 취임 첫날부터 할리스커피 본사는 화기애애한 분위기가 넘 쳐났다.

취임 첫날부터 김 대표 스스로가 느끼는 책임감은 남달랐다. 인수 이 후 파견 근무가 끝난 후에도 이사회 멤버로서 꾸준한 관심을 가져 왔지 만 대표라는 명함이 주는 무게감은 달랐다. 가족과도 같은 할리스커피

직원들의 명운이 그의 손에 달린 것이다.

그는 현장에서 해답을 찾기로 했다. 이는 IMM PE의 경영철학이기도 하다. 취임 직후 첫 두 달 주말을 주요 매장 현장 경험을 쌓는 데 할애했다. 매장에서 아르바이트생들과 똑같이 하루 8시간 동안 근무를 하는 강행군을 시작한 것이다.

사실 처음엔 '별거 아니겠지'라는 가벼운 마음이었다. 그런데 막상 해 보니 그게 아니었다. 8시간 내내 앉지도 못하고 온갖 뒤치닥거리를 하니 온몸이 너덜너덜한 만신창이가 됐다.

'휴……. 이거 장난이 아니구나…….'

그중에서도 설거지가 가장 힘들었다. 몇 시간을 설거지를 하자니 팔이 떨어져 나갈 지경이었다. 나중에는 현장에서 일하는 아르바이트생들이 대견하게만 느껴질 정도였다.

몸이 고된 만큼 배운 점도 많았다. 새로운 시야가 트이기 시작했다. 지금까진 생각지도 못했던 매장 내 고객들의 동선들이다. 김 대표는 홀서빙을 하며 고객들이 매장에 들어와서 나가는 그 순간까지의 동선을 관찰했다. 유심히 고객들의 동선을 따라가면서 그들이 느끼는 심리 상태를 상상해 봤다. 마주 오는 사람과의 몸 부대낌, 상대방이 들고 오는 남은 음식물의 악취, 주문한 음식을 받기 위해 기다리던 중 발견한 쓰레기 등 고객의 쾌적한 동선을 방해하는 요소들이 도처에 널려 있었다.

홀에서 서빙하는 직원들의 고충도 알게 되는 계기가 됐다. 고객이 주문대에 서면 하던 설거지를 멈추고 바로 주문을 받아야 했다. 고객은 잠시 기다리는 그 시간조차 불쾌하고 짜증이 난다. 주문받는 직원과, 음료를 제조하고 주방 설거지를 전담하는 직원으로 나누면 좋겠지만 늘 고객 주문이 밀리는 게 아니기에 쉽지 않은 문제였다. 그는 이 많은 깨달음들을 할리스커피 내실화를 위해 적용해야겠다고 결심했다.

'제2의 도약' 내실 다지기에 주력

제2의 도약을 위해.

8주간 빡센 현장 체험을 마친 그는 취임 첫 해를 내실 투자에 주력하기로 결심했다. 현장 경험을 하며 직접 느꼈던 고충들을 하나씩 개선하는 인프라를 구축하기로 한 것이다. 먼저 일일이 수동 기계로 커피를 내려야 하는 직원들의 고충을 덜기 위해 자동 에스프레스 머신을 도입했다. 경쟁사인 스타벅스도 이미 자동 에스프레스 기계를 설치했다.

또 설거지를 하는 수고스러움을 덜기 위해 '블렌더 믹서'를 설치했다. 블렌더 믹서는 믹서기를 사용해야 하는 음료수 잔을 블렌드 볼로 쉽게 세척할 수 있는 기계다. 믹서기 사용 음료들은 한 잔을 만들 때마다 설거지를 해야 하는데 여간 귀찮은 일이 아니다. 아마 그가 현장 경험을 하지 않았다면 절대 낼 수 없는 아이디어였을 것이다. IT 전산 시스템 업그레이드 작업도 마찬가지다. 현장에서 일을 해 보니 IT 전산 시스템의 효율성이 얼마나 중요한지를 깨닫게 됐다. 취임 1년은 겉으로 드러나지는 않지만 실질적인 효율성 재고를 위해 필요한 인프라에 투자했다.

그 결과 할리스커피는 2017년에도 지난해의 견고한 성장세를 이어 갔다. 2017년 예상 매출액은 1400억 원으로 전년 동기 1286억 원 증가했다. EBITDA와 영업이익도 240억 원과 140억 원으로 상승세를 보였다.

사실 IMM PE의 과감한 투자가 가시화되기 시작한 시점은 2016년부터다. 2016년 매출액과 영업이익은 전년 동기 대비 각각 18.5%, 86.8% 상승한 1286억 원, 127억 원 등으로 나타났다. 같은 기간 당기순이익은 2배 가까운 91억 원을 기록했고, EBITDA은 49.3% 증가한 210억 원으로 집계됐다.

이는 경쟁 토종 프랜차이즈들의 고전 속에 이뤄 낸 쾌거라 더욱 의미가 깊다. 2016년 국내 동종 프랜차이즈 업계 영업이익률을 보면 1위가 이디야로 가장 높고, 2위가 할리스커피다. 하지만 직영점과 가맹점의 비율을

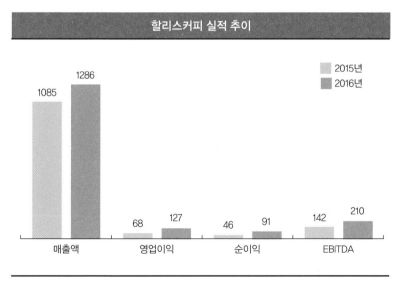

할리스커피 실적 추이

2015년
2016년

매출액: 1085, 1286
영업이익: 68, 127
순이익: 46, 91
EBITDA: 142, 210

〈출처: 할리스 F&B〉 (단위: 억 원)

할리스커피 감가삼각전 영업이익(EBITDA)				
2013년	2014년	2015년	2016년	2017년(예상)
100	103	142	210	240

〈출처: 할리스 F&B〉 (단위: 억 원)

감안할 때, 이디야는 가맹점 비율이 높아 영업이익률이 상대적으로 높을 수밖에 없다. 본사 투자 비용이 많이 들어가는 직영점 비율이 높으면 영업이익률도 떨어지기 때문이다. 2016년 EBITDA 증가율만 놓고 보면 할리스커피가 16.4%로 동종업계에서 최고로 높았다.

그렇다면 할리스커피가 지금까지의 성과만큼 계속 낼 수 있을까. 향후 커피 시장에 대한 전망은 그리 밝은 편이 아니다. 그동안 국내 커피 시장은 연 9%대 높은 성장세를 이어 왔지만 앞으로는 성장 증가 속도가 한풀 꺾일 것으로 예상된다.

우리나라 성인 1인당 연간 커피 소비량은 2016년 377잔으로 지난 5년간 연평균 7.0% 증가해 왔다. 2016년 기준 한국의 커피 판매 시장은 6조 4041억 원으로 지난 2014년부터 연평균 9.3%씩 성장해 온 것이다.

그중에서도 커피전문점 시장 규모는 2014년 대비 무려 53.8%의 높은 성장세를 보였다. 이는 고급제품을 선호하는 소비자의 트렌드를 반영하는 다양한 커피전문점 브랜드가 시장에 진출했기 때문이다.

앞으로는 이 같은 증가 추세가 다소 완화될 것으로 예상된다. 이 때문에 커피 프랜차이즈 브랜드별 차별화 전략이 중요해지는 단계로 접어들었다. 지금까지 외형 성장에 집중해 온 할리스커피 역시 새로운 도전을

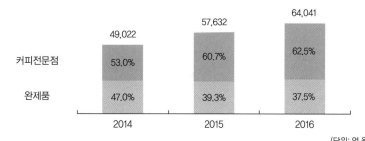

한국 커피 판매 시장 규모

	커피전문점	완제품
2014	53.0%	47.0%
2015	60.7%	39.3%
2016	62.5%	37.5%

(단위: 억 원)

구분	2014	2015	2016
커피전문점(억 원)	26,000	35,000	40,000
완제품(억 원)	23,022	22,632	24,041

* 커피전문점: '16년 커피전문점 판매규모는 추경치임, 완제품: AC닐슨 소매점 매출액 데이터

받아들여야 하는 시점인 것이다. 이제부터 본격적인 커피 시장 내 양극화가 심화되면서 철저한 차별화 전략이 필요해질 것이라는 분석이다.

핵심 상권에 '빨간 왕관'을 심어라

서울 강남구 선릉역 인근 할리스커피 본사. 새로운 각오로 할리스커피를 맡은 김유진 대표의 야무진 포부를 듣기 위해 사무실을 찾았다. 동그란 까만 안경에 하얀 얼굴. 딱 봐도 공부 잘하는 수재 이미지의 김 대표와

항목	스타벅스	커피빈	카페베네	탐앤탐스	할리스 (디초코포함)	이디야	드롭탑
매출액	10028	1460	766	869	1286	1535	226
영업이익	853	64	−6	24	127	158	12
영업이익률(%)	8.5%	4.4%	(0.7%)	2.7%	9.9%	10.3%	(5.2%)
감가삼각	664	104	41	34	.83	13	7
EBITDA	1516	168	35	58	210	171	−4
EBITDA율(%)	15.1%	11.5%	4.6%	5.5%	16.4%	11.1%	(1.9%)

2016년 국내 커피 프랜차이즈 실적 현황

(단위: 억 원, 개)

젊은 직원들이 웃으며 맞았다. 트렌디한 커피 프랜차이즈의 본사답게 사무실 가득 젊은 에너지가 느껴졌다.

사실 IMM PE는 할리스커피 인수 직후 겉으로 드러나는 외형 성장에 무게 중심을 뒀다. 이른바 몸집을 불려 경쟁력을 키운다는 '볼트온(몸집 불리기)' 전략이다. 인수 이후 2013년과 2014년 각각 300억 원과 70억 원씩 총 370억 원의 유상증자를 단행했다. 이어서 프리미엄 커피를 지향하는 '할리스커피클럽'을 론칭했고, 2016년 10월엔 '디쵸콜릿커피앤드'를 인수했다. 할리스 브랜드로 흡수하기 힘든 고가와 저가의 고객을 함께 끌어들이기 위해서다.

이로써 할리스에프앤비는 커피 브랜드를 저가(디초콜릿커피앤드), 중가(할리스커피), 고가(할리스커피클럽)로 차별화 전략을 펼칠 수 있는 기반을 마련했다. 특히 디초콜릿커피앤드는 이디야커피처럼 중소형 규모의 프랜차이즈 시장을 공략하는 전략적인 브랜드란 평가다.

이를 위해 가장 먼저 착수한 작업은 BI를 전면 교체해 브랜드 이미지를 바꾸는 작업이다. 기존 할리스 로고에서 '빨간 왕관'만 남기고 전부 바꿨다. 새 BI를 바탕으로 공격적으로 핵심 상권의 직영점을 늘려 나갔다. 이전까지 본사 직영점은 수익보다는 홍보 효과를 노리는 플래그십 스토어 개념이 강했다. 핵심 상권은 월세 등 기본 투자 비용이 많이 들기 때문에 수익성이 떨어질 수밖에 없다.

하지만 IMM PE는 강남 핵심 상권에 직영점을 늘리면서도 수익성을 함께 추구했다. 임대료 수준이 높은 강남역, 신논현역, 가로수길에 연달아 직영점을 냈지만 효율성을 높여 오히려 높은 수익을 내고 있다. 인수 대비 4년 만에 매출이 2배 가까이 높아진 이유는 직영점의 매출 증대 덕분이다.

카공족을 위한 1인석 도입, 밤에도 낮처럼 북적

IMM PE 인수 이후 가장 크게 달라진 차별화 포인트는 '카공족(카페공부족)'에 대한 적극적인 공략이다. 언제부터인가 젊은 층 사이에선 카페에서 일을 하거나 공부를 하는 카공족들이 유행처럼 번졌다. 커피 한 잔을 시켜 놓고 하루 종일 차지를 차지하기도 하다 보니 경쟁 커피 프랜차이즈들은 카공족 퇴출에 초점을 맞추기도 했다.

하지만 할리스커피는 늘어나는 카공족들도 소중한 고객인 만큼 이들을 배려하는 인테리어가 필요하다고 기획했다. 이에 그들이 마치 도서관에 온 것처럼 편하게 공부할 수 있는 1인 좌석을 시도했다.

강남역 11번 출구 할리스커피 강남점에는 밤 12시가 넘은 늦은 시각에도 삼삼오오 모여 스터디를 하거나 공부 삼매경에 빠진 2030들이 바글거린다. 1인 좌석과 스터디 공간이 처음 도입된 이 지점은 젊은 카공족들의 대표적 명소로 낮과 밤이 똑같이 바쁘게 돌아간다. 그야말로 24시간 영업이란 간판이 무색하지 않을 정도다.

하지만 1인 좌석 도입이 처음부터 순탄했던 것만은 아니다. IMM PE는 다양한 시도 끝에 카공족들이 선호하는 최상의 인테리어를 찾았고 이를 기준으로 다른 지점에도 확대 적용하고 있다.

1인 좌석 도입에 대한 카공족들의 반응은 폭발적이다. 식사 대용이 가능한 메뉴까지 선보여 굳이 밖으로 나갈 필요 없이 할리스커피 안에서 모든 것을 해결할 수 있도록 했다.

할리스커피도 기본적인 F&B 투자의 정석을 그대로 지킨 셈이다.

05

야놀자가
'좋은숙박연구소'를 만든 이유

● 여기어때 vs 야놀자, O2O 투자에 정석은 없다
● 여기어때, 2년 만에 숙박앱 점유율 석권

"모텔리어 출신으로 장점을 십분 활용할 수 있습니다. 국내 모텔의 프랜차이즈 비율은 1% 수준에 불과합니다. 선진국에 비하면 상당히 낮은 수준이죠. 야놀자는 앞으로 기존에 강점이 있었던 오프라인 직영과 프랜차이즈 숙박(모텔, 팬션, 게스트하우스 등) 확대에 보다 주력할 계획입니다. 이미 현재 오프라인(직영+프랜차이즈) 매출이 온라인을 넘어선 상태입니다."

투자 유치를 받기 위해 사모펀드 스카이레이크를 찾은 이수진 야놀자 대표는 회사의 비전을 자신감있게 설명했다. 기존 투자처인 정보통신기술(ICT), 신성장동력 분야와 연관되어 있되 좀 더 넓은 분야에서 투자처를 찾던 김영민 스카이레이크 전무는 'O2O(오프라인과 온라인 연계)와 연계된 직영 및 숙박 프랜차이즈'라는 말에 눈이 번쩍 뜨였다. 이미 외식 분야의 아웃백스테이크를 인수해 포트폴리오에 담고 있었던 스카이레이크는 고객들의 데이터베이스를 AI(인공지능)로 분석할 수 있는 시장에 대한 관심이 많았다.

"그러니까 오프라인 시장에서 O2O 빅데이터를 활용하여 야놀자의 직영 및 프랜차이즈 숙박업소의 인지도를 높이고 예약률을 높여 나가는 전략을 구사하겠다는 말씀이시죠?"

이 대표의 설명을 듣던 김 전무는 날카로운 질문을 던졌다.

"네, 그렇습니다. 현재 전국 직영 25개, 프랜차이즈 100여 개의 숙박업소 체인을 운영 중이고 이를 보다 활성화시키기 위해 '좋은숙박연구소'를 설립해 활용하고 있습니다."

"야놀자가 단순한 O2O 비즈니스인 줄 알았지만 온라인과 오프라인의 사업을 연계한 완전한 숙박사업이라는 생각이 드네요. 제 판단이 맞나요?"

"정확히 그렇습니다. 여기에 야놀자는 숙박 인테리어사업도 함께하고 있고 숙박업소를 대상으로 MRO(소모성 자재구매뿐 아니라 설비와 시설물 유지 보수를 대행하는 업무)사업도 확대하고 있습니다. 야놀자는 향후 O2O사업을 기반으로 직영과 프랜차이즈 숙박업소를 확대해 나갈 것이고 해외진출도 기대하고 있습니다.

투자자 입장에선 야놀자는 O2O사업의 높은 성장성과 수익성 그리고 직영 및 프랜차이즈인 좋은 숙박업소 등 눈에 보이는 확실한 현금 흐름이 있다는 게 큰 장점이죠."

"그런데 한 가지 우려되는 사항이 있습니다. 지금도 고밸류에이션 논란이 있고요. 회사의 상장 가능성에 대해서 고려해 보신 적 있으신가요?"

"개인 위주의 영세한 숙박시장을 사업화하여 확대하고 해외 진출까지 성공한다면 2020년에는 상장이 가능한 회사로 키울 수 있다고 봅니다."

"최근 이 대표님 단독 경영체제에서 집단 경영체제로 바뀌었던데, 이유가 뭔가요?"

"지금의 비즈니스 환경은 과거 2005년 처음 야놀자를 창업했을 때와는 완전히 달라졌습니다. 사실 개인적으로 O2O 환경 변화에 완벽하게 대응하는 데 한계를 느꼈고, 이에 해당 분야의 전문가들을 섭외하게 됐습니다."

"10년 이상 단독으로 키운 회사의 경영을 여러 전문 인력들과 함께하겠다는 의사결정을 한 것은 대단한 결심 같습니다."

김 전무는 야놀자와의 미팅을 통해 그동안 고민했던 부분이 말끔히 해소된 느낌을 받았다. 이제야 회사의 중장기 성장 전략이 보이는 듯했다.

야놀자, 국내 1위 숙박 프랜차이즈의 꿈

2016년 8월. 스카이레이크는 숙박앱 야놀자에 600억 원의 자금 투자를 집행했다. 스타트업 기업에 600억 원이라는 규모는 상당히 큰 금액에 속한다. 성장하는 산업에 주로 투자하는 사모펀드가 600억 원이란 큰 자금을 벤처 스타트업에 투자한 것은 이례적이다. 시장은 상당히 놀랍다는 반응을 보였다. 그동안 IT 제조업 위주로 투자해 온 스카이레이크의 두 번째 소비재 투자가 사모펀드들이 잘 투자하지 않던 O2O라는 새로운 영역이었기 때문이다.

2005년 설립된 야놀자를 O2O 스타트업으로 볼 것인지에 대해선 논란의 여지가 있지만, 숙박앱 점유율 1,2위를 다투며 '여기어때'와 치열한 경쟁을 벌이고 있었다.

하지만 스카이레이크는 야놀자 투자를 벤처 스타트업 투자로 보지 않았다. 그들이 주목한 가능성은 수익형 부동산 시장의 성장성이다. 결국 국내 부동산에 투자를 한 것이다.

모텔은 여전히 현금이 80% 이상 나오기 때문에 노후에 수익성 부동산 투자처로 관심을 가지는 사람들이 많다. 하지만 제대로 된 창업 루트를 알지 못해 시행착오를 겪거나 실패하는 이들이 많다.

현재 국내 모텔 및 숙박 산업을 보면 대형 브랜드 프랜차이즈 없이 개인 위주의 영세한 업체들이 난립하고 있다.

무엇보다 모텔 운영에 있어서 가장 중요한 인력 문제를 해결하기가 쉽지 않다. 모텔에서 24시간 숙식을 해결하며 카운터를 보는 당번의 역할이 중요한데 이를 제대로 믿고 맡기기엔 제대로 훈련된 인력을 구하기가 쉽지 않다.

하지만 이 대표는 실제 본인이 모텔의 당번 출신으로 모텔업에 대한 A부터 Z까지 빠꼼이처럼 다 꿰뚫고 있기 때문에 모텔업 진출에 관심이 있는 창업자들을 대상으로 멘토링과 창업이 가능하다.

만약 모텔 창업에 관심이 있는 개인이 야놀자를 통해 모텔 창업을 하려면 처음 시작하는 컨설팅부터 모텔 부지 매입, 공사, 인테리어, 모텔 리모델링을 진행하게 되고, 가맹적 교육과 비품, 린넨, 세탁, 객실관리 시스템 노하우 등을 전수받을 수 있다. 모텔 창업 및 운영의 애로점이 해결 가능한 셈이다.

모텔 창업뿐만이 아니다. 야놀자 프랜차이즈에서 제공하는 MW 비품, MW 린넨, 세탁, 통신, 가전 사용에 따른 MRO 비용은 10~30% 절감할 수 있고, 브랜드 인지도 등의 영향으로 매출 증대로 이어질 수 있다. 야놀자 측은 프랜차이즈 100개 점의 손익 변화 분석 결과, 가맹점 제휴 이후 매출 2배 증대, MRO 비용 15% 감소를 통해 수익은 기존 대비 28% 이상 증가 효과를 가져온 것으로 나타났다.

지난 2011년 야놀자는 오프라인 서비스로 숙박 프랜차이즈 '야놀자 프랜차이즈'를 출범시켰고 현재 전국 127개 프랜차이즈 직가맹점을 운영 중이다. 타깃 고객층에 따라 호텔야자, 호텔얌, 에이치에비뉴 등 3가지 브랜드로 운영 중이다.

2017년 5월 기준 프랜차이즈 호텔은 총 73곳으로 증가했다. 2014년 20곳에 불과했던 프랜차이즈 모텔이 3년 사이 73곳으로 3.6배 증가한 것이다.

야놀자는 프랜차이즈 업소들을 위한 MRO(Maintenance, Repair and Operation, 소모성 자재 유지 보수 운영) 사업도 전개하고 있다.

단순히 소모성 자재를 대량 구매해 싸게 공급하는 것이 아니라, 직원들이 1년간 약 3000개 이상의 객실과 230만 명 이상의 투숙객을 연구 분석해 자체 객실 용품 브랜드 '좋은숙박연구소'를 선보였다.

하지만 야놀자는 단순히 모텔 프랜차이즈에만 만족하지 않는다. 모텔을 기반으로 게스트하우스, 비즈니스호텔 등 거의 모든 종류의 숙박 형태를 모두 아우르고자 한다. 이에 적극적으로 시장 M&A에도 참여하고 있다. 최근에는 게스트하우스 앱인 '지냄'을 인수해 게스트하우스 시장으로 영역을 확대했다.

이를 바탕으로 해외 진출 계획 또한 세워 놓고 있다. 한국을 자주 찾는 중국, 일본, 동남아 등 관광객을 기반으로 한 해외 진출이다. 이렇게 국내와 해외에서 공격적으로 프랜차이즈를 확장해, 오는 2020년까지 상장을 시킨다는 것이 야놀자의 원대한 꿈이다.

O2O 비즈니스 본업에 충실한 '여기어때'

같은 숙박앱 O2O 비즈니스지만 '여기어때'의 전략은 전혀 상반된다. 지난 2015년 설립된 여기어때는 야놀자에 비하면 업력이 10년 가까이 짧은 신생 벤처 스타트업이다.

여기어때는 그야말로 최근 주목받고 있는 O2O 비즈니스에 충실한 회사다. 오프라인과 온라인을 잇는다는 O2O 비즈니스의 기본 콘셉트에 충실하며, 그 위에 숙박이란 콘텐츠가 더해진 구조다. 이는 숙박 비즈니

야놀자 vs 여기어때		
항목	야놀자	여기어때
설립연도	2005년	2015년
2017년 예상매출(2016년)	1300억(684억)	800억(246억)
누적투자유치금	910억	330억+
계약 오프라인 매장수(실제 운영수)	127개(100개)	20개(5개)
흑자 전환 시점	2016년 8월	2017년 2월
월 이용자 수	100만	220만

스 위에 O2O가 얹혀진 야놀자와는 주객이 바뀌었다.

여기어때는 처음부터 O2O를 기반으로 탄생한 회사로 설립 이후 2년 만에 야놀자의 앱 이용자 수를 능가할 정도로 급성장했다.

이처럼 여기어때가 급속도로 숙박 O2O 시장에서 치고 올라올 수 있었던 비결은 기존 모텔 업계의 인습과 관습을 과감히 깨면서 모텔 점주들의 큰 호응을 얻었기 때문이다.

중소형호텔 업계는 오래된 부조리가 많았다. 성수기 바가지요금을 적용하거나, 결제수단(현금, 카드)에 따라 객실 요금이 제각각인 경우가 빈번했다. 예약 취소 시 환불 조치는 미흡하고, 왜곡된 객실 사진으로 사용자 불만이 많았다. 이는 고스란히 시장 불신으로 이어졌다.

여기어때는 '중소형호텔 인식 개선을 위한 혁신프로젝트'를 선보였다. 최저가보장제를 거쳐 전액환불보장제, 회원가보장제 등 올해만 10개의 프로젝트가 시장에 안착됐다.

예를 들면 야놀자의 경우 앱에 광고를 올리고 현장 실사를 나가는 등에 대한 비용을 고가로 측정해 받았다. 하지만 후발주자인 여기어때는 시장 진입을 위해 초기 모든 비용을 무료로 진행했다. 직접 모텔을 찾아서 현장을 점검하고 사진을 찍고 광고를 올리는 일련의 과정들을 전부 무료로 진행한 것이다. 덕분에 모텔 계약 회원 수를 급속도로 늘려 나갈 수 있었다.

설립 2년차인 여기어때의 월 이용자 수(2017 8월 기준)가 220만 명으로 야놀자(100만 명)보다 2배 이상 많은 이유는 수수료를 받지 않고 고객 편의의 서비스를 제공했기 때문이다. 초창기 여기어때는 직접 모텔을 직원이 방문해 광고 사진을 찍고 올렸지만 해당 서비스를 무료로 제공했다. 이 때문에 숙박 O2O의 주된 수익원이라고 할 수 있는 광고료와 계약료가 발생하지 않았고 적자가 발생했다.

이런 초기 진입 비용 때문에 여기어때는 2017년 2월에서야 흑자전환에 성공했다. 2017년에서야 모든 비용을 정상화시킨 것이다.

스카이레이크가 야놀자와 여기어때를 고민하다, 야놀자의 손을 든 이유도 이 초기 투자 비용에 대한 회의적인 시각 때문이다. 초기 벤처 스타트업의 경우 언제까지 투자 비용이 들어야 할지 확신할 수 없는 경우가 많다. 특히 소셜커머스인 티몬, 쿠팡 등은 여전히 적자를 면치 못한 채 투자 비용만 들어가고 있다.

반면, 2015년 여기어때에 200억 원을 투자한 JKL파트너스는 초기 투자 비용보다는 향후 성장성에 더 주목했다.

여기어때도 오프라인의 모텔 비즈니스를 운영하긴 한다. 하지만 야놀자에 비해 턱없이 부족한 5곳에 불과하며 설립 목적 자체가 다르다. 야놀자는 본격적인 프랜차이즈 브랜드화를 위해 설립했지만 여기어때는 자신들의 추구하는 이상적인 숙박 모델을 구현하기 위해 설립한 것이다. 이를 보고 모텔 계약자들이 벤치마킹할 수 있도록 하기 위한 목적이 더 크다.

이 때문에 여기어때의 주된 수익은 광고료 수입이고, 야놀자는 오프라인 모텔 비즈니스 모델이다. 앞으로도 여기어때는 O2O 비즈니스라는 본업에 충실하며 사업을 확장해 나간다는 방침이다.

국내 O2O 시장 규모, 2년 내 1000조 이상

중소기업 바이아웃 전문 사모펀드인 스카이레이크와 JKL파트너스가 서로 다른 숙박앱에 각각 투자한 것은 O2O 시장이 그만큼 초미의 관심사임을 방증한다.

O2O는 2010년 트라이얼페이(TrialPay)의 CEO 알렉스 람펠이 O2O를 처음 언급한 이후 최근 몇 년간 국내에서도 주요 트렌드로 주목받아 왔다.

O2O는 온라인과 오프라인이 결합하는 현상을 의미하는데, 온라인과

O2O의 잠재시장 규모	국내 O2O 시장규모 전망

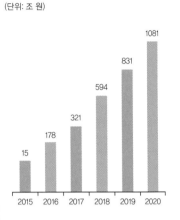

(단위: 조 원)

1081
831
594
321
178
15

2015 2016 2017 2018 2019 2020

〈출처: 통계청 '소매판매 및 온라인 쇼핑동향', '서비스산업주요통계'〉
'2015 ICIT 10대 주목이슈' O2O맨(KT 경제경영연구소)에서 추산한 2014년 국내 케이스 시장 자료 참고

오프라인을 넘나들며 최적의 조건에서 쇼핑을 즐기려는 소비자들이 빠르게 증가하고 있어 O2O는 커머스 영역의 핵심 경쟁요소로 부상하고 있다. O2O는 서비스 연합을 통해 플랫폼으로 진화되고, 개인형 O2O와 온오프라인 경험을 통합한 옴니채널화가 대세를 이룰 전망이다.

O2O는 온라인과 오프라인 마켓이 연결되는 서비스이기 때문에 정확한 시장 규모 추산이 쉽지 않다. 그러나 우리나라 온오프라인 시장 전체를 분석해 시장 규모를 추산해 볼 수 있다. 온라인 커머스 규모는 약 54조 원이고 오프라인 산업 시장 규모는 약 930조 원에 달한다. 그중 온라인과 오프라인이 겹치는 부분이 약 300조 원가량일 것으로 추정된다. 이를 근거로 시장 전망치를 추산해 보면 국내 O2O 시장은 2017년도에 321

조 원에 달하며, 2020년에는 약 1081조 원 규모까지 성장할 것으로 기대된다.

기존에 O2O와 같은 스타트업에 관심을 갖고 투자를 하지 않았던 이들 사모펀드들은 이미 O2O 시장은 성장과 성숙 등의 시장 개념이 무너졌다고 보고 있다. 시장의 경계가 무너지다 보니 기존 벤처캐피탈과 PEF의 투자 영역 구분도 무의미해지는 것이다.

06

웨딩홀의
토다이 뷔페가 더 맛있는 이유

● 아펠가모가 더채플을 인수한 이유
● 웨딩홀 성공 비결은 맛있는 뷔페

"갑자기 웨딩홀이 팔린다는 게 무슨 소리죠?"

"저희 결혼식은 예정대로 진행될 수 있는 건가요?"

"대기업인 CJ가 운영한다고 해서 믿고 맡긴 건데 너무 황당하네요. 지금이라도 계약 해지하고 싶습니다."

CJ푸드빌이 웨딩홀 사업을 접고 사모펀드에 매각한다는 기사가 나간 2016년 4월 15일. 아펠가모 고객센터에는 항의 전화가 빗발쳤다. 일반인들의 사모펀드에 대한 부정적 인식에, 이름조차 생소한 유니슨캐피탈에 대한 거부감이 더해져 고객들의 심리적 불안감이 극에 달한 것이다.

"고객님, 웨딩홀 매각을 진행 중인 건 사실이지만, 기존 고객들에 대한 서비스와 예약은 변동 없이 진행될 예정입니다. 전혀 걱정하지 않으셔도 됩니다."

"아펠가모의 주인은 바뀌지만 저희 직원들은 그대로이니 안심하셔도 됩니다."

여기저기서 쇄도하는 문의전화에 아펠가모 전 직원들은 이날 하루 종일 진땀을 흘렸다. 이날 고객센터에는 아펠가모의 새 주인이 될 유니슨캐피탈의 김수민 대표와 곽승웅 파트너도 긴급 투입됐다.

"저희가 앞으로 아펠가모의 운영을 맡게 될 유니슨캐피탈입니다. 대표인 제 이름을 걸고, 담당 운용역인 곽 파트너의 명예를 걸고, 고객분들이 우려하는 사항은 발생하지 않도록 최선을 다하겠습니다."

"저희는 고객분들이 흔히 생각하시는 그런 악덕 사모펀드가 아닙니다. 과감한 투자를 통해 누구보다도 아펠가모를 더 잘 키울 자신이 있기 때문에 새 주인을 자처한 겁니다. 한번 믿고 지켜봐 주십시오."

감정이 격해진 고객들도 직원들의 신속하고도 진정성 있는 대처 덕분에 일단 흥분을 가라앉혔다. 굳이 항의전화를 하지 않은 고객들에게까지 일일이 전화를 해 상황 설명을 했다. 상황이 진정 국면에 접어들자, 그제야 김 대표와 곽 파트너는 안도의 한숨을 쉬었다.

"곽 파트너, 이번 일은 초기에 신속하게 대응을 정말 잘한 것 같아. 하마터면 1년 동안 공들인 딜이 날아갈 뻔했어."

"네, 대표님. CJ 같은 대기업이 가장 예민한 부분이 여론 악화인데 지난번 같은 일이 되풀이되지 않아 다행입니다."

순간적으로 감정이 격해진 고객들을 응대하는 일은 오히려 쉬운 축에 속했다. 이보다 훨씬 더 많은 공을 들인 작업은 이미 '안 팔기로' 마음을 굳힌 CJ그룹 경영진들을 설득하는 작업이었다.

"우리는 급할 게 전혀 없습니다. 지금 당장 CJ푸드빌에서 웨딩홀을 매각해야 할 이유는 없습니다."

"게다가 이제 좀 골목상권 논란이 잠잠해지고 있는데, 다시 긁어서 부스럼을 만들고 싶은 생각도 없습니다."

처음 CJ그룹 관계자들을 접촉했을 당시 그들의 태도는 완강했다. 마음의 문을 단단히 닫은 상태였다. 1년 전쯤 공개 매각을 진행했을 당시, CJ가 웨딩홀은 매각한다는 기사가 나가자 직원들이 강하게 반발하고 나선 것이다.

"우리도 언젠가는 웨딩 사업을 접어야 한다는 데는 동의합니다. 하지만 지금은 때가 아니라고 봅니다."

"더군다나 저희가 개인적으로 이 문제를 다시 끄집어 내 최고 의사결정권자들을 설득할 자신이 없습니다."

"웨딩홀 매각은 굳이 직접 나서서 총대를 메고 싶지 않은 현안입니다."

논리는 충분히 일리가 있었다. 당장 아쉬운 쪽은 유니슨캐피탈이었다.

개인 오너 창업자와 대기업 그룹사 의사결정권자들을 설득하는 방법은 차이가 있다. 개인 오너의 경우, 본인만 마음을 돌리면 모든 것이 일사천리로 진행된다.

반면 대기업 의사결정권자들을 설득하는 일은 더 많은 시간과 노력이 들어간다. 어느 한 명이 나서서 결정할 일도 아닌 데다, 설득해야 할 이해관계자들이 훨씬 더 많아서다.

"이성적인 논리로 상대방을 설득하는 일은 전혀 어렵지 않습니다. 한시간 정도면 모든 상황을 파악하고 이해할 수 있습니다. 문제는 그들의 마음을 얻고 돌리는 일입니다."

사람의 마음을 얻는 일은 결코 쉬운 일이 아니다. 오랜 기간 동안 참고 견디며 포기하지 않고 밀고 나갈 수 있어야 한다.

하지만 유니슨의 '두 남자'는 끝까지 포기하지 않았다.

"정말 집요하시네요. 이 정도 정성이라면 유니슨캐피탈에 믿고 맡길 수 있을 것 같습니다."

"내부적으로 재매각 절차를 진행해 보겠습니다."

"진심으로 감사합니다! 여러 번 말씀드렸지만 우리 유니슨은 아펠가모를 국내 최고 웨딩 프랜차이즈로 키울 자신이 있습니다."

대기업도 아닌 아펠가모를 선택한 이유

CJ그룹의 의사결정권자들을 설득하는 데는 간신히 성공했지만 마지막 관문이 남았다. 실질적으로 웨딩홀을 운영하는 CJ푸드빌의 웨딩사업

부문 직원들에 대한 설득 작업이었다.

지난 2015년 CJ푸드빌이 공개 매각을 추진했을 때도 직원들의 반발이 핵심 이슈로 부각됐었다. 교원그룹 인수가 기정사실처럼 퍼져 나가면서 직원들의 격렬한 저항에 부딪혔다. 이는 결국 CJ그룹이 매각을 포기하는 계기가 됐다.

유니슨은 같은 실수를 반복하지 않겠다고 결심했다. 직원들의 설득 작업은 조용히 물밑에서 진행됐다. 유니슨이 제시한 카드는 3년 고용보장과 아펠가모 성장을 위한 파격적 투자다. 특히 직원들에게 모기업인 CJ푸드빌에 잔류할 수 있는 권리도 부여했다. 매각 이후 CJ푸드빌에 남아 계절밥상, 빕스 등 외식업계에 종사할 수 있도록 선택권을 준 것이다.

"유니슨캐피탈은 글로벌 사모펀드의 한국 법인으로, 우리 일상생활 속에서 낙후된 시장을 선진화시키는 투자에 초점을 맞추고 있습니다. 웨딩시장은 그동안 골목상권 등에 대한 규제로 대기업이 진출하지 못해 영세업체들이 난립한 시장으로, 사모펀드의 인력과 자본력으로 집중화가 가능하다고 봅니다. 무엇보다 한국보다 앞서가는 일본 시장 조사를 통해 한국 웨딩산업의 발전 가능성에 대해 확신하고 있습니다."

진심을 다하는 유니슨의 태도에 직원들도 조금씩 마음의 문을 열기 시작했다. 유니슨 역시 조급하게 굴지 않고 천천히 조금씩 직원들을 설득했다. 그 결과 유니슨은 직원들의 마음을 얻는 데 성공했다. 웨딩 사업 부문 100명의 직원 중 90명이 분사하는 아펠가모에 남기로 했다.

대기업의 외식 부문이냐, 중소기업의 웨딩 부문이냐,

이 두 갈림길에서 직원들은 중소기업이지만 웨딩 전문가의 길을 걷기로 선택한 것이다.

결혼 줄어도 씀씀이 커지는 시장

CJ라는 멀쩡한 대기업 직원이 이름도 생소한 중소기업을 선택하는 일은 결코 쉬운 결정이 아니다. 직원들이 유니슨을 선택한 결정적 이유는 웨딩 산업에 대한 비전을 공감했기 때문이다.

기존 CJ푸드빌 웨딩 부문 직원들은 외부에서 스카우트 된 뛰어난 인재들이 많았다. 웨딩업체에서 잔뼈가 굵은 프로페셔널들로 직업에 대한 자부심이 강했다. 유니슨이 제시한 대로 아펠가모가 국내 1위 웨딩 대기업이 되는 것이 CJ란 타이틀보다 더 매력적으로 느껴졌을 것이다.

그렇다면 유니슨이 웨딩 산업에 주목한 이유는 뭘까.

유니슨이 투자처를 찾는 기본 콘셉트는 늘 곁에 있지만 산업화되지 않은 시장이다. 이런 시장은 한국보다 앞서간 일본 시장을 스터디하면서 찾을 수 있다.

일본의 경우 과거 30년간 결혼 건수는 절반으로 줄었지만 시장 집중화가 일어나면서 60여 개의 웨딩홀을 가진 대기업이 나타났다. 오히려 시장 정체기인 이 시기에 연간 매출 규모가 500억 원 이상의 상장 대기업들이 출현한 것이다.

이는 시장 자체의 크기는 늘지 않았지만 1인당 소비하는 객단가(고객 1인당 평균 매입액)가 높아지면서 수익성이 개선됐기 때문이다. 결혼이 늦어지면서 오히려 결혼식에 쓰는 비용이 늘었고, 결혼 건수가 줄면서 하객들의 부조금 액수도 많아졌다.

유니슨은 한국 시장이 이제 막 일본 시장과 같은 변화를 겪기 시작하는 초기 단계라고 분석했다. 실제로 전국 2016년의 결혼 건수는 10년 전 33만 건 대비 28만 건으로 줄었다. 2016년 기준 서울 시내 연간 총 5만여 건의 결혼식이 진행된다. 이는 10년 전 대비 약 2만 건이 줄어든 수치다.

전국적으로 연간 28만 건의 결혼이 진행되고 있으며, 이 중 23만 건이 초혼이다. 재혼 건수도 5만 건에 달한다. 이 때문에 유니슨은 웨딩 시장을 자신들의 투자 콘셉트에 잘 들어맞는 투자 분야로 주목하며 투자처를 물색해 왔다.

아펠가모 오픈도 전에 예약 쇄도

유니슨은 아펠가모 인수 이후 고객과의 신뢰 쌓기에 주력했다. CJ 계열이란 대기업 브랜드가 사라지면서 자칫 잘못하다간 그동안 아펠가모가 쌓아 온 고객과의 신뢰 관계에 큰 타격이 갈 수 있었다.

이에 유니슨은 인수 이후 첫 웨딩에 지극정성을 다했다. 인수 전보다 메뉴를 업그레이드시킨 것은 물론 행사 진행, 고객과의 커뮤니케이션 등 모든 면에서 세심한 주의를 기울였다. 비록 주인이 바뀌었지만 오히려 모든 면에서 업그레이드됐다는 심리적 안정감을 주기 위해 노력했다.

그 다음으로 본격적인 시장 선점을 위한 집중화 작업에 돌입했다. 아펠가모와 비슷한 고객들을 타깃으로 하는 더채플을 인수해 규모를 키웠다. 총 8개의 웨딩홀을 운영하는 국내 최대 웨딩 프랜차이즈가 된 것이다. 식자재 공급 등의 단가를 낮췄고 품질 좋은 식자재를 공급할 수 있게 됐다. 이를 통해 호텔에선 10만 원대인 식대를 5~6만 원 대로 떨어뜨린 것이다.

웨딩홀의 효율성을 높이려면 예식장과 뷔페 식당을 분리해야 한다. 이를 분리하지 않으면 홀 서빙 인력이 지나치게 높아져 손익분기점을 맞출 수가 없다. 강남 일대 영세 웨딩홀들이 망가지는 이유도 고가의 인건비 때문이다.

웨딩홀 운영에 있어 효율성은 상당히 중요한 요소다. 유니슨은 직원들이 보다 효율적으로 일하게 하기 위해 전체 프랜차이즈를 통합해 연결하는 IT 전산 시스템을 깔고 태블릿 PC를 공급했다.

끝으로 적극적으로 고객과의 원활한 커뮤니케이션을 위해 노력했다. CJ그룹의 계열사인 CJ푸드빌은 CJ 입장에선 핵심 사업이 아니다. 이 같은 비주력 사업에 많은 투자를 할 리 만무하다. 하지만 유니슨은 더 많은 투자를 통해 적극적인 마케팅에 나섰다.

현재 8개인 웨딩홀을 보유한 유니슨은 점진적으로 규모를 늘려 나간다는 계획이다. 2017년 11월 말 오픈한 아펠가모 선릉점은 시작도 전에 이듬해 성수기 예약이 밀렸을 정도로 인기를 끌고 있다.

웨딩 시장에 관심을 가진 사모펀드는 유니슨뿐만이 아니다. 시장의 판도를 바꾸는 '게임체인저' 투자를 선호하는 프랙시스캐피탈도 웨딩 산업에 주목했다.

하지만 2015년 11월 프랙시스는 언뜻 보기에 웨딩 산업과 관련이 없어 보이는 해산물 뷔페 토다이에 350억 원을 투자했다. 프랙시스의 의도를 몰랐다면 토다이 투자를 외식업에 대한 투자로 평가할 수 있다. 프랙시스의 토다이 투자의 본질은 웨딩 산업이다. 프랙시스는 웨딩홀의 경쟁력이 뷔페 식당에서 나온다고 분석했다.

얼핏 보면 토다이라는 외식업체에 투자한 것으로 볼 수 있지만 사실 프랙시스는 토다이가 보유한 웨딩시티와의 시너지 효과를 염두한 점이 더 컸다. 결혼식장을 찾는 하객들이 좋고 나쁨을 평가하는 기준이 음식 맛인데 토다이처럼 검증된 외식 브랜드를 입점시켰을 때 시너지 효과가 크다는 판단이다.

유니슨이 웨딩홀 아펠가모의 브랜드로 어필을 한다면, 프랙시스는 토다이 브랜드를 내세워 고객들의 신뢰를 얻는 전략이다.

유니슨과 달리 프랙시스는 특정 고객층을 공략하진 않는다. 영등포와 노원의 경우 대중적인 웨딩홀이며, 강남의 그랜드더힐은 아펠가모보다 더 프리미엄 호텔급이다. 이 때문에 브랜드도 한 가지가 아닌 투(two) 브랜드 전략을 구사한다.

해산물 뷔페 토다이를 인수한 프랙시스캐피탈은 웨딩시티 웨딩홀에 토다이 뷔페를 넣으면서 '브랜드 스필오버' 전략이 성공을 거두고 있다. 2014년에 인수한 신도림 TM웨딩시티 토다이 인수 2년 만에 연간 웨딩 건수가 약 950건(2014년)에서 약 1250건(2016년)으로 약 30% 이상 증가했다. 웨딩시티에 입점한 토다이 뷔페의 평가는 대체로 긍정적이다. 오히려 원래 토다이 뷔페보다 더 높은 만족도를 보이기도 한다.

올 상반기에는 4개월간의 리노베이션 공사를 마치고 삼성동 '더그랜드힐컨벤션'의 그랜드 리뉴얼 오픈 행사를 성황리에 개최했다. 이곳 웨딩홀 뷔페도 토다이가 토다이 총괄셰프와 함께 전문적인 시스템을 도입해 고품격 코스를 선보인다.

라민상 프랙시스캐피탈 대표는 "국내 웨딩 시장 내 식음(F&B) 및 서비스 품질에 대한 중요성이 더욱 강조되고 있다"며 "출장 뷔페가 가능한 토다이의 경쟁력을 적극 활용해 출장 웨딩 서비스도 본격적으로 제공할 예정"이라고 말했다.

대체투자 시장의
역사 및 특성

20년째 끝나지 않은 악연의 실타래

최근에서야 '론스타 소송'이 20년째 여전히 진행 중이란 사실을 알게 됐다. 얼마 전 1조 원의 매각 차익을 낸 외국계 사모펀드의 세금 문제를 취재하면서다.

"사모펀드가 해외 조세회피처에 법인을 설립하면 우리나라 정부가 세금을 부과할 수 없나요?"

"현행법상 그렇습니다. 국내법에 우선하는 양국 간 조세협약이 있기 때문이죠. 이 조세협약에 따르면 주식 매매로 인한 차익금은 기업의 소재지가 아닌 법인의 소재지에서 부과토록 하고 있습니다."

"몇 년 전에도 이와 유사한 케이스인 어피너티의 OB맥주 매각 차익에 대한 소송이 있었는데 어떻게 진행되고 있나요?"

"글쎄요. 개별 소송 건에 대해서는 말씀드리기가 곤란하네요. 20년 전

론스타 소송도 아직 진행 중입니다. 국세청도 해결하기 힘든 복잡한 문제들이 얽혀 있습니다."

한국에서 사모펀드에 대한 인식은 유난히 좋지 않다. 그 출발은 98년 외환위기 이후 알짜 국내 기업들을 해외 자본에 뺏기면서 시작됐다. 당시 세상을 떠들썩하게 했던 론스타 사건은 외국계 사모펀드가 유동성 위기에 처한 외환은행을 헐값에 산 뒤 비싸게 팔면서 시작됐다. 론스타는 위기 속에서 투자 기회를 찾는 전형적인 사모펀드의 투자 패턴에 충실했을 뿐이지만, 국내 금융의 자존심 외환은행을 뺏긴 국민들의 분노는 극에 달했다. 국민 정서법에 입각한 한국 국세청은 국제협약을 무시한 채 국내 법을 적용해 세금을 부과했고, 이에 반발한 론스타는 소송을 제기해 무려 20년을 끌고 있는 것이다.

이 같은 국민들의 부정적인 인식은 국내 사모펀드 시장 발전에 크나큰 장애물이 되고 있다. 악연처럼 얽히고설킨 실타래를 어디서부터 풀어야 하는 것일까. 20년이 지난 지금도 사모펀드에 대한 색안경을 끼고 기업 사냥꾼이란 부정적 시각으로 봐야 하는 것일까. 아니면 지난 40년간 하나의 산업으로 정착해 온 전문 분야로 인정하고 실력을 길러야 하는 것일까.

결국 선택은 우리 국민들의 몫이다. 올바른 선택을 위해선 먼저 눈물을 머금고 알짜 자산들을 뺏길 수밖에 없었던 이유와 역사적 배경을 알아야 한다.

국내 사모펀드의 탄생 시기에 대해서는 시각이 엇갈린다. 일반적인 관점은 간접투자자산운용업법(간투법) 개정을 통해 기업인수 목적의 사모펀드인 투자전문회사(PE, Private Equity) 제도가 도입된 2004년 12월을 국내 사모펀드의 출발로 본다. 97년 IMF 외환 위기 이후 론스타 같은 외국계 자본이 국내 알짜 자산들을 싹쓸이해 가자 한국 정부도 이에 대응할 사모펀드를 설립할 법적 근거를 마련한 시점이다.

간투법이 생기면서 국내 자본도 대형화를 통해 외국계 자본에 맞설 수 있게 됐다. 그제야 국내 자본도 대형화를 통해 경영권을 인수하고 지배구조 개선 후 재매각을 통한 고수익을 추구할 수 있게 된 셈이다.

하지만 법적 근거가 없었다고 해서 실체마저 없었던 것은 아니다. 2004년 간투법 도입 이전에도 오늘날 사모펀드의 모태로 간주될 만한 투자회사들이 존재했다. 막강한 자본력의 외국계처럼 겉으로 드러나진 않았지만 외환위기로 자금난에 빠진 중소기업을 사고파는 일들을 한 기업구조조정전문회사(CRC, Corporate Restructuring Company)들이다. 정부는 예상치 못한 외환위기가 터지자 부도 위기에 처한 한계기업에 대해서만 M&A가 가능한 CRC를 출범시켰다. 2005년 8월께 금융감독원에 등록된 CRC는 무려 211개에 달했다.

정상적인 기업의 경영권을 인수할 순 없지만 한계기업에 투자해 구조조정을 했다는 점에서 국내 사모펀드의 시초라고 볼 수 있다. 당시 CRC

는 문어발식 경영으로 위기에 빠진 대기업 비핵심 계열사들의 구조조정을 도맡아 담당했다. 이 때문에 국내 토종 사모펀드 대표 중에는 당시 CRC 출신들이 많다. IMM PE의 송인준 대표, SG PE의 최창해 대표 등을 꼽을 수 있다. IMM PE의 전신은 2001년 3월 등록된 '기업구조조정 아이엠엠 1호'다.

금융계열 사모펀드 전성시대와 몰락

외환위기 이후 무려 7년이 걸려 간투법이 개정된 이후 처음 적극적으로 나선 쪽은 은행, 증권 등 금융계열사였다. 우리은행과 미래에셋이 국내 최초 사모펀드 설립을 놓고 경쟁을 벌였고, 12월 27일 나란히 금융감독원에 '미래에셋 1호'와 '우리은행 제1호'를 나란히 등록했다.

초창기엔 금융계열사에서 설립한 사모펀드들의 기세가 등등했다. 막강한 자본력에 유능한 인재들이 몰려 초기 시장 활성화를 견인했다. 당시 금감원에 등록된 55개 사모펀드 운용사 중 금융계열이 아닌 독립계는 12개에 불과했을 정도다.

2005년 9월 MBKP가 약정액 1조 원으로 등록했고, 이듬해인 2016년 12월 스카이레이크가 약정액 316억 원으로 등록했다. 2005년 11월 국민연금과 최초로 공동 펀드를 등록한 곳은 한국 H&Q AP로 3000억 원 규모였다. 나머지 사모펀드 운용사는 미래에셋맵스자산운용, 케이티비자

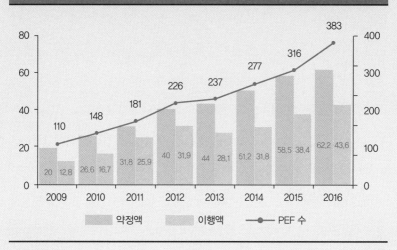

〈출처: 금융감독원〉 (단위: 조 원)

산운용, 기업은행, 산업은행 등 금융계열사였다.

하지만 금융계열 사모펀드 전성시대는 그리 오래가지 못했다.

2016년 말 기준 금융계열사가 아닌 전문운용사가 115개 사로 전체 60%나 차지한다. 신설 운용사 10개 중 6개가 전문운용사인 셈이다.

이는 거대 공룡 같은 금융 지주사들의 구조적인 한계에 기인한다. 이들은 사모펀드의 핵심 브레인들을 유인할 충분한 당근을 제시하기 쉽지 않은 구조다. 다른 계열사와의 형평성을 고려해야 하는 금융지주사는 일한만큼의 보상을 원하는 핵심 인력들을 만족시키기엔 역부족이다. 사모펀드는 성과에 따른 보수 체계가 중요하지만 거대 조직으로 들어가는 순간, 다른 금융 조직원들과 같은 취급을 받게 된다.

게다가 개인 펀드 매니저의 책임감에 있어서도 차이가 크다. 기관의 이름으로 펀딩을 받는 금융계열사와는 달리 독립 사모펀드들은 펀드 매니저가 개인의 자본을 펀드에 투자해야 한다. 많게는 집 한 채도 살 수 있는 금액을 펀드에 넣고 돈을 굴리는 매니저와 회사의 이름으로 운용하는 매니저의 책임감은 다를 수밖에 없다.

이처럼 조직과 섞이기 힘든 사모펀드의 성격을 보여 준 사례는 2016년 미래에셋 PE의 '아쿠쉬네트 인센티브' 사건이다.

2011년 미래에셋 PE는 휠라코리아와 손잡고 세계 1위 골프용품기업 아쿠쉬네트를 12억 7500만 달러(약 1조 3500억 원)에 인수했다. 미래에셋 PE는 자본을 대는 재무적 투자자로 참여했고, 기업의 가치를 높이는 작업은 전략적 투자자인 휠라코리아가 맡았다. 인수 당시 1000억 원 안팎이던 EBITDA는 4년 만에 2배인 2000억 원으로 성장했다. 이 딜은 재무적 투자자(FI)와 전략적 투자자(SI)가 함께 시너지를 극대화한 굿딜로 평가됐다. 투자 회수도 성공적이었다.

2016년 아쿠쉬네트는 미국 나스닥에 상장되며 대박을 터뜨렸다. 하지만 당시 체결된 미래에셋 PE의 내부 인센티브 조항이 문제가 됐다. 엑시트 성공 시 해당 매니저에게 파격적 인센티브가 가도록 돼 있었다. 계약대로라면 직원에게 수백억 원 대 인센티브가 가야 하는 것이다.

하지만 실제로 미래에셋 PE는 이 조항을 없던 일로 만들어 버렸다. 당시 딜에 참여했던 매니저들은 뿔뿔이 흩어졌고 유정현 미래에셋 PE 대표만이 남았기 때문이다.

게다가 미래에셋 PE는 당시 사모펀드 업계의 룰대로 인센티브 계약서를 작성한 준법 감시인을 해고해 버렸다. 독립계 사모펀드에선 상상도 할 수 없는 일이 금융계열사에선 발생한 것이다. 업계는 이 같은 미래에셋 PE의 조치가 금융계열 사모펀드 몰락의 단초가 됐다고 지적한다.

콧대 높은 GE, 현대캐피탈 2대 주주로

올 초 골드만삭스 한국법인 공동대표에서 사모펀드(이스트브릿지 PE)로 자리를 옮긴 최동석 대표는 국내 많은 후배 IB맨들이 꼽는 최고의 사수다.

서울대 화학과 졸업 후 미국 와튼 스쿨 진학을 계기로 IB에 눈뜬 최 대표는 남들보다 IB시장 진입이 늦었다. 일반 기업에 근무하다 MBA를 계기로 커리어를 전환하면서 출발이 늦어진 것이다. MBA 졸업 무렵 골드만삭스 홍콩법인 인턴을 계기로 IB업계에 첫 발을 들였고, 이후 탁월한 능력을 발휘하며 초고속 승진을 했다.

누구보다도 열정적이란 평가를 받는 최 대표의 인생 빅딜은 2004년부터 2006년까지 진행된 GE캐피탈 유치 딜이다. 2004년 국내 투자처를 물색하던 GE캐피탈은 신용카드 사태 이후 고전하던 현대 금융 계열과 의기투합하게 됐다. 양측의 입질이 오가기 시작한 것은 2003년 6월이다. 6개월 뒤인 2004년 1월에야 매각 주간사를 선정하고 본격적인 실사에 들어갔다. 현대캐피탈은 매각 주간사로 골드만삭스를 선정했고 당시 주니어였던 최 대표가 투입됐다.

당시 딜에 대한 분위기는 상당히 회의적이었다. 끝까지 성사가 될 것이라고 확신하는 이는 담당 실무자인 최 대표가 유일했다. 이처럼 모두의 관심에서 밀려난 것이 이 딜의 가장 큰 난관이었다. 확신을 가지고 추진하는 이가 없다 보니 우선순위에서도 밀려났다. 하지만 최 대표는 진심으로 마음을 다해 자기 일처럼 몰두했다.

현대캐피탈과 GE의 딜이 어려웠던 이유는 단순한 M&A가 아니었기 때문이다. 국내에서 개성이 강하기로 유명한 현대차 그룹과 미국 금융의 자존심으로 똘똘 뭉친 GE캐피탈이 합작 법인을 만드는 과정이었다. 게다가 미국 거대 금융사인 GE캐피탈이 1대 주주도 아닌 38%의 지분을 가지고 2대 주주로 합류하는 사상 유례가 없는 구조였다. 국내 기업과 합작 회사를 설립해 본 적이 없는 GE로선 모든 것이 불안할 수밖에 없었다.

매각 주간사인 글드만삭스의 역할은 각자 자기주장이 강한 두 상대방을 조율해 합의를 이끌어 내는 것이었다. 가장 첨예하게 대립했던 부분은 2001년 카드 사태로 발생한 유발 채무에 대한 평가였다. 이 부실채권의 처리 방안을 놓고 양측이 팽팽히 맞섰다.

매각 주간사인 골드만삭스는 접점을 찾기 어려웠던 이들을 만족시킬 아이디어를 냈다. GE측이 우려하는 유발 채무에 대해선 당장 인수하는 것이 아니라 채권 부실화 여부를 지켜본 뒤 추후에 인수하자는 제안이

GE 투자 예정 내역			
구분	1차	2차(2006년)	합계
지분투자	5,600억 원	600억 원	6,200억 원
(구주매입)	(4,300억 원)	(600억 원)	(4,900억 원)
(신규증자)	(1,300억 원)	–	(1,300억 원)
후순위채	3,800억 원	500억 원	4,300억 원
합계	9,400억 원	1,100억 원	1조 500억 원

(2006년 구주매입 가격은 당시 조건에 따름, 추정계산)

다. 이 같은 시간차 인수는 갈등을 풀어 가는 골드만삭스의 대안이었고, 양측이 이를 수용하며 1조 원의 빅딜이 성사됐다.

2004년 8월 서울 조선호텔에서 가진 기자회견에서 현대캐피탈의 구주 38%를 2006년까지 매각해 1조 원의 외자를 유치한다고 발표했다. 1차 유치는 9400억 원으로 완료되지만 2차 유치는 2006년에 600억 원을 추가로 하겠다는 내용이 담겼다.

두산, '밥캣' 글로벌 M&A의 포문을 열다

국내 대기업 M&A 역사의 산증인을 꼽자면 두산그룹의 구조조정을 진두지휘했던 이상하 네오플렉스 대표일 것이다. 그의 손을 거친 M&A 딜은 40여 건에 달한다.

이 대표가 꼽는 인생 빅딜은 두산인프라코어의 미국 소형 굴삭기 기업 밥캣 인수다. 2007년 당시만 해도 국내 기업이 1조 원에 달하는 미국 기업을 산다는 것은 상상도 할 수 없는 일이었다. 그때 이후 국내 기업들도 해외로 눈을 돌려 해외 기업 사냥에 적극 나서게 됐고, 지역도 다양화됐다. 최근 대표적 사례는 삼성 미국 법인이 9조 3385억 원에 인수한 하만을 들 수 있다.

두산그룹은 대형 굴삭기 기업 인프라코어를 인수할 때부터 밥캣 인수를 염두에 뒀다. 소형 굴삭기로 미국 시장을 장악한 밥캣은 인프라코어의 빈 부분을 메워 줄 천생 연분 같은 존재였다. 서로의 단점을 상호보완한 환상의 궁합이라고 판단했다.

이 대표는 두산그룹이 밥캣을 인수한다면 소형에서 대형에 이르는 완벽한 제품 포트폴리오를 구성할 수 있다고 확신했다. 그렇게만 되면 두산그룹은 세계 3대 건설중장비 시장인 중국, 북미, 유럽에 글로벌 생산 및 판매 네트워크를 확보해 세계 시장 석권의 토대를 마련할 수 있는 것이다.

이 대표는 호시탐탐 밥캣 인수 기회를 노렸다. 미국 네트워크가 있는 국내 IB인 도이치뱅크에 귀띔을 하며 "밥캣이 매물로 나오면 알려 달라"고 신신당부했다.

그의 간절함이 통했던 것일까. 몇 년 뒤 기다리고 기다려 온 밥캣이 시장에 매물로 나왔다. 하지만 그 사실을 알게 된 것은 기존에 친분이 있던 도이치뱅크 IB가 아닌 씨티글로벌마켓증권을 통해서였다. 미국 씨티그룹 계열사인 씨티글로벌마켓증권의 정보가 도이치뱅크보다 한발 앞선 것이다.

무엇보다 씨티글로벌마켓증권의 탁월한 점은 강력한 매수 의사를 가진 대상을 "제대로 찾아왔다"는 점이다. 능력 있는 IB의 역할은 '양측의 속내를 정확히 알고 이들을 잘 매칭하는 것'이다. 마치 유능한 뚜쟁이가 젊은 남녀를 알아보고 짝을 지어 주는 것처럼 말이다.

그토록 바라던 배필이었기에 밥캣 인수는 일사천리로 진행됐다. 밥캣의 매수 주간사는 당연히 딜을 주선한 씨티글로벌마켓증권이 맡았다.

밥캣 인수를 위해 두산이 결정해야 할 가장 중요한 문제는 가격이었다. 미국 내 경쟁자까지 붙은 상황이라 인수가 아니라 입찰가가 관전 포인트였다.

모든 입찰 딜이 그러하듯 간발의 차로 경쟁자를 물리칠 때 극도의 쾌감을 느낀다. 미미한 차이로 위닝 프라이스를 써내는 실력이야말로 M&A 귀재들의 동물적 감각의 영역이라 할 수 있다.

매수 가격 결정에 있어 표면적으로 드러나는 EBITDA는 무의미하다. 지금의 상태를 기준으로 몇 배의 가치가 적당한지를 계산하는 것보다 중요한 것은, 경영권을 가져와 직접 경영을 했을 때의 가치 상승이다. 이 같은 미래 현금 흐름을 미리 예측해 입찰가를 결정하게 되는 것이다.

매수 주간사인 IB는 기업의 정당하고 적정한 가격을 산출하는 '공정가격(Fair value)'을 제시한다. 두산그룹은 이 시뮬레이션에 각종 수치들을 대입해 실제 가격을 산출한다. 이 두 작업이 제대로 진행될 때 양측이 해피엔딩으로 끝날 수 있다.

끝내 두산그룹은 '49억 달러(5조 3200억 원)'라는 역사적 숫자를 쓰며 밥캣 인수에 성공했다. 이는 국내 대기업 M&A 역사의 한 획을 긋는 첫 출발이었다.

두산 인베스트먼트 포트폴리오(DIP), 국내 최초 포트폴리오 딜

하지만 이 역사적 딜은 시기가 좋지 않았다. 누구도 예상치 못한 글로벌 금융위기란 직격탄을 맞은 것이다. 49억 달러란 매수가는 시장이 정상 상황일 때를 가정한 것이다. 예측 불가능한 블랙스완과 같은 위기를 대비해 매수가를 결정하는 것은 불가능했다.

문제는 차입 비율이었다. 상황을 좋게만 가정한 나머지 인수가 49억 달러 중 무려 39억 달러(4조 2400억 원)를 대출로 차입했다. 자칫 잘못하다간 레버리지 비율 조항에 걸려 멀쩡한 회사가 공중분해 될 위기에 처했다.

결국 두산그룹은 급작스럽게 닫힌 유동성 위기를 타계하기 위해 울며 겨자 먹기 식으로 비핵심 계열사 매각을 통해 현금을 확보해야 했다. 하지만 금융위기 직후 시장이 꽁꽁 얼어붙은 상황에서 선뜻 나서는 인수자가 없었다.

난감한 상황에 고심을 하던 이 대표는 번뜩이는 아이디어를 냈다. 그것은 비핵심 계열사를 낱개로 하나씩 파는 것이 아니라 포트폴리오를 구성해 같이 묶어 파는 전략이다. 이는 블라인드 펀드 내에서 포트폴리오를 구성해 분산 투자를 하려는 사모펀드의 니즈와도 맞아 떨어졌다. 게다가 경영권을 인수하는 바이아웃 딜이 아닌 소수 지분 투자를 통해 두산그룹이 경영을 계속한다면 경영에 대한 부담도 덜 수 있었다.

이 대표는 평소 돈독하게 지내던 유정현 미래에셋 PE 대표와 긴밀한 논의를 했다. 유 대표의 반응도 긍정적이었다. 게다가 포트폴리오에 포함된 버거킹, KFC, 삼화왕관, 두산DSP, KAI 한국항공우주산업 등 알짜기업들이었다. 이번 위기만 지나면 충분히 제값을 받고 매각 가능한 기업들이었다.

유일한 걸림돌은 미래에셋 PE가 단독으로 인수하기엔 규모가 지나치게 컸다는 점이다. 누군가 공동투자를 할 파트너가 있으면 금상첨화였다. 이 대표는 최근에 만난 IMM PE의 송인준 대표를 떠올렸다. IMM의 블라인드 펀드에 1000억 원의 여윳돈(드라이 파우더, Dry Powder)이 있다는 사실을 알고 있었다. 이 대표는 송 대표에게 직접 전화를 해 만나자는 제안을 했다.

이 대표의 전화를 받은 송 대표는 그 다음 날 9시 정각 이 대표의 사무실로 찾아왔다. 그의 설명을 듣던 송 대표는 더 이상 생각할 것도 없이 15분 만에 "하겠다"는 굳은 의지를 내비쳤다.

이른바 '두산인베스트먼트포트폴리오(DIP)'는 이렇게 탄생했다. 투자자가 선뜻 나서지 않는 위기 상황에서 재무적 투자자와 전략적 투자자가 함께 윈윈할 수 있는 구조가 탄생한 것이다. 실제로 이 딜에 참여했던 미래에셋 PE와 IMM PE는 2~3배의 매각 차익을 남기고 큰돈을 벌었다. 이후 DIP는 국내 사모펀드 업계의 고유명사가 될 정도로 보편화된 M&A 방식으로 자리 잡았다.

'OB맥주'… 바이아웃 딜의 새 역사를 쓰다

사모펀드 업계 사람들이 OB맥주를 10년래 최고의 굿딜로 꼽는 이유는 크게 두 가지다.

첫째, 딜 한 번으로 '살벌하게' 돈을 벌었다. 18억 달러(2조 원)에 사서 58억 달러(6조 3000억 원)에 되팔아 매각 차익만 40억 달러를 남겼다. 당시 환율 기준 무려 4조 3000억 원이다. 국내 사모펀드도 수조 원대 돈을 벌 수 있다는 걸 보여 준 첫 딜이었다.

둘째, 일반적이지 않은 독창적인 딜 구조다. 단순히 팔고 끝나는 것이 아니라 일정 기간 후에 되살 수 있는 권리(풋옵션)를 추가했다. 당시만 해도 풋옵션은 흔치 않았다. 게다가 파는 쪽에서 대출을 받아 이자를 지급하는 '렌더노트(Lender Note)'를 발행해 상행하는 구조를 짰다. 매수자 측은 추가 대출로 레버리지를 극대화했고, 매도자 측은 높은 이자 수익을 냈다.

어피너티-KKR 컨소시엄이 지난 2009년 진행했던 OB맥수 인수와 2012년 매각까지 자문 업무를 담당했던 씨티그룹글로벌마켓증권 김동욱 전무는 "OB맥주는 사는 것은 물론 파는 것까지 잘된 굿딜"이라며

"국내 사모펀드 업계의 교과서가 될 만하다"고 평가했다.

OB맥주 M&A의 첫 출발은 98년 두산그룹이 벨기에의 맥주회사 인터브루에 매각하던 시절로 거슬러 올라간다. OB맥주는 본래 두산그룹의 지주회사 역할을 하던 모기업이었다. 경쟁사인 하이트진로와 크라운맥주가 있었지만, 80년대 국내 맥주 시장을 평정하며 거의 10년간 시장점유율 압도적 1위를 지켰다.

하지만 90년대 중반 만년 2등일 것 같던 하이트진로가 제일기획과 손잡고 반격에 나섰다. 천연암반수라는 콘셉트를 잡고 대대적인 이미지 쇄신에 나선 것이다. 당시 페놀 사태로 먹는 물에 대한 관심이 급증하면서 지하 150m 암반수에서 하이트맥주가 시원하게 솟구치는 장면은 사람들의 눈길을 사로잡았다. 여기에 그동안 독점적 1등의 지위를 이용해 갑질을 해 온 OB맥주에 대한 반감이 한몫했다. 이들은 기다렸다는 듯 OB맥주에 등을 돌렸다.

기세등등했던 OB맥주의 추락에는 날개가 없었다. 한때 시장 점유율 70%까지 기록했던 OB맥주는 하이트진로에 추월을 당하는 수모를 겪었다. OB의 몰락은 두산 그룹 전체의 위기로 다가왔다. 엎친 데 덮친 격으로 97년 외환위기를 맞게 된다. 결국 두산그룹은 침몰하는 배인 OB맥주를 버리기로 결정한 것이다.

"썩은 동아줄은 과감히 잘라 내야 합니다. 이제 더 이상 OB맥주는 두산그룹을 끌어 줄 황금 밧줄이 아닙니다."

도마뱀이 썩은 꼬리를 잘라 내듯 두산그룹은 지주회사인 OB맥주를 매각한다는 전략적 판단을 했다.

이때 그룹 내 실무적인 지휘봉을 잡은 사람이 당시 OB맥주에 근무했던 이상하 현재 네오플럭스 사장이다. 83년 OB맥주에 입사해 92년 두산그룹 기획실로 온 그는 처음 해 보는 M&A 딜에 혼자서 책으로 공부해 가며 몸으로 부딪쳤다. 그는 전 세계 맥주 회사를 찾아다니며 OB맥주 인수 의사를 타진했다. 그중 가장 큰 관심을 보인 곳이 글로벌로 눈을 돌린 벨기에 1위 인터브루였다. 전 세계 맥주왕국을 구상하던 인터브루는 강한 의지를 보이며 OB맥주 인수에 성공했다.

이 딜에는 알려지지 않은 비화가 있다. 3위 업체 크라운맥주의 인수 추진이다. 이 대표는 인터브루에 OB맥주를 인수하면 크라운맥주 인수까지도 주선하겠다는 물밑 제안을 했다. 3파전을 벌이던 벨기에 맥주 시장을 M&A로 통폐합하고 성장한 인터브루로선 솔깃한 제안이었다. 실제로 인터브루는 OB맥주 인수 이후 크라운맥주를 인수했다.

하지만 경영 성적표는 초라했다. 안타깝게도 인터브루는 한국 시장 진출 10년이 지나도록 하이트진로의 아성을 넘지 못했다. 크라운맥주의 카스의 선전으로 간신히 체면만 유지했다.

대신 인터브루는 글로벌 M&A를 지속하며 세계 1위 맥주회사의 야망을 키웠다. 결국 2004년 브라질의 맥주 회사를 인수하면 사명을 '인베브'로 바꿨고, 버드와이저 제조사인 미국 1위 '안호이저 부시'의 인수 기회를 호시탐탐 노렸다. 주당 70달러(7만 6000원)에 안호이저 부시를 매수하기 위한 자금이 무려 510억 달러(55조 4500억 원)에 달했다. 전략적 기업사냥

꾼인 인베브는 2008년 초부터 인수 자금 마련에 착수하면서 그동안 안정적 캐시를 꾸준히 제공해 온 한국의 OB맥주를 팔기로 결정한다.

"알짜 기업인 만큼 분명 관심을 보이는 곳들이 있을 겁니다."

동물적으로 빅딜을 알아보는 어피너티-KKR에는 기회였다. 인베브의 속사정을 속속들이 알고 있던 이들은 기회를 놓치지 않았다.

'인베브는 OB맥주를 팔고 싶어서 파는 것이 아니다. 당장 현금이 필요해 울며 겨자 먹기 식으로 내놓지만 언젠간 되찾고 싶은 매물이다.'

M&A 딜은 상대의 진정한 니즈를 파악하는 것만으로도 절반은 성공이다. 상대방이 포기할 수 없는 니즈를 만족시키며 자신의 잇속도 챙기는 것이다.

인베브의 내부 사정을 파악한 어피너티-KKR은 두 가지 전략을 짠다.

첫째, 팔고 싶지 않은 매물이라면 나중에 다시 살 수 있게 해 주자.

둘째, 직접 대출을 일으켜 안정적 현금을 창출할 수 있게 해 주자.

이 두 전략은 M&A의 귀재 인베브도 거절할 수 없는 치명적 유혹임에 분명했다. 결국 인베브는 OB맥주를 18억 달러에 매각하면서 3억 달러(3200억 원)의 대출을 일으켰고 5년 뒤인 2014년에 EBIDTA의 11배로 살 수 있는 권리를 가지게 된다.

이제부터 어피너티-KRR에 주어진 미션은 OB맥주의 몸값를 최대한 올려놓는 것이었다. 카스의 선전으로 점유율 격차가 많이 줄어들긴 했지만 여전히 55%는 하이트진로가 차지하고 있었다.

이 판을 바꾸려면 단순한 브랜드 마케팅이나 광고가 아닌 영업 현장에서 실질적인 개혁이 필요했다. 맥주의 매출은 주류를 판매하는 밥집이나 술집 영업에 달려 있다. 해외파 금수저 출신들이 일선 영업 현장을 뛰며 업주들과 술잔을 기울일 수는 없는 노릇이었다.

유일한 대안은 '영업의 달인'을 스카우트해 현장에 심는 것이다. 이때 물망에 오른 인물이 바로 경쟁사인 하이트진로의 장인수 사장이었다. 그는 20년간 영업 현장에서 잔뼈가 굵은 베테랑이다.

한국적 정서상 경쟁사로의 이직이 쉽지 않았지만 어피너티-KKR의 삼고초려 끝에 장 사장은 OB맥주로 배를 갈아타기로 한다.

"물론 쉽지 않은 결정이었죠. 아마 장인수 사장께서도 생각이 많으셨을 겁니다."

사모펀드로부터 전권을 위임받은 장 사장은 날개를 달았다. 영업 현장을 누비며 그동안 펼치지 못한 자신의 뜻을 마음껏 펼친 것이다. 오너는 아니지만 마치 '자기 회사'인 것처럼 경영할 절호의 찬스였다.

그때 이후 45 대 55로 유지되던 시장 점유율이 서서히 움직이기 시작했다. 결국 인베브가 OB맥주를 다시 살 수 있는 2012년이 되기 1년 전 OB맥주 대 하이트진로의 점유율은 65 대 35로 뒤집혔다. EBIDTA는 4년 만에 1400억 원이나 올라갔다. 2009년 2500억 원이었던 EBIDTA가 2014년 매각 당시 3900억 원으로 뛴 것이다. 2015년 EBIDTA는 4500억 원에 달했다.

박수 칠 때 떠나라. 어피너티-KRR은 현재의 성공에 안주하지 않았다. OB맥주를 인베브에 되팔기 위한 전략 수립에 돌입했다. 지금이 OB맥주의 최고 전성기이며, 이 호황기가 오래가기 힘들다는 사실을 잘 알고 있었던 것이다.

'인베브가 회사를 되사는 풋옵션을 행사하기 전에 선수를 쳐서 OB맥주를 팔아야 한다.'

어피너티-KKR은 인베브를 설득하기 위해 200페이지가 넘는 방대한 자료를 준비했다.

"지금 OB맥주를 사는 게 낫습니다. 풋옵션 행사 시점에 OB맥주의 몸값은 훨씬 더 뛰어 있을 겁니다."

계약서에 적힌 인수가는 EBIDTA의 11배였다. EBIDTA가 뛰면 뛸수록 매수가도 오르게 된다.

한국 시장을 잘 몰랐던 인베브는 그들의 의도대로 슬슬 불안해하기 시작했다. 결국 어피너티의 꾐에 넘어간 인베브는 당초 계약보다 높은 EBITDA의 12배로 OB맥주를 되샀다. 무려 6조 2000억 원의 매각가였다. 결과적으로 인베브는 풋옵션 이전에 OB맥주를 사는 바람에 5000억 원 가까이를 비싸게 산 셈이다.

하지만 인베브의 판단 착오를 누구의 탓으로 돌릴 것인가. 그것 역시 인베브의 역량이라 봐야 한다. 사모펀드 업계는 미리 시장의 흐름을 읽고 선제적으로 움직인 어피너티-KKR을 칭찬할 수밖에 없다. 한 번의 딜로 4조 3000억 원을 벌어들인 어피너티는 국내 최고의 사모펀드라는 찬사를 받게 된다.

이 과정에서 '살벌하게' 돈을 번 또 다른 주인공이 탄생한다. 바로 장인수 OB맥주 사장이다. 그는 고졸 출신의 월급쟁이 신화를 새로 썼다. 그가 OB맥주 매각으로 받는 100억 원대 인센티브는 국내 역사상 전무후무한 액수였다.

"월급쟁이도 100억 원대 부자가 될 수 있다."

장 사장은 업계에 센세이션을 일으키며 스포트라이트를 한 몸에 받았다. 이후 사모펀드들이 파격적인 인센티브로 C레벨 인재들을 스카우트하는 선례가 됐다.

물론 장 사장이 초고액 인센티브 때문에 OB맥주의 부활에 사활을 걸진 않았을 것이다. 하지만 최고경영자가 매각 차익의 일정 부분을 나누게 한 계약은 '이해관계의 일치' 측면에서 효과적인 방법임에 분명하다. 서로 다른 생각을 가진 경제적 동물들이 만나 하나의 목표를 추구할 수 있는 방법은 결국 물질적 이득을 공유하는 것이다.

사모펀드의 원조인 KKR은 70년대 미국 시장에 파격 인센티브를 도입해 인수한 기업에 새 바람을 일으키는 데 성공했다. 이는 사모펀드가 오너가 좌지우지하는 기업이 아닌 합리적 전문가들의 집단이었기에 내릴 수 있는 과감한 결단이었다. 이들보다 출발이 늦었던 한국에서도 전문경영인이 같은 곳을 바라볼 수 있게 한 OB맥주 딜은 진정한 사모펀드 바이아웃 딜의 정수를 보여 줬다.

업계는 MBKP의 코웨이 인수를 굿딜로 꼽지만 사실 코웨이의 더 큰 역사적 의의는 2014년 국내 최초로 시도된 '리캡(자본구조재조정, Leveraged Recapitalization)'이다. 리캡은 기업을 인수할 때 빌렸던 대출보다 더 많은 대출을 받는 것이다. 쉽게 말해 투입한 자금 대비 대출금의 비중 즉, 레버리지 비율을 더 높이는 과정이다.

리캡과 헷갈릴 수 있는 '리파이낸싱'은 전혀 다른 개념이다. 리파이낸싱은 대출금 규모 자체를 조정하는 게 아니라 대출 금리를 조정하는 것이다. 대체적으로 인수금의 금리가 높다 보니 인수 후 일정 기간이 지나면 리파이낸싱을 통해 낮은 금리로 갈아탄다. 고금리에서 저금리로 대환하게 되면 금리 차이만큼 비용이 절감되기 때문이다.

언뜻 생각할 때 리캡을 하면 리스크가 높아진다고 볼 수 있다. 예를 들어 아파트를 매수하기 위해 은행 대출을 받았는데 몇 년 뒤에 대출금을 갚기는커녕 추가로 대출을 더 받는다고 생각해 보면 쉽게 이해가 된다. 이 때문에 국내 금융권은 PEF의 리캡에 대해 상당히 부정적인 태도를 취해 왔다.

하지만 리캡은 미국 등 기업 M&A가 활발한 선진 시장에선 가장 보편적으로 쓰이는 자금 회수 방법 중 하나다. PEF가 엑시트 대신 리캡을 통한 자금 확보 방법을 선택했을 때도 거부 반응이 없다.

해외 기관투자자들의 자금을 많이 받아 선진국 트렌드를 잘 아는

MBKP는 국내 PEF의 맏형답게 국내에 최초로 리캡을 시도해 성공했다. 대상 기업은 2012년 인수한 코웨이였다.

그렇다면 MBKP가 국내 금융기관의 따가운 시선에도 불구하고 과감히 리캡을 시도할 수 있었던 이유는 뭘까. 이는 기업의 가치 상승 덕분이다.

지난 2년간 기업의 가치가 향상된 만큼 대출금 비중을 늘린다면 리스크가 커지는 게 아니라 유지된다. 만약 기업의 가치 증가분보다 대출금 증가분이 적다면 리스크는 오히려 줄어든다. 예를 들어 5억 원에 산 아파트가 2년 뒤 가격이 2배로 뛰어 10억 원이 됐다면 주택담보대출 가능 금액도 두 배로 뛴다.

MBKP는 경영난에 허덕이던 웅진그룹의 알짜 기업 코웨이를 좋은 가격에 샀고, 가치를 끌어올리는 데 주력했다. 리캡을 한다고 무조건 리스크가 높아지지 않는다는 사실이 그제야 받아들여졌다. 게다가 기준금리가 낮아지면서 금융기관들은 돈을 빌려줄 곳을 찾아 헤매야만 했다. 리스크에 대한 역치가 낮아질 대로 낮아진 것이다.

2014년 코웨이의 성공 이후 국내 PEF들의 리캡이 봇물 터지듯 쏟아졌다. 칼라일그룹은 약진통상과 ADT캡스, 앵커에쿼티파트너스는 경남에너지, 베어링PEA는 교보생명보험 지분 투자와 관련해 리캡을 진행했다. 총 규모는 7200억 원에 달한다.

2017년은 국내 PEF에 닫혀 있었던 엑시트 전략의 마지막 문을 열어 준 역사적 해다. 이번에도 국내 맏형인 MBKP가 앞장서 총대를 멨다.

국내 PEF 최초로 IPO를 통한 엑시트를 시도한 것이다. PEF들의 가장 일반적인 엑시트는 경영권 또는 지분을 매수자에게 넘기는 것이다. 해외의 경우 매각 다음으로 일반적인 방법이 IPO다. 그런데도 국내에선 간투법 개정 13년 만의 첫 시도였다는 점이 의아할 정도다.

그동안 사모펀드가 경영권을 가진 기업이 IPO가 되지 않았던 이유는 명확하다. 한국증권거래소에서 고객 보호를 이유로 상장 실질 심사를 까다롭게 해 IPO 자체를 원천봉쇄 했기 때문이다. 그동안 사모펀드가 오너인 경우 상장 실질 심사를 통과할 수 없었다.

거래소가 코스피 시장 활성화를 위해 올해 처음으로 사모펀드의 IPO를 허용했지만 진입통이 없었던 것은 아니다. 통상적으로 국내 IPO는 기업의 가치를 할인해서 공모가를 산정하기 때문에 하자 기업이 아닌 이상 공모가를 하회하는 일은 드물다. 하지만 올해 IPO 시장에 문을 두드린 사모펀드 소유 기업들은 첫날 상장 공모가를 하회하는 수모를 당했다. MBKP의 ING생명, JKL파트너스의 제일홀딩스, VIG파트너스의 삼양옵틱스 등이 예외 없이 시초가가 공모가 아래로 떨어졌다. 이들 기업의 공모주 청약에 참여했던 투자자들은 손해를 볼 수밖에 없었다.

이 같은 공모가 하회는 여전히 시장 참여자들이 사모펀드에 대한 오해와 편견을 가지고 있음을 보여 준다. 아직까지 사모펀드가 소유한 기업에 대한 확신이 없는 것이다.

하지만 상장 이후 이들 기업들은 실적을 인정받으면서 급속히 안정세를 찾아 가고 있다. ING생명의 경우 2017년 말 기준 상장 대비 주가가 60% 이상 올랐다. 처음 우려가 희석되며 기업이 제 가치를 인정받는 과정이다.

이에 퇴로가 막혀 있던 사모펀드들의 숨통이 좀 트일 전망이다.

용어 및 개념정리

이 책에서 다루는 내용은 전문 용어와 생소한 개념이 자주 언급될 수밖에 없다. 대체투자와 사모펀드가 미국 등 선진국에서 먼저 시작돼 국내로 전파되다 보니 우리 언어로 표현할 때 애매모호하고 이해가 쉽지 않은 부분이 많아서다.

우리의 뇌는 생소한 용어와 개념에 부딪칠 때 얼음처럼 딱딱하게 굳어버린다. 이 때문에 책에선 최대한 전문 용어의 사용을 줄여 독자들의 이해를 돕고자 했다. 하지만 피할 수 없이 사용해야만 하는 개념들이 있다.

다음은 독자들이 이 책을 이해하기 위해 알아야 하는 기본 개념 및 용어들이다.

사모펀드(Private Fund) vs 공모펀드(Public Fund):
비공개 사적 투자 vs 대중적 공개 투자

국내 금융 용어 중에서 가장 개념 정리가 미흡하고 혼용되고 있는 용어가 사모펀드다. 공모펀드와 반대되는 개념인 사모펀드는 투자자 모집과 상품 등 펀드와 관련된 모든 정보가 외부에 공개하지 않고 알음알음으로 공유되는 것을 뜻한다.

이 때 사모(Private, 私募)라는 말의 뜻은

첫째, 돈을 모을 때, 즉 펀딩(Funding)과

둘째, 돈을 출자할 때, 즉 투자(Investment),

두 가지 측면 모두 해당된다.

먼저 투자를 받는 펀딩이다. 불특정 다수를 대상으로 모으는 것이 아니라 투자를 원하는 주체에게 '프라이빗(private)'하게 진행한다. 다음으로 출자를 하는 투자다. 공개 시장에서 널린 알려진 상품에 투자하는 것이 아니라 특정 기업 관계자나 개인을 만나 사적으로 거래를 한다. 본질은 개인 대 개인의 계약이다.

현행법상 사모펀드의 투자자는 49인 이하로 정해져 있다. 최소 투자금도 1억 원 이상이다. 사모펀드의 상품 정보가 기사나 광고 등을 통해 외부에 공개적으로 알려지면 이는 법 위반으로 간주된다.

사모펀드에 대한 정보를 얻으려면 직접 금융사를 방문해 상담을 받아야 한다. 주로 고액 자산가의 자산을 관리해 주는 PB(Private Banking)들이 정보를 얻어 담당 고객들에게 소개하고 판매한다.

이 때문에 일반인들에게 친숙한 펀드는 대부분 공모펀드다. 공모펀드는 1만 원 단위의 최소 투자금으로 매매가 가능하며, 투자 설명서를 통해 거의 모든 정보를 알 수 있다.

그런데 여기서 사모펀드와 혼용되는 또 다른 의미의 사모펀드는

첫째, 대체투자를 위해 만들어진 사모펀드상품과

둘째, 사모펀드상품을 운용하는 자산운용사다.

기관투자자의 자금을 받아 대체투자를 통해 자산을 운용하는 프라이빗에쿼티(PE, Private Equity)와 이들이 투자하는 사모펀드상품(PEF, Private Equity Fund) 모두를 국내 금융 업계에서는 사모펀드라고 부른다. PE는 전문 투자기관이고, PEF는 사모펀드상품으로 이 둘은 엄연히 다르다. 하지만 국내에서는 PE와 PEF가 혼용돼 쓰인다.

이들 두 가지 개념이 문맥에 따라 혼용돼 쓰이면서 정확한 개념 이해에 걸림돌이 되고 있다.

이처럼 혼용되고 있는 사모펀드에 대한 명확한 내용 정리를 위해 지난 2015년 관련 제도가 개편됐다.

사모펀드 운용사를 투자 기업의 경영에 관여해 가치 상승을 추구하는 경영참여형(PEF)과 경영 참여 없는 투자 수익을 목적으로 하는 전문투자형(헤지펀드)으로 단순화했다.

사모펀드로 불리던 PEF(Private Equity Fund)의 정식 명칭을 '경영참여형 사모집합투자기구'로 바꿔 의미를 보다 명확히 했다. MBKP나 IMM

사모펀드의 종류

	현행			개선	
구분	현행 적격투자자		구분	현행 적격투자자	
일반 사모펀드	제한 없음		전문투자형 사모펀드	• 모든 전문투자자 • 레버리지 200% 이하: 1억 원 이상 투자자 • 레버리지 200% 초과: 300억 원 이상 투자자	
헤지펀드	• 전문투자자(일부 제외) • 5억 원 이상 투자하는 개인, 법인 등				
PEF (기업재무 안정 FEF)	• 전문투자자(일부 제외) • 10억 원 이상 투자자(개인) • 20억 원 이상 투자자(법인)		경영참여형 사모펀드	• 모든 전문투자자 • 3억 원 이상 투자자 GP 임원, 운용역은 1억 원	

* 모든 금융회사(외국 포함), 금융공공기관, 주권 상장법인 등

PE처럼 기업 지분 투자를 통해 경영권을 인수하고 수익을 극대화하는 운용사를 PEF 즉, 경영참여형 사모집합투자지구라고 부른다. 하지만 실무에서 정확한 명칭을 사용하는 일은 거의 드물고 일반적으로 PEF라고 부른다.

경영권에 관여하지 않는 기존 일반사모펀드와 헤지펀드를 통합해 '전문투자형' 사모펀드로 부르기로 했다. 이들의 목적은 경영권이 아니라 투자 수익에 목표가 있다. 헤지펀드는 주식, 채권, 전환사채(CB), 신주인수권투사채(BW) 등 PEF에 비해 훨씬 더 다양한 투자 수단을 선택할 수 있다.

LP(유한책임투자자) vs GP(무한책임투자자):
투자한 만큼만 손실 vs 투자 실패에 대한 모든 손실

이제부터는 본격적으로 대체투자 시장을 움직이는 주체들에 대해 알아보려 한다. 대체투자 시장은 기본적으로 개인 투자자가 아닌 기관투자자들의 리그다. 이 시장의 핵심 주체는 돈을 쏘는 '기관투자자'와 그 돈을 맡아서 실제로 운용하는 '자산운용사'다.

이들은 투자에 대한 책임의 한계에 따라 유한책임투자자(LP, Limited Partner)와 무한책임투자자(General Partner)로 나뉘게 된다.

그렇다면 대체투자 시장의 두 핵심 주체인 기관투자자와 자산운용사 중 누가 LP이고 누가 GP가 되는 것일까? 사실 이들을 구분하는 것만으로도 대체투자 시장을 이해하는 데 큰 도움이 된다.

먼저 LP의 특징을 알아보자. LP는 자신이 출자한 금액을 한도로 회사의 채무에 대한 책임을 진다. 한마디로 자신이 낸 돈만큼만 책임을 진다. 설사 투자를 잘못해서 손해를 보더라도 자신의 낸 투자금에 대해서만 손실을 보게 된다.

이와 상대적인 개념이 투자에 대한 책임을 끝까지 져야 하는 쪽은 GP다. GP는 출자가액과 상관없이 회사의 모든 채무에 대한 책임을 져야 한다. 전체 투자를 총 지휘하는 역할을 하며 투자 성패에 대해 책임을 진다.

예를 들어 A기업의 경영권을 인수해 투자를 했지만 결국 실패하고 법정관리로 들어갔다고 치자. LP는 자신의 지분만큼만 손해를 보지만, GP

는 법정관리의 모든 손실을 고스란히 떠안게 된다.

이렇게 볼 때, 기관투자자가 출자한 만큼 유한 책임을 지는 LP가 되고, 자산운용사가 운용에 대한 모든 책임을 지는 GP가 된다. 일단 편하게 이해하려면 머릿속에 '기관투자자 = LP, 자산운용사 = GP'라는 등식만 넣어 두면 된다.

현실 세계에서 LP와 GP를 적용할 때 흥미로운 점은 자연스럽게 갑과 을의 관계가 형성된다는 점이다. 굳이 따지자면 누가 갑이고, 누가 을일까?

아직까진 국내 대체투자 시장은 돈을 쏘는 LP 우위 시장이다. 심지어 투자 기관이 돈을 맡길 운용사를 선정할 때 미인을 선발하는 뷰티 콘테스트처럼 한다고 해서 '뷰티콘테스트'라고 부르기도 한다. 이 용어만 봐도 LP들의 갑 마인드를 알 수 있다.

LP로부터 자금을 받는 행위를 펀딩(Funding)이라고 하며, GP 종사자들은 펀딩만큼 어려운 일도 없다고 입을 모은다. 자신의 이름을 걸고 LP로부터 펀딩을 받을 수 있다면 이는 사모펀드 매니저로서의 실력으로 인정받을만 하다.

하지만 연봉의 관점에서 보면 또 다르다. LP와 GP 중 돈은 누가 더 많이 벌까? 권력을 쥔 갑이 돈까지 많이 벌면 억하심정이 들 것이다.

그렇다. 돈은 대체적으로 GP가 많이 번다. 여기서 '돈을 번다'는 의미는 각 기관에 속한 근로소득자들의 연봉을 의미한다.

국내 최대 사모펀드인 MBKP파트너스 직원들의 평균 연봉은 5억

8000만 원선으로 알려졌다. 이는 대한민국 상위 0.1% 수준이다.

반면 600조 원을 굴리는 국민연금은 국내 LP 중의 LP이며, 갑 중의 갑이지만, 국민연금의 실장급 연봉은 MBKP에 5분의 1 수준으로 알려졌다.

돈을 벌고 싶다면 GP 즉, 자산운용사에 취직을 하면 된다. 돈보다는 일과 삶의 밸런스를 적당히 맞추면서 갑질에 시달리고 쉽지 않다면 투자기관에 자리를 알아보는 게 맞다.

물론 이런 비유를 불쾌하게 읽는 독자가 있을 수 있다. 하지만 어디까지나 이해를 돕기 위한 설명이며, 특히 이 업계에서 일하고 싶어 하는 지원자들이 참고했으면 하는 바람에서다.

경영참여형 사모펀드(PEF) vs 부동산 자산운용사:
비상장주식 투자 vs 사모 부동산 투자

사모펀드를 운용하며 투자 결과에 대해 전적인 책임을 지는 GP는 운용 자산의 종류에 따라 달라진다. 국내 대체투자 시장의 양대 축은 PEF와 부동산 자산운용사다. 기업 주주자본에 투자하는 자산운용사는 프라이빗에쿼티(PEF)가 되고, 사모 부동산에 투자하는 자산운용사는 부동산 자산운용사가 된다.

PEF든 부동산 자산운용사든 자산운용사로서의 기본 책임과 역할은 동일하다. 기관투자자들로부터 자금을 출자받아 투자 대상을 찾고 일정 기간 운용을 하다가 매각을 해 수익을 낸다. 다만 운용하는 자산에 따라 이름이 달라진다.

부동산 자산운용사의 이름은 생소할 수 있는데, 국내 최대 부동산 자산운용사는 이지스자산운용이다. 기관투자자는 사모 부동산 투자를 이지스자산운용에 위탁할 수 있고, 기업 지분투자를 위탁 운용할 수 있다.

일반적으로 운용사라고 할 때 떠올리는 미래에셋자산운용, 한화자산운용, 삼성자산운용 등은 주식 투자를 중점적으로 하는 종합 자산운용사들이다. 주로 개인 투자자들에게 판매되는 펀드 상품을 운용하지만 부동산 등 대체자산도 운용한다.

미래에셋자산운용도 부동산 투자를 하고, 이지스자산운용도 부동산 투자를 한다. 다만 이들의 차이점은 운용 자산의 전문성에 있다. 부동산 전문 자산운용사인 이지스는 부동산만을 운용한다. 반면 미래에셋자산운용은 부동산 운용도 하지만 주식이 핵심인 종합 자산운용사다. 심지어 종합 자산운용사인 미래에셋은 비상장주식에 투자하는 PEF 역할도 한다.

독립계가 아닌 국내의 종합 자산운용사는 계열사 간 형평성 문제로 인센티브 지급 등에 한계가 있으며, 이로 인해 독립계 운용사에 비해선 경쟁력이 떨어질 수 있다.

PEF(프라이빗에쿼티) vs 벤처캐피탈(VC):

성숙단계 투자 vs 초기단계 투자

기업 주주 지분 투자는 성숙도 단계에 따라 프라이빗에쿼티(PEF)와 벤처캐피탈(VC)로 나뉜다. 기업 지분에 투자를 한다는 점은 동일하지만, 투자의 목적과 관점은 차이라 있다.

VC는 주로 초기 스타트업이나 벤처기업에 투자를 한다. 향후 성장 가능성이 있다고 판단되는 기업을 발굴해 확률에 베팅을 하는 것이다. 이들이 투자하는 기업을 사람에 비유하자면 신생아나 영유아 단계에 해당된다.

이에 반해 PEF는 이미 성장한 기업을 주된 투자 대상으로 한다. 이미 어른으로 성장했지만 앞으로 더 잘될 것 같은, 또는 잠재력은 있지만 전문적인 훈련을 받지 못해 능력을 발휘하지 못한 성인에게 투자하는 것과 같다.

투자 규모에서도 차이가 있다. 투자 성공 확률이 상대적으로 낮은 VC는 주로 30~150억 원 수준으로 출자한다. 국내에서 VC투자를 할 때 1000억 원 이상 규모는 찾아보기 힘들다.

반면 이미 검증이 된 성숙 단계에 투자하는 PEF는 기본 투자금이 500억 원 이상인 경우가 많다. 일반적으로 1000억 원 안팎이며 많게는 조 단위를 넘어가기도 한다.

이외에 PEF와 VC의 차이점은 기업의 경영권 인수 여부다. 전통적인

PEF는 투자 대상 기업의 경영권을 인수해 추가적인 가치를 창출하는 데 초점을 맞춘다. 물론 PEF 투자에서도 50% 미만의 소수 지분만 투자하는 그로쓰캐피탈(Growth Capital)이 있긴 하다. 그로쓰캐피탈은 성장 단계 기업의 새로운 성장 사업에 투자하는 것이다.

하지만 PEF는 기본적으로 경영권을 인수해 밸류업 전략을 구사한 뒤 경영권 프리미엄을 얹어 제3자에게 매각하거나 IPO를 통해 회수하는 것을 목표로 한다.

반면 VC는 투자한 기업의 조력자 역할은 하지만 창업주의 경영권까지 가져오는 투자는 하지 않는다. VC 투자는 창업자의 능력을 믿고 그 자신의 실력을 십분 발휘하도록 도와주는 역할에 그치는 경우가 많다.

선진국의 경우 투자를 한 VC들이 연합해 경영권에 간섭하기도 하지만, 국내는 거의 드물다.

VC 투자 중에서도 아주 초창기인 액셀러레이터 단계에선 오히려 더 적극적으로 경영에 관여한다. 액셀러레이터는 단순한 투자자를 넘어 기업을 함께 키워 나간다는 주인의식을 가지고 투자를 하기 때문이다.

투자은행(Investment Bank) vs 투자은행업무(Investment Banking):
IB vs IB의 사모시장 투자

국내 금융 업계에서 사모펀드 못지않게 의미가 혼용되는 용어가 IB이다. 우리가 IB라는 용어가 헷갈리는 이유는 투자은행(Investment Bank)과

투자은행업무(Investment Banking)를 혼동해서 쓰기 때문이다. 투자은행이 하는 업무 중에서도 사모시장 투자에 해당하는 내용을 보다 정확히 표현하면 투자은행업무(Investment Banking)가 된다.

IB 용어의 뿌리를 찾아서 들어가면 상업은행(Commercial Bank)과 대비되는 개념이다. 상업은행은 고객의 돈을 맡아 예금 이자를 지급하고, 돈이 필요한 다른 고객에 빌려준다. 상업은행의 주 수입원은 고객 대출로 벌어들이는 이자 수익과 고객 예금 이자로 나가는 이자 지출의 두 금리 차이(예대마진)이다. 이런 상업은행을 현재 금융업계에서는 리테일 금융(소매 금융, 개인고객 금융) 부문이라고 부른다.

반면 투자은행(Investment Bank)은 은행의 고유 업무가 아닌, 기업을 대상으로 한 수익 활동을 한다. 예를 들면 개인이 아닌 기업이 돈이 필요할 때 자금줄을 제공하는 일이다. 기업이 자금을 조달하는 방법은 주식 시장과 채권 시장을 통하는 두 가지 방법이 있다. 기업이 주식 시장에서 자금을 조달하려면 IPO를 해야 하고, 채권 시장에서 자금을 조달하려면 회사의 신용을 담보로 하는 회사채를 발행해야 한다. IB의 기본 역할은 IPO와 회사채 발행이다.

이외에도 기업의 금융활동은 다른 기업을 사고파는 일도 해당된다. 기업이 다른 기업을 살 때 이를 주선하는 업무를 기업 M&A 자문이라고 하고, 이때 필요한 자금을 빌려주는 대출업무를 인수금융이라고 한다.

결론적으로 IB의 역할을 4가지 큰 카테고리를 정리하면 IPO, 회사채 발행, 인수금융, M&A 자문 등이 된다. 이 중 국내 증권사들의 접근이 쉽지 않은 분야는 M&A 자문이라고 할 수 있다. 이 때문에 아직까지도 기업 M&A 자문 등은 씨티글로벌마켓증권, 골드만삭스 등 외국계 증권사의 몫으로 남았다. 하지만 최근에는 정부의 초대형 IB 육성 의지 덕분에 국내 증권사들도 적극적으로 IB 역량 강화에 나서는 상황이다.

인수금융 vs 메자닌 vs 에쿼티:
대출 vs 대출채권 발행 vs 자기자본 투자

　운용사가 투자를 할 때 차입금의 활용이 중요하다. 적정한 비율로 리스크를 관리하며 차입금을 쓰는 게 관건이다. 이는 PEF가 비상장 주식에 투자할 때나 부동산 자산운용사가 투자를 할 때나 마찬가지다.

　PEF가 특정 기업의 경영권을 인수할 때, 자기자본과 차입금을 활용하게 된다. 부동산 투자를 떠올리면 이해가 쉽다. 우리가 주택을 구입할 때 자기자본 이외에 대출을 받는 것과 같은 원리다. 일반인들이 주택을 구입할 때는 금융권에서 대출만 받지만, 자산운용사가 투자를 할 때는 보다 다양한 기관에서 차입을 받을 수 있다.

　먼저 금융권에서 기업 인수에 필요한 대출 즉, 인수금융 대출을 받을 수 있다. 인수금융이란 M&A 과정에 필요한 자금을 대출하는 것이다. 원래는 은행권의 주된 업무였지만 2013년 종합금융투자사업자 제도가 도입되면서 증권사에도 허용됐다.

　그 외에 운용사가 활용할 수 있는 새로운 자금줄은 '대출담보채권'이다. 대출담보채권이란 자본력을 갖춘 기관이 돈을 빌려주고 이자를 받기 위해서 채무증서를 발행하는 것이다. 대출담보채권은 돈을 필요로 하는 측과 돈을 빌려주고 싶은 측을 이어 주는 새로운 형태라고 할 수 있다.

쉽게 설명하면 개인들이 사적으로 돈을 빌려주고 이자를 받는 것과 같은 개념이다. 기관투자자들 사이에 사적으로 자금을 제공하고 이자를 받을 수 있다. 이 때문에 대출채권을 정확하게 표현하면 사모대출펀드(Private Debt Fund)가 된다.

국내 공제회 중엔 한국교직원공제회(교공)가 지난 2014년부터 기업 인수금융 대출채권 시장에 적극 뛰어들어 짭짤한 수익을 올리기도 했다. 지난 3년간 교공은 인수금융 1호·2호 펀드를 통해 각각 428억 7000만 원과 403억 9000만 원, 총 832억 6000만 원의 대출이자 수익을 올렸다.

지난 2014년 10월 처음 결성된 인수금융 1호 펀드인 '하나시니어론 전문투자형사모특별자산투자신탁 1호'는 기업 간 인수·합병(M&A)이 일어날 때 기업 지분을 담보로 대출을 해 주는 특화대출펀드다. 그동안 기존 은행과 증권이 독식해 오던 시장으로 국내 기관으로서는 교공이 처음으로 진출한 것이다. 지난 2014년 10월 인수금융 1호 펀드는 총 5600억 원 규모다. 팬오션·로엔엔터테인먼트·ADT캡스 등 총 9개 기업에 투자했다. 현재 3175억 원 원금이 회수됐고 대출이자는 428억 7000만 원에 달한다.

하지만 상식적으로 생각해도 부동산을 담보로 하는 것과 빚보증 증서인 채권을 담보로 하는 것은 '돈을 떼일 확률'의 차이가 크다. 그래서 돈을 빌리는 기관들은 '이 확률에 따라 이자 지급 금리를 달리하는 아이디어'를 냈다. 혹시라도 투자 대상이 잘못돼 돈을 떼일 상황에 놓였을 때 가장 먼저 주는 투자자에게는 낮은 이자를, 가장 뒤에 주는 투자자에게는 높은 이자를 받도록 설계를 한 것이다.

이 구조는 투자자 입장에서도 합리적인 제안이다. 고위험을 감수하더라도 높은 수익률을 원한다면 떼일 확률이 높지만 이자를 많이 주는 대출 채권에 투자를 하면 된다.

업계에서는 돈을 떼일 확률에 따라 대출채권을 구분해 선순위, 중순위, 후순위라고 부른다. 선순위는 돈 떼일 확률이 낮지만 수익률도 떨어지고, 후순위는 돈 떼일 확률과 수익률이 모두 높다. 중순위는 말 그대로 중위험, 중수익이다.

부도 리스크에 대한 대출채권의 종류는 3가지만 있지 않다. 금융이 발달한 선진국에서는 이를 10가지로 나누기도 한다.

결론적으로 기업을 인수할 때는 다양한 자금줄을 활용할 수 있는데, 이를 떼일 확률 순으로 나열하면 '은행 대출 〈 대출채권(선순위, 중순위, 후순위) 〈 주식 지분'이 된다.

메자닌은 원래 1층과 2층 사이에 끼었다는 의미로 대출채권을 뜻하기도 하지만 국내에서는 이보다는 지분 투자 이외의 투자를 뜻한다.

국내에서 통용되는 메자닌 투자는 전환사채(CB), 신주인수권부사채(BW), 상환전환우선주(RCPS) 등이다. 일반적으로 메자닌 투자는 주식 지분 투자에 비해 위험이 낮고 중간 정도의 수익을 추구한다. 이 같은 메자닌 투자에 전문성을 가진 PEF로는 도미누스인베스트먼트가 대표적이다.

바이아웃(BUY OUT) vs 그로쓰캐피개탈(Growth Capital):
경영권 인수 투자 vs 소수 지분 투자

사모펀드가 비상장 기업에 투자하는 대표적 두 가지 방법은 바이아웃(Buy out)과 그로쓰캐피탈(Growth capital)이다. 이 둘을 구분하는 핵심 기준은 경영권을 가져와 '기업을 지배하느냐, 하지 않느냐'에 달려 있다.

이 중 전통적인 사모펀드가 추구하는 형태는 경영권을 통째로 가져와 기업을 개선시키는 바이아웃 투자다. 아직도 업계에서는 진정한 사모펀드는 바이아웃을 잘하는 펀드라는 인식이 있긴 하다. 하지만 경영권을 인수해 기업의 가치를 올리는 일은 말처럼 쉽지 않다. 잘 되면 대박이지만, 실패할 확률이 더 높은 편이다.

바이아웃 펀드의 성공은 펀드 운용역의 경험과 역량에 따라 달라진다. 중소형 바이아웃 펀드의 경우 펀드 매니저 한 명이 하나 이상의 기업을 맡아 투자를 회수할 때까지 관리를 하는 것이 일반적이다. 펀드 매니저는 자신이 맡은 기업의 이사회 멤버 등으로 참여해 성과를 주시한다. 더불어 원하는 만큼 가치가 상승하기 전부터 적절한 회수 방법을 고민한다. 투자의 성과는 회수에 의해 결정되기 때문이다.

일부 대형 PEF는 투자와 사후 관리를 분리하기도 한다. 한앤컴퍼니나

스틱인베스트먼트 등은 투자를 담당하는 매니저와 인수 이후 경영권을 관리하는 팀이 별도로 존재한다.

그로쓰캐피탈 투자는 일반적으로 전체의 50%를 넘지 않는 소액 지분 투자 형태로 경영에 적극적으로 관여하지 않는다. 경영권을 가져오는 투자가 아니기에 실질적으로 사모펀드가 역량을 발휘하기에는 제한이 있다.

그로쓰캐피탈 투자법은 다양하며 주식 지분 이외에 전환사채, 신주인수부사채 등 기업을 되팔거나 살 수 있는 옵션 등이 붙기도 한다.

이외에 기업이 예상치 못한 특수한 상황에 처했을 때 손을 쓰게 되는 스페셜시츄에이션 펀드가 있다. 말 그대로 특수한 이벤트가 발생해 기업의 위기가 왔을 때 이를 투자 기회로 삼는 펀드다. 경제 위기나 일시적 자금 경색 등 다양한 종류의 긴급 상황에 처한 기업에 투자한다.

아직까지 국내에선 활성화되지 않은 투자 형태로 일부 대형 사모펀드들이 2017년부터 시도를 하고 있다.

블라인드 펀드 vs 프로젝트 펀드:
투자 먼저 받고 투자 vs 투자처 있을 때 자금 모집

자산운용사는 투자자의 출자를 받아 운용하는 투자 전문기관이다. 자기 자본으로 투자를 하는 게 아니기 때문에 돈줄을 쥔 주체가 반드시 필요하다.

이때 돈줄을 쥔 투자자의 선후 관계에 따라 두 가지 경우로 생각해 볼수 있다. 먼저 자금을 모아 놓고 투자처를 찾는 경우와 투자처를 먼저 찾은 뒤 자금을 모집하는 경우다.

선진국에서 일반화된 방법은 일정 규모의 자금을 모아 놓고 투자처를 찾는 '블라인드 펀드(Blind Fund)'다. 이런 경우는 투자처를 미리 정해 놓지 않는다. 다시 말해 어디에 투자를 할지 정확히 모른다는 의미에서 블라인드 펀드라고 한다.

이 블라인드 펀드가 유리한 점은 이미 확실한 자금줄을 쥐고 시작하는 것이다. 원하는 확실한 투자처가 나왔을 경우 바로 계약금을 쏠 수 있다. 우량 투자처 확보에 훨씬 더 유리한 고지를 선점하게 된다. 블라인드 펀드처럼 확실한 자금줄이 없을 때 우량 투자처를 놓치는 경우가 종종 있다. 이처럼 블라인드 펀드는 장점이 많은 편이지만 한 가지 리스크가 따른다. 바로 운용사의 실력이다. 투자자는 구체적인 투자처를 알지 못한 채 운용사나 매니저의 과거 트랙레코드만으로 판단해서 출자를 해야 한다. 과거 수익률이 항상 미래의 수익률을 보장하는 것은 아니기에 리스크는 항상 존재한다.

이런 블라인드 펀드의 리스크를 분산하는 방법은 같은 운용사라도 각각 다른 블라인드 펀드에 나눠 투자를 하는 것이다. 1호 펀드가 잘되지 않았더라도 2호나 3호 펀드가 잇따라 큰 성공을 거둘 수 있어서다.

또 블라인드 펀드가 단 하나의 투자만 하는 것이 아니기 때문에 블라인드 펀드 내에서도 어느 정도 리스크는 분산된다. 블라인드 펀드의 투자 포트폴리오 중 하나가 망가졌다고 함부로 비판을 할 수는 없다. 예를 들어 10개의 투자 포트폴리오 중 한두 개가 손실을 봐도 나머지 투자 건에서 수익이 난다면 전체 펀드의 수익률은 플러스일 수 있다.

반면 투자자가 미리 투자처를 확실히 알 수 있고 선택할 수 있지만, 그 책임까지도 져야 하는 펀드가 '프로젝트 펀드(Project Fund)'다. 프로젝트 펀드는 특정한 개별 투자처가 있을 때 투자자로부터 자금을 모집하게 된다. 만약 여의도 IFC몰에 투자를 하는 건이나, 미국 나사 빌딩에 투자하는 건이라면, 투자자은 개별 딜의 투자 수익률과 리스크를 판단해 출자를 할 수도 있고, 하지 않을 수도 있다.

선진국의 경우 프로젝트 펀드는 거의 없다. 하지만 국내의 경우 대체투자의 역사가 짧기 때문에 기관투자자들이 운용사와 매니저만 믿고 큰 자금을 맡기지 못하는 것이다. 2016년 국내 최초로 100개가 넘는 109개 사모펀드가 신설됐다. 이중 70%(77개 사)가 프로젝트 펀드다. 29.4%(32개 사)인 블라인드 펀드보다 2배 가까이 많았다.

이는 지난 2013년 이후 지속돼 온 현상이다. 2013년 프로젝트 펀드 비중은 68.9%였으며 14년에는 74.6%까지 높아졌다. 2015년에 다소 낮아진 65.8%를 기록했지만 2016년 다시 70% 이상을 기록했다.

국내에서 사모펀드의 성장 과정을 보면 처음에는 프로젝트 펀드 투자로 성과를 낸 뒤 기관투자자들의 신뢰를 얻어 블라인드 펀드를 조성하는 경우가 대부분이다. 2016년 동양매직 투자로 대박을 터뜨린 글랜우드 PE도 프로젝트 펀드의 성과를 바탕으로 블라인드 펀드를 조성했다.

부동산 투자에서도 블라인드 펀드는 유용하다. 국내 기관투자자 중엔 국민연금과 행정공제회가 처음으로 부동산 블라인드 펀드를 결성했다. 2016년 행정공제회는 해외 부동산 투자를 위해 조성한 5000억 원 규모의 블라인드 펀드로 유럽 중소형 빌딩 3개를 매입하는 데 성공했다.

국민연금은 국내 중소형 리테일 투자를 위해 코람코자산신탁과 캡스톤자산운용에 각각 700억 원씩을 맡긴 바 있다. 캡스톤은 이 자금으로 강남 청담동의 핫플레이스인 '디브리지'에 투자를 하기로 했다.

한동안 철저히 혼자만의 동굴 속에 지냈다. 꽤 오랜만에 오롯한 고독을 즐겼다. 이제는 다시 세상 밖으로 나오기 위해 작별 인사를 해야 할 시간이다.

긴 단절의 시간의 단초는 '대체투자'라는 신시장과의 만남이었다. 부동산에서 시작해 금융, 증권 등 다양한 재테크 시장을 접했지만 투자의 패러다임을 바꾸는 대체투자와의 만남은 나를 점점 빠져들게 했다.

그동안 내가 알던 세상이 전부가 아니었다! 새로운 시장에 대한 호기심이 발동했고 끈질기게 파고들기 시작했다. 대체투자의 매력에 빠져들면 빠져들수록 기존의 세상과 멀어졌다.

대한민국 상위 0.01%가 움직이는 그들만의 세상.

최고의 고급 인재들이 펼치는 그들만의 두뇌 전쟁.

그 결과 창출되는 상상 초월의 인센티브와 부가가치들.

평범한 일반인도 그들만의 리그에 진입할 수 있을까?

초창기 순진했던 고민은 고구마 줄기처럼 생각의 꼬리를 물고 늘어질수록 '반드시 그래야만 한다'는 당위적 명제로 바뀌었다.

평범한 일반인들은 이 시장에 반드시 진입해야 한다! 가능하냐, 불가능하냐는 논의 자체가 패배주의적 발상이다. 실제로 아무런 백그라운드 없이 스스로의 힘으로 이 시장에 진입해 성공의 역사를 쓴 인재들이 존재했고, 지금도 이 시장의 확대와 함께 성장해 나가고 있다.

이 시장의 성공 스토리는 여전히 현재 진행형이다. 강한 확신은 신념으로 변했고 이제는 세상 밖으로 나가 자신있게 알려야 할 시간이 됐다고 확신했다.

월급쟁이 100억 부자!
믿고 도전하는 자, 당신의 몫입니다!

가난하지만(Poor but)
똑똑한(Smart)
부자가 되고자하는 열정을 가진(Desire to be rich!)
그들의 세상은 열릴 것이다.

그들의 순수한 욕심과 열정을 믿고 지원하고 응원해 주고 싶었다. 언젠간 진심이 전달되기를 바라며 이 책을 마친다.

투자의 고수들이
말해주지 않는 큰 부의 법칙

100억
월급쟁이
부자들

초판 1쇄 발행 2017년 12월 13일
초판 2쇄 발행 2018년 1월 12일

지은이 성선화
펴낸이 김선식

경영총괄 김은영
책임편집 이여홍 디자인 김누 책임마케터 최혜령, 이승민
콘텐츠개발5팀장 박현미 콘텐츠개발5팀 이여홍, 이호빈, 봉선미, 김누
마케팅본부 이주화, 정명찬, 이보민, 최혜령, 김선욱, 이승민, 이수인, 김은지, 배시영, 유미정, 기명리
전략기획팀 김상윤
저작권팀 최하나, 이수민
경영관리팀 허대우, 권송이, 윤이경, 임해랑, 김재경, 한유현
외주교정교열 김서윤

펴낸곳 다산북스 출판등록 2005년 12월 23일 제313-2005-00277호
주소 경기도 파주시 회동길 357 3층
전화 02-702-1724(기획편집) 02-6217-1726(마케팅) 02-704-1724(경영관리)
팩스 02-703-2219 이메일 dasanbooks@dasanbooks.com
홈페이지 www.dasanbooks.com 블로그 blog.naver.com/dasan_books
종이 (주)한솔피앤에스 출력·인쇄 민언프린텍 후가공 평창P&G 제본 정문바인텍

ISBN 979-11-306-1535-6 (03320)